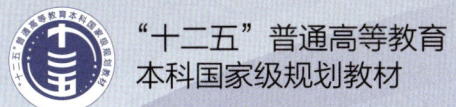

"十二五"普通高等教育
本科国家级规划教材

《教师教育课程标准（试行）》教材大系
教师教育国家级精品资源共享课配套教材

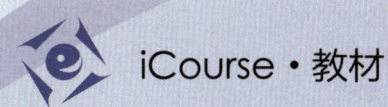

iCourse·教材

职业教育学新编

（第3版）

Zhiye Jiaoyuxue Xinbian

主编　李向东　卢双盈

高等教育出版社·北京

内容提要

本书是"十二五"普通高等教育本科国家级规划教材，也是国家级精品资源共享课"职业教育学"的配套教材，结合新时期职业教育改革和职业学校教师专业发展需要，介绍了职业教育的内涵与功能、职业教育的发展、职业教育目的与制度、职业学校教师、职业学校学生及其管理、职业学校专业与课程、职业学校教学理论、职业学校教学实践、职业培训和职业准备教育等内容。本书是第二次修订，力图反映职业教育改革新成果，并对职业教育学教材建设和学科发展有所创新。

本书主要作为高等师范院校职业教育学教材使用，也可用于职业学校师资培训和教师资格考试参考用书。

图书在版编目（CIP）数据

职业教育学新编 / 李向东，卢双盈主编．—— 3版．—— 北京：高等教育出版社，2015.9（2021.8重印）
ISBN 978-7-04-043110-0

Ⅰ．①职… Ⅱ．①李…②卢… Ⅲ．①职业教育 - 高等职业教育 - 教材 Ⅳ．①G71

中国版本图书馆CIP数据核字（2015）第139224号

策划编辑	房世佳	责任编辑	房世佳	封面设计	张申申	版式设计	张 杰	插图绘制 邓 超
责任校对	刁丽丽	责任印制	刘思涵					

出版发行　高等教育出版社　　社址　北京市西城区德外大街4号　　邮政编码　100120
购书热线　010-58581118　　咨询电话　400-810-0598
网　址　http://www.hep.edu.cn　　http://www.hep.com.cn
网上订购　http://www.landraco.com　　http://www.landraco.com.cn

印　刷　中农印务有限公司　　开本　787mm×1092mm 1/16　　印张　18
字数　330千字　　版次　2005年5月第1版　2015年9月第3版　　印次　2021年8月第7次印刷　　定价　35.00元

本书如有缺页、倒页、脱页等质量问题，请到所购图书销售部门联系调换
版权所有　侵权必究
物料号　43110-00

目 录

绪 论　1
    一、职业教育学的研究对象　2
    二、职业教育理论的产生与发展　2
    三、职业教育学的主要内容　11
    四、职业教育学的价值　13
    五、我国职业教育研究新进展　14

第一章　职业教育的内涵与功能　21
    第一节　教育与职业教育　22
        一、认识教育　22
        二、职业教育解析　24
    第二节　人与职业教育　30
        一、人的发展　30
        二、教育在人的发展中起主导作用　31
        三、职业教育的个体发展功能　32
    第三节　社会与职业教育　34
        一、职业教育的经济功能　34
        二、职业教育的政治功能　36
        三、职业教育的文化功能　36
    第四节　就业与职业教育　37
        一、解说就业　37
        二、职业教育能促进劳动者充分就业　40
        三、职业教育有助于提高就业质量　41
        四、职业教育是推进我国城市化进程的重要手段　42

第二章　职业教育的发展　45
    第一节　古代职业教育的源起　46
        一、原始社会的生产技术教育　46

二、奴隶社会和封建社会的生产技术教育　47

第二节　近代职业教育制度的形成　48
一、国外早期职业教育　48
二、中国职业教育制度的确立　50

第三节　现代中国职业教育的发展　53
一、新中国成立初期对职业教育的接管、改造和恢复(1949—1952年)　53
二、职业教育制度的建立与发展(1953—1957年)　54
三、职业教育的调整与探索(1958—1969年)　56
四、职业教育的恢复与持续发展(1970年至今)　57
五、我国台、港、澳地区职业教育概况　60

第四节　职业教育发展中的问题与趋势　64
一、职业教育发展中存在的主要问题　64
二、职业教育发展的基本趋势　65

第三章　职业教育目的与制度　69

第一节　职业教育目的　70
一、职业教育目的概述　70
二、我国职业教育目的历史沿革　72
三、我国制定职业教育目的依据　76

第二节　职业学校教育制度　81
一、职业学校教育制度的概念　81
二、我国职业学校教育制度　85
三、职业教育制度的发展趋势　88

第四章　职业学校教师　95

第一节　教师职业概述　96
一、教师职业的产生和发展　96
二、教师职业的优越性　99

第二节　职业学校教师素质要求　101
一、职业学校教师职业道德要求　102
二、职业学校教师职业技能要求　105
三、职业学校教师知识结构要求　111

第三节 "双师型"教师　113
一、"双师型"教师内涵　113
二、"双师型"教师培养　115

第四节 教师专业化　116
一、教师专业化的含义　116
二、教师的成长历程　118

第五章 职业学校学生及其管理　123

第一节 职业学校学生分析　124
一、正确的学生观　124
二、职业学校学生特点　126

第二节 职业学校学生学习　128
一、学习的含义　128
二、职业学校学生学习特点　129
三、促进职业学校学生学习的策略　130

第三节 职业学校学生管理　134
一、学生管理的含义　134
二、学生管理的主要内容　136
三、学生管理中的常见问题　139

第六章 职业学校专业与课程　143

第一节 职业学校专业设置　144
一、专业设置概述　144
二、专业设置原则　146

第二节 职业学校课程的内涵与特点　149
一、课程的内涵　149
二、职业学校课程的内涵　153
三、职业学校课程的特点　154

第三节 职业学校课程开发的理论基础　155
一、工作过程课程理论　155
二、项目课程理论　156
三、一体化课程理论　157

第四节 职业学校课程开发的基本程序　160

一、职业学校课程目标的确定　161

　　二、职业学校课程内容的选择　164

　　三、职业学校课程结构的构建　165

　　四、职业学校课程实施的运作　167

　　五、职业学校课程评价的开展　172

第七章　职业学校教学理论　175

第一节　职业学校教学的本质与特点　176

　　一、职业学校教学的本质　176

　　二、职业学校教学的特点　179

第二节　职业学校教学观　181

　　一、以职业能力发展为本位的教学目标观　181

　　二、以工作过程为导向的教学内容观　183

　　三、以行动为导向的多元化教学方法观　183

　　四、以项目为载体的"一体化"教学实施观　185

　　五、以行为表现为标准的教学评价观　186

第三节　职业学校教学模式　187

　　一、学科本位教学模式　188

　　二、能力本位教学模式　189

　　三、MES教学模式　190

　　四、互动共振教学模式　192

第八章　职业学校教学实践　197

第一节　职业学校教学工作基本环节　198

　　一、教学准备　198

　　二、教学实施　200

　　三、教学反馈　205

第二节　职业学校教学技巧　208

　　一、导入新课技巧　208

　　二、提问技巧　210

　　三、教学动作技巧　212

　　四、教学幽默技巧　213

　　五、教学语言技巧　215

第九章　职业培训　219

第一节　职业培训概述　220
一、职业培训的含义　220
二、职业培训的主要类型　221
三、职业培训在职业发展中的意义　222

第二节　职业资格证书　224
一、职业资格证书概述　224
二、职业标准　226
三、职业资格的考核与认证　230
四、职业学校实行职业资格证书制度的意义　233

第三节　培训师　234
一、培训师的含义　234
二、培训师的素质能力结构　235
三、职教师资与培训师的比较　240

第十章　职业准备教育　243

第一节　职业指导　244
一、职业指导概念　244
二、职业指导理论　244
三、职业指导实施　247

第二节　创业教育　252
一、创业教育的内涵和时代意义　252
二、创业者必备的素质　254
三、创业教育的主要途径　255

第三节　职业心理健康教育　256
一、职业选择心理　256
二、职业适宜心理　260
三、职业流动心理　262

后　记　267

绪　论

学习目标

- 明确职业教育学的研究对象，理解职业教育的概念和一般规律。
- 识记职业教育学产生和发展过程中的重要事件和本章涉及教育家的主要观点。通过阅读其他材料，丰富对乔治·凯兴斯泰纳(Gerog Kerschensteiner)、约翰·杜威(John Dewey)、黄炎培教育思想的认识。初步了解"双元制"、MES理论、CBE理论的含义以及实际运用。了解当前职业教育改革与发展的总体趋势。
- 了解职业教育学的理论体系构成。
- 结合实际，初步认识职业教育学的价值。

请扫描二维码
学习本章视频

一、职业教育学的研究对象

任何一门学科都有自己特定的研究对象和研究范围。职业教育学是关于职业教育发展规律的学科，它以职业教育现象为研究对象，其任务是揭示职业教育现象中存在的规律，为职业教育实践提供理论指导。

职业教育现象错综复杂，蕴含着众多规律，职业教育是在各种客观规律共同作用下而进行的。教育领域中的规律有两种：一种是特殊规律，又叫局部规律，它有特定的作用范围和具体的实现条件。例如，汉字识字规律体现在语文识字教学中，对数学不起作用；动作技能的形成规律体现在动作技能教学中，对理论知识的教学不起作用。另一种是一般规律，又叫基本规律，它是具有普遍适用性的、能对全局和全过程产生影响的规律。职业教育的一般规律有两条：一是职业教育与社会发展的关系，其中最重要的是职业教育适应并促进社会政治、经济、文化发展的规律；二是职业教育与受教育者的关系，其中最重要的是职业教育适应并促进受教育者生理、心理发展的规律。职业教育学既揭示对职业教育发展有全局性影响的一般规律，又深入研究适用于各学校、各专业、各课程的中观层面的特殊规律，但通常不涉及解决某一具体课程、具体问题微观层面的特殊规律。例如，学生掌握立体图形的规律，不属于职业教育学研究的范畴，而是专业教学法的研究对象。

二、职业教育理论的产生与发展

职业教育学是教育科学的一个分支学科，是系统化了的教育理论。一个学科的形成至少要有两个标志：一是要有独立的研究对象；二是要有比较系统的理论体系。职业教育理论是关于职业教育现象的规律性认识，在人类研究职业教育现象过程中，它经历了一个从思想萌芽、形成独立学科到学科体系逐渐完善的发展过程。

（一）职业教育思想的萌芽

无论东方还是西方，奴隶社会和封建社会时期的学校教育均侧重于对学生进行的伦理道德为核心的古典人文科学和治人之术的教育，目的是维护统治者的利益，培养管理者和社会秩序的维护者，其教育内容与生产劳动脱节。

在中国，奴隶社会的教育内容主要是"六艺"[①]，其目的是使奴隶主的子弟掌握一套管理国家、组织生产和带领奴隶打仗的本领。封建社会中"学而优则

---

① "六艺"：礼、乐、射、御、书、数。"礼"是灌输人有级别高低、身份尊卑之分，传授等级制度和办事规章。"乐"是在祭祀、庆祝等活动中使用的音乐和舞蹈。"射"是射箭。"御"是驾驶战车，两者是军事技术。"书"是语言文字的读、写以及文学、历史方面的知识。"数"是计算以及历法、天文等自然方面的知识。

仕"一直主导着教育目的，教育内容主要是"四书""五经"①等儒家经典作品，通过参加科举考试做官，成为国家管理者。

在西方，奴隶社会出现了斯巴达和雅典两种教育体系。斯巴达是一个农业国家，教育内容侧重体操和军事训练。雅典是一个商业比较发达的国家，教育内容侧重哲学、艺术、商业教育。在中世纪，宗教成为封建制度的精神支柱，出现了教会学校和骑士教育两种教育类型。教会学校的教学内容是"三科""四学"，合称"七艺"②，其目的是把学生培养成对上帝虔诚、服从教权和政权、熟悉宗教活动的教士。骑士教育的内容为"骑士七技"③以及一些宗教观点和武士品质的教育，其目的是要培养保卫国家、勇敢善战的骑士。

古代社会科学技术进步缓慢，生产活动中对高素质劳动者要求数量不多。东西方传统文化中认为有关生产劳动的知识、技能教育无需正规的教育是低贱的层间教育，孔子就曾把想学"稼穑"的学生斥之为"小人"。有关职业劳动的知识和技能教育，主要通过家传世袭、学徒制教育等形式进行，在古籍文献中记载了少量与职业教育相关事件。例如，墨子教授军事和自然科学；鲁班教授木工技术；黄道婆教授纺织技术等，而且对这些事件中存在的教育思想和经验也缺乏研究。

1. 在学校中开设职业课程，重视生产劳动教育思想的出现

16世纪以后，随着社会生产力的发展，西方国家积累了越来越多的财富，民主和平等意识逐渐增强，学校教育的规模扩大，部分平民子女有机会进入学校，并希望通过教育改变自己的生活和命运。一些思想家看到以人文科学为主要内容的教育脱离现实和生产生活实际的弊端，提出寻找理想教育的形式，主张应重视生产劳动教育，在学校中开设与生产劳动有关的课程，对青少年尤其是平民的子弟进行劳动技能教育。

英国的托马斯·莫尔(Sir Thomas More，1478—1535)是最早重视生产劳动教育的政治家，所著《乌托邦》(1516年)中提出学校教育应使学生掌握一定劳动技能，"大家都从小就学习农业，部分是在学校接受理论，部分是在城市附近的田地里实习。……除去……从事农业外，还须学一种手艺作为专门职业"。在他描述的理想社会中，每个社会成员不但"习惯于体力劳动，而且在智力探讨上也不辞劳苦"，每天工作6小时，"把剩余时间用在学习上"。他主张每一个人应至少学习一种手工艺，以便选择职业或就业。

托马斯·康帕内拉（Tommas Campanella,1568—1639）在1632年所著《太阳城》一书中，主张将城市划分成7个区域，利用其中一个区域作为职业教育场所，请有才干的师傅讲授生产技术，并组织学生到生产现场参观和实习。

---

① "四书"：《论语》《孟子》《大学》《中庸》。"五经"：《诗经》《尚书》《周易》《礼记》《春秋》。
② "三科"：文法、修辞、辩证法。"四学"：算术、几何、天文、音乐。
③ "骑士七技"：骑马、游泳、投枪、击剑、打猎、下棋、吟诗。

英国哲学家贝蒂（W.Betty,1623—1687）在《给哈特利浦的建议》（1647年）一书中，提出了建立"语言工场"和"实业专科学校"的主张。通过开设制图、车削加工、钟表制造、玻璃装饰、园艺、建筑、造船等专业课程，培养学生的职业技能，使学生胜任将来的职业，由此促进工业发展。贝蒂认为，与学徒相比学校的职业教育可以缩短学徒年限，保证教育质量；学校聘请最著名的工匠任教，能使更多的学生学到最先进的技术。

捷克教育家扬·阿姆斯·夸美纽斯（Jan Amos Komensky,1592—1670）认为，当时学校教育华而不实，应增加有实际应用价值的教育内容。在《大教学论》中，他把人的智力发展分为幼年期、儿童期、少年期和青年期四个阶段，每个阶段分别配以母育学校、国语学校、拉丁语学校和大学四种类型学校教育，除大学外的其他三种学校都应开设职业教育课程。他设计的教学计划中，国语学校开设有机械工艺原理课程，拉丁语学校开设医学、农学、机械工艺学等课程。他主张儿童应得到全面的知识和训练，反对让学生过早地确定职业发展方向。他在《大教学论》中指出："刚满六岁的儿童，就决定他们一生的职业，或者认定他们更适合于读书，或者认定他们更适合于手工劳作，这未免太早了。"

虽然上述思想家的初衷和目的不同，但他们均认识到了职业教育在社会发展和人自身发展中的重要意义，客观上为学校型职业教育的出现发挥了重要推动作用。

2. 提出教育与生产劳动相结合思想

瑞士著名教育家裴斯泰洛齐（J.H.Pestalozzi，1746—1827）从慈善的愿望出发，希望能对平民子弟进行一些有关职业和技术的教育。他最早明确提出教育与生产劳动相结合的思想，在其代表作《林哈德和葛笃德》中阐述了自己改革旧教育，建立新学校的观点。他指出："使功课劳作合一，提倡职业训练，是提高人的工作能力，增加实际生产量的最好途径。""学习与手工劳动相联系，学校与工厂相联系，使他们合二为一。"[①]《林哈德和葛笃德》书中的人物坡那镇学校校长"总想探求一个办法，使他的学生中凡是没有恒产的都能获得一样可以谋生的手艺，这件事已完全成为了他的宗旨。只要挤得出时间，他就带领学生去参观镇上的各种工艺作坊，不惜花费几个小时去观看人家如何做活。了解各种做法，从多方面研究，估计每个学生的前途。"[②]

卡尔·海因里希·马克思(Karl Heinrich Marx)、弗里德里希·冯·恩格斯(Friedrich von Engels)通过对教育、生产劳动以及社会发展之间辩证关系的深刻分析，认为教育与生产劳动之间应建立起相互渗透、相互影响和相互促进的关系。

---

① 转引自张焕庭：《西方资产阶级教育论著选》，人民教育出版社1979年第2版，第173页。
② 裴斯泰洛齐：《林哈德和葛笃德》，人民教育出版社1984年版，第6页。

所有参加机器大工业生产的劳动者都必须受教育，学校中的学生也应参加一定的生产劳动，教育与生产劳动相结合是造就全面发展人的根本方法。学校中实施智育、体育和生产劳动结合起来的综合技术教育，可以使学生形成社会生活中必需的综合技术素质，并且能陶冶情操，获得身心的和谐发展。教育与生产劳动相结合是改造资本主义社会的最强有力的手段。

3. 进行课程改革实验

英国空想社会主义者罗伯特·欧文（Robert Owen，1771—1858）认为："从原则上讲，人类劳动或人类所运用的体力与脑力的结合是自然的价值标准。"他从1800年起，在新拉纳克棉纺厂进行教育与生产劳动相结合的改革实验，1824年，他在美国印第安纳州购买了大量土地，建立"新和谐"实验区，并创办了"工业和农业学校"。学校教学内容不仅包括普通教育，还包括农业、手工业和家庭劳动课程，例如，制鞋、纺织、成衣、木工、石刻、畜牧、园艺、作物栽培、烹饪、收拾房间等。

职业教育理论在这一阶段发展中的主要特征是：人们认识到有关生产劳动知识技能的教育对社会发展和人自身发展的重要意义，批判传统的以人文科学为主的教育，从改革旧教育入手，主张在学校中开设有关生产劳动的课程，进而发展成为教育与生产劳动相结合的思想，有的学校进行了相关改革实验。这一阶段对职业教育问题的观察论述大多是经验描述，缺少理论分析和概括。研究多集中在如何改革旧教育、增加与生产劳动有关的课程、宣传劳动知识技能教育重要性等问题上，研究成果缺乏系统性，也脱离当时的社会实际，理想主义色彩浓厚。

（二）职业教育学形成独立学科

由于社会生产的需要，在重视劳动教育思想影响下，西方出现了针对各种职业培养应用型人才的职业学校。例如1766年法国建立了巴黎王室免费制图学校，1776年法国建立工艺学校，1817年德国建立一所一年制手工业学校，1850年英国设立矿山学校，1852年法国东部铁道公司建立了徒弟学校。至19世纪末，职业学校蓬勃发展，许多国家把职业教育纳入教育体系中，在学制中确认了职业教育的地位。19世纪末至20世纪中叶，职业教育学确立了自己的研究对象，理论成果日趋丰富并逐渐系统化，从普通教育学中分离出来，开始形成独立学科。

1. 劳作学校运动

乔治·凯兴斯泰纳（Gerog Kerschensteiner,1854—1932）是劳作教育思潮的倡导者和推动者，是德国现代教育史上一位很有影响的教育家。他以自己长期从事中小学教育工作的经验为基础，汲取欧洲"新教育"和美国"进步教育"的思想，潜心研究劳作教育问题。1905年，他在题为《小学的改造》的演讲中，使用了"劳作学校"(Arbeitsschule)一词，与"书本学校"相对立。1906年，在瑞士苏黎世举行的裴斯泰洛齐诞辰160周年纪念大会上，他又在演讲中指出："将来的学校应该是劳作学校。"人们一般认为，这是"劳作学校运动"开始的标志。1911年，他发表了《劳作学校的概念》[①]一书，系统阐述了自己对"劳作学校"的看法。他认为，"劳作学校"不是传统的"书本学校"，而是一种既能学习掌握初步的生产知识和技术，又能使学生的"内心"培植出热爱劳动的价值观念，并且形成为国家服务思想的学校。

在学校培养目标方面，劳作学校不是单纯传授知识的场所，它的主要任务是充分发展儿童的全部精神生活，发展儿童的能力。他主张"劳作学校"培养目标有两个：一是性格训练；二是职业训练。通过劳作作业既可以提高学生的职业技能，又可以培养学生为国家服务的精神，使其成为具有独立精神、和谐发展和行动自由的人。他主张学校应该是一个共同劳作团体，在劳作学校中，从学生的兴趣和要求出发的劳作活动是一个核心。

在教育方法方面，凯兴斯泰纳认为知识必须从经验中获得，技能必须从生产作业的练习中培养。学生的能力是在实际的生产作业中培养的，在学习的过程中，学生的劳作活动具有最高的价值。教师在劳作教育中应该让学生在"亲身观察""亲身经验"中去获得知识。他认为应该按照学生职业的种类来组织劳作教育，在教学组织开展上要采用"分组教学"。

在课程改革方面，他主张手工劳作教育除在各门科目中进行外，还应该成为一门科学，并且由有能力的专门教师来负责教学。"在一个组织完善的公立学校中，必须把劳作教育当做一个独立科目。"[②]他指出，在劳作学校，应设有手工场所、实验室、学校园地、缝纫室和烹饪室等。劳作小组由教师和学生共同组成，在教师指导下，学生参加手工劳作活动，和真正的工人从事职业一样，尽心尽力地去做，只有这样真正的手工劳作活动，才能提高学生的职业技能，并打下一定的知识基础。凯兴斯泰纳认为，劳作学校的教学应该"以极少的知识材料，得到极多的适应力、本领和工作兴趣，以完成国家公民教育的使命"。[③]为此他大量删减读、写、算、历史、地理、文学语言等学科的知识，重视学生的手工劳动课和体育课。

2. 杜威的职业教育思想

美国著名实用主义哲学家、教育家约翰·杜威（John Dewey，1859—1952）重视教育与生活、学校与社会的联系，强调教育的实用性、生活性，其重要的代表著作《民主主义与教育》一书中专门列了"教育与职业"一章。

[①] 商务印书馆1935年中文版译名为《工作学校要义》。
[②] 引自《工作学校要义》，第21页。
[③] 引自《工作学校要义》，第95页。

在对职业教育含义的理解上，杜威认为职业并不仅限于是一种谋生手段，"职业是指任何形式的连续不断的活动"。[①]他从教育过程角度出发，认为"所谓职业教育就是使学生将课堂所学知识转化为科学、熟练运用技术的一个经常性训练的过程"。反对纯粹出于"经济目的"和"实用利益"而进行的职业教育。

在教学方面，杜威反对以获取和积累知识为目的的职业教育，认为这样做忽视了学生的个性和个人经验，限制了他们的主动活动，对思维的发展起破坏作用。杜威也不赞成传统学校所强调的教材之间的逻辑顺序，认为"学校课程的真正中心，不是科学，不是文学，不是历史，不是地理，而是儿童本身的社会活动"。因此，他很注意活动作业，如园艺、木工、烹饪、纺织、缝纫等，也注意设置实验室，运用活动的方式进行教学。例如，从事缝纫、织布的作业时，要从剪羊毛、用手剔除棉籽开始，循着历史上人类进步的足迹，重演从原始到现代的全部过程。杜威主张"从做中学"，即把获取主观经验作为确定教材、教法和教学过程的基本原则。他认为应教学生去"做中学"，而不是"书中学"。

在课程设置上，杜威主张职业教育要和普通教育融合，给学生提供广泛的科学知识。在他看来，"把关于人和自然的知识同准备从事职业的知识相结合，并深刻地意识到工业与职业在当代社会中的社会基础和社会后果"乃是变革传统职业课程体系、重建新体系的先决条件之一。职业学校的课程编定要兼顾知识同实践的结合，自然科学的设置要服务于职业训练、生活自理能力、职后就业能力、艺术能力、特殊的科学能力、良好的公民品德的发展等多方面的职业教育的培养目标。

3. 黄炎培的职业教育思想

（1）职业教育的目的

黄炎培作为中华职业教育社的创始人，他提出："职业教育的目的：谋个性之发展；为个人谋生之准备；为个人服务社会之准备；为国家及世界增进生产力之准备。"并将"使无业者有业，使有业者乐业"作为职业教育的终极目标。这两句话被中华职业教育社同仁广泛认同，并成为该社社训。

（2）职业教育的办学方针

黄炎培认为，办职业教育机构的基本方针是社会化和科学化。他认识到职业教育与社会生活有着紧密的联系，同时受社会发展的影响和制约。职业教育必须开门办学，参加社会的运动，适应社会需要。黄炎培在总结兴办职业教育经验教训时提到："只从职业学校做功夫，不能发达职业教育；只从教育界做功夫，不能发达职业教育；只从农工商职业界做功夫，不能发达职业教育。"他提出："办职业学校的，须同时和一切教育界、职业界努力地沟通联络。提倡职业教育的，

---

① 赵祥麟，王承绪：《杜威教育论著选读》，华东师范大学出版社1981年版，第226页。

同时须分一部分精神，参加全社会的运动。"①他把这种职业教育必须和社会广泛联系的主张称为"大职业教育主义"。所谓科学化，是指"用科学来解决职业教育问题"。他在专业设置、选编教材、教学原则、实习设施配置等方面都经过调查研究，征询专家意见，先实验后推广。他试图运用职业心理学和社会心理学的理论解决职业教育问题。指出要"因职业的各个不同，与人的天性、天才、兴趣、环境的各个不同，替它分别种类，谁则宜某种，谁则不宜某种"。②在我国这是较早的"人职匹配"思想。

（3）职业教育的教学原则

黄炎培主张手脑并用，做学合一，理论与实际并行，知识与技能并重。黄炎培认为："职业教育的目的乃在养成实际的、有效的生产能力，欲达此种境地，需要手脑并用。"③他批评清末兴办的实业教育，"非教以农工商也，乃教其读农工商之书耳"。④他非常重视理论和实践的结合，中华职业学校课程设置中有大量实习教学时间的安排。

（4）职业教育道德理论

黄炎培主张敬业乐群。他针对当时以"读书做官"为荣，以"读书谋事"为耻的社会现实，手书"劳工神圣"匾额，在中华职业学校教室礼堂悬挂。要求学生敬业乐群，所谓"敬业"，是指"对所习之职业具有嗜好心，所任之事业具有责任心"。所谓"乐群"，是指"具优美和乐之情操及共同协作之精神"。他的这一思想后来被中华职业教育社同仁具体化，包括：认识职业之真义在服务社会；养成责任心；养成勤劳习惯；养成互助合作精神；养成理性的服从美德；具有稳健改进之精神；养成对所从事职业之乐趣；养成经济观念；养成科学态度等。

（5）职业指导工作

黄炎培提出职业指导的中心思想是适应"社会分工"和"人类个性"需要。在他的倡导下，1919年，中华职业教育社成立职业指导部，并组织了职业指导委员会，进行职业指导研究工作。1927年该社成立上海职业指导所，这是我国第一个职业指导专门服务机构。在黄炎培看来，职业指导应包括小学阶段的职业陶冶、中学阶段的职业指导、毕业学生和社会人员的职业介绍，重点在初中阶段。他主张把职业指导建立在现代心理学基础之上，通过心理测验等方法了解人的个性特点，指导学生在与其个性特点相符合的职业领域获得发展。

此外，黄炎培还对职业教育的学制、招生、考核、经费、师资培养、行政管理、实习、职业教育的概念、职业教育的地位与作用以及与普通教育的关系等理

---

① 黄炎培：《提出大职业教育主义征求同志意见》，载《教育与职业》第71期。
② 黄炎培：《我来整理整理职业教育的理论和方法》，载《教育与职业》第100期。
③ 转引自田正平、周志毅：《黄炎培教育思想研究》，辽宁教育出版社1997年版，第241页。
④ 中华职业教育社宣言，载《教育杂志》第9卷第7号。

论问题做过系统的论述，形成了比较完整的理论体系，对我国职业教育学的建立产生了重大影响。

苏联教育家克鲁普斯卡娅、严复、蔡元培、陶行知等许多教育家为职业教育理论系统化做出贡献。例如，克鲁普斯卡娅指出了综合技术教育的四个基本要素：第一，教育与生产劳动相结合；第二，通晓社会生产基本形式的理论和实践；第三，掌握有关基本生产过程的科学知识；第四，掌握使用基本机器、器具的技术。她认为：应全面地发展学生的才能，防止过早的专门化教育，应在普通教育的基础上实施专门化教育。这一时期，希尔（Hill）的《职业教育引论》、梅斯（Mays）的《职业教育的原理与实践》等一批职业教育理论著作相继问世。

19世纪末期至第二次世界大战是职业教育学的确立期，职业教育学在这一发展阶段中的主要特征是：伴随职业学校教育制度化，对职业教育现象的研究成为专门领域，其范围涉及职业教育体系、目的、内容、方法、人员、管理等方面，其认识从感性、经验层次上升为理性、本质层次，逐渐形成职业教育的理论体系。

（三）职业教育学的完善和发展

第二次世界大战结束以后，世界各国认识到职业教育对社会发展具有促进作用，职业教育的规模迅速扩大，职业教育理论研究进入到新的发展阶段。职业教育理论的国际交流频繁，联合国教科文组织和国际劳工组织在推广先进职业教育思想方面发挥了重要作用。

1. 职业教育研究空前繁荣，出版了大量有一定影响的职业教育理论著作

在美国[①]：1971年出版了埃文斯（R.N.Evans）的《职业教育学基础》(Foundations of Vocational Education)；1975年出版了马利（D.Maley）的《群集概念的职业教育》(Cluster Concept in Vocational Education)；1976年出版了卡尔霍恩（C.C.Calhoun）和芬奇（A.V.Finch）的《职业教育和生计教育：概念和实践》(Vocational and Career Education:Concepts and Operations)；1982年出版了《职业教育的概念和实践》(Vocational Education:Concepts and Operations)等。

在日本：20世纪70年代以来出版了仓内史郎和宫地诚哉编著的《职业教育》，细谷俊夫编著的《技术教育概论》等。

在德国：1979年出版了海因茨·G.格拉斯所著的《职业教育学与劳动教育学》。

在中国：20世纪80年代以来出版了一批职业教育理论著作，较有代表性的有1984年高奇主编的《职业教育概论》（内部资料）；1984年华东师范大学教

---

① 王金波：《职业技术教育学导论》，黑龙江教育出版社1989年版，第25~27页。

育科学研究所编的《技术教育概论》；1988年严雪怡主编的《中专教育概论》；1986年刘鉴农主编的《职业技术教育学》；1991年吕可英等主编的《中国职业技术教育学》；1992年李球等主编的《职业教育学》；1995年纪芝信主编的《职业技术教育学》；1998年教育部职教所编的《职业技术教育原理》；2002年刘春生等主编的《职业教育学》。2006年，欧阳河著《职业教育基本问题研究》；2007年徐国庆著《职业教育原理》；2007年姜大源著《职业教育学研究新论》；2008年马建富著《职业教育学》；2009年黄尧著《职业教育学：原理与应用》；2010年朱靖著《现代职业教育论》；2012年南海著《职业教育的逻辑》；2013年许正中著《中国现代职业教育理论体系研究》；2015年徐国庆《职业教育课程论（第2版）》。

2. 职业教育新理论和实践层出不穷，各种职业教育思想百家争鸣

（1）校企合作理论与实践

以德国"双元制"为代表的校企合作实践，是一种由企业和职业学校合作开展"产教融合"职业教育的模式。职业学校主要向学生传授文化知识和有关技术理论知识；企业通过实训向学生传授职业技能及必要的职业经验，并组织学生参加生产实践。它可以使学生在接受教育的过程中逐渐熟悉未来的工作和社会。我国的职业教育实践中提倡的"产教融合""产训结合"，也体现了校企合作的思想。

（2）群集理论与实践

该理论于20世纪60年代兴起于美国，是将相同或相似性质的职业归为一群，主张拓宽学生专业适应范围，为学生提供适合一个职业群的课程，让学生掌握其基本知识和技能，为学生将来就业后能在这一群集中转换职业提供准备。

（3）MES理论与实践

随着科学技术的进步和社会经济的发展，生产过程中技术、工艺、材料、产品、设备以及操作方法更新速度加快，传统职业教育模式不能适应社会发展的需要。20世纪70年代初期，国际劳工组织借鉴德国、瑞典等国的"阶段式"理论和英国、美国、加拿大等国的"模块培训"经验，创立了MES理论。MES是英文Modules of Employable Skill的缩写，有"就业技能模块组合""职业技能模式""可应用技能组件式计划""模块培训法""模块教学模式"等译称。在几十个国家推广，受到企业和政府的赞赏。

（4）CBE理论与实践

CBE是英文Competence Based Education缩写，其原文含义是"以能力为基础的教育"或"能力本位教育"。CBE是以职业能力作为进行教育的基础，作为培养目标和评价标准，以通过职业分析确定的顺序安排教学计划。它打破传统的以学科为科目、以学科体系和学制确定的学时安排教学和学习的教学体系。学习者事先就已经了解了应该学习并掌握的各项能力及评估方式，教育者要向学生提供教学指导，使之能够达到既定的教学目标。

职业教育学在这一发展阶段中的主要特征是:世界各国出现兴办和研究职业教育热潮,出版了一批职业教育学研究成果,加强国际交流和借鉴,职业教育理论出现国际化趋势。同时,多种职业教育理论相互借鉴争鸣,学术空气逐渐浓厚。职业教育学的研究过程中借鉴了社会学、心理学以及劳动科学等其他学科研究成果,广泛采用实验、实证等研究方法,职业教育理论的科学性不断增强。

三、职业教育学的主要内容

职业教育学研究的问题十分广泛,各职业教育学著作版本讨论的内容也不尽相同,选择14本职业教育著作[①],将列专章或节讨论的问题统计如表0-1,从中可以了解本门学科的大致内容。

表0-1 职业教育代表著作主要内容示意

内容	列专章或节讨论的著作数/册	占14本著作的百分比(%)
职业教育概念	11	73
职业教育发展史	9	60
职业教育发展趋势	6	40
职业教育学学科建设	5	33
职业教育理念	4	27
职业教育与社会发展	11	73
职业教育与人的发展	8	53
职业教育体系和结构	13	87
培养目标	12	80
教师	11	73
学生	7	47
专业设置	7	47

---

① 选择的著作包括德国海因茨·G.格拉斯:《职业教育学与劳动教育学》,陈用仪等译,(内部资料)1985年版;《技术教育概论》,华东师范大学出版社1985年版;严学怡:《中专教育概论》,华东师范大学出版社1988年版;郭高升:《中等职业技术教育学》,黑龙江科学技术出版社1988年版;王金波:《职业技术教育学导论》,黑龙江教育出版社1989年版;张福珍等:《应用职业技术教育学》,南开大学出版社1991年版;吕可英等:《中国职业技术教育学》,齐鲁书社1991年版;孟广平:《中国职业技术教育概论》,北京师范大学出版社1994年版;纪芝信:《职业技术教育学》,福建教育出版社1995年版;杨达生:《职业教育概论》,中国劳动出版社1997年版;卢双盈等:《职业教育学》,兵器工业出版社1998年版;张家祥等:《职业技术教育学》,华东师范大学出版社2001年版;周明星:《职业教育学通论》,天津教育出版社2002年版;刘春生等:《职业教育学》,教育科学出版社2002年版。

续表

内容	列专章或节讨论的著作数/册	占14本著作的百分比（%）
课程（教学内容）	12	80
教学过程	9	60
教学原则	9	60
教学方法	11	73
教学体制（模式）	4	27
教育教学评价	9	60
教学工作环节	6	40
实习教学	8	53
德育理论和方法	12	80
体育美育	5	33
职业指导	5	33
学校管理	9	60
国外职业教育	7	47
职业教育与劳动就业	3	20
农村职教	4	27
教学设施	3	20
职业培训	3	20

此外，还有个别著作涉及的问题有：

职业教育学研究方法、教育技术、学习原理、职教立法、马克思职教理论、职教服务体系、职教运行机制、校长、康复职业教育、职工教育等。

一个学科的研究范围，取决于研究对象的变化。职业教育学研究职业教育现象中蕴含的一切问题，但突出的还是指导解决实践性问题是一种实践性较强的理论，它的结构包含两个方面：一是解决职业教育事业发展过程中遇到的主要问题，例如，职业教育与社会发展的关系、职业教育与人的身心发展的关系、职业教育制度和结构等；二是解决提高教学质量过程中遇到的主要问题，例如，教学的基本原理、教师和学生、教育和管理等。在设计本书结构时考虑了以下几个问题：一是自身体系的逻辑关系，力图自身完整和严谨；二是教师的需要，力图反映一线教师应知应会的内容，对教师工作有指导作用；三是职业教育研究动向，力图反映职业教育研究的新成果。

四、职业教育学的价值

人总是在做自认为有价值的工作，对价值的认识越清晰、越深刻，活动的目标就越明确、动力越顽强、意志越坚定，谁也不愿做没有价值的事情。学习职业教育学的价值与学习者的需要、经验、认识能力、观察问题角度等因素有关，不同的人会得出不同结论。下面，着重从职业学校教师或准备从事教师职业的人这一角度探讨学习职业教育学的价值。

（一）发展职业教育事业的理论基础

职业活动是人类有目的、有意识的活动，相应地，职业教育的目的性、计划性越来越强。自古代社会的学徒制、家庭教育等形式，到近代社会职业学校的出现，以及现代社会职业教育发展成为国家教育体系的重要组成部分。职业教育的发展需要理论指导，这样才能减少失误，充分发挥其功能。职业教育学是一门揭示职业教育规律，研究如何培养人的职业兴趣、职业能力、职业道德的科学，是指导职业教育工作者行动的一门理论性学科，是每一个从事职业教育工作的人都必须掌握的必修课。对一切从事职业教育工作的人来说，学习职业教育学，能够了解职业教育事业的发展规律，把握职业教育发展方向，促进职业教育事业发展。

（二）从事教师职业的理论基础

社会的发展对教师素质提出越来越高的要求，学习和培训不再一劳永逸，而成为"终身大事"，终身教育即教育贯穿人的一生，就业后同样需要不断学习和运用教育科学及专业知识中的新成果，使自己的教育实践与时代精神相一致。只有掌握比较全面、深刻的职业教育理论，才能在自觉地坚持社会主义办学方向的前提下，深入理解、全面贯彻党和国家的教育方针，按照职业教育的规律办事，调动一切积极因素，使教书育人、传艺育人、管理育人、服务育人、环境育人落到实处，形成合力，全面提高教育质量，把学生培养成为社会主义建设事业的合格人才。

（三）教师开展教育科研的理论基础

一方面，职业教育学科发展需要教师参与。由于职业教育实践性很强，与社会的经济发展密切相关，而我国职业教育科研时间较短，队伍薄弱，亟须广大长期工作在职业教育第一线的同志积极参与进来，走出目前职业教育理论研究与实际发展不相适应的困境，迅速提高我国职业教育科研水平。

另一方面，现代社会发展需要研究型教师。教师不能停留在"传道、授业、解惑"的时代，不能以"教书匠"自满，而应是具有研究精神的教育家。职业教育如何适应社会发展的要求，特别是社会主义市场经济体制的建立，给职业教育的改革与发展提出一系列重大的理论和实际问题。职业教育工作者，必须不断提高教育理论水平和修养，同时在实际工作中创造性地把理论与实际结合起来，才能适应并推动职业教育的发展。

五、我国职业教育研究新进展

（一）我国职业教育研究的进展

1. 研究领域进一步延伸，职业教育学科群逐渐显现

分析21世纪初我国公开发表的职业教育研究成果，研究内容涵盖了职业教育本身及其相关领域，包括：职业教育原理、职业教育课程与教学论、职业教育心理学、比较职业教育、职业教育社会学、农村职业教育、工业职业教育、职业教育管理学等，而对于如职业教育伦理学、民办职业教育、职业教育远程教育、职业教育的实习实训、职业教育信息化和网络化、职业教育教师教育、职业教育专业教学论、职业教育经济学、职业教育与区域社会发展、职业教育法学等也有数量众多的论文、著作和省部级以上的科研成果。

2. 职业教育学科体系构建取得新突破

学科是一定领域相对独立的知识体系。学科建设可以分为三个层面：对于一个研究领域，学科建设主要是指通过理论体系的构建，使其制度化，然后通过学科设置、学科建制等过程，建立起该学科的训练制度（开设课程、招收学生、颁发学位等）与研究制度（出版期刊、成立学会、收集文献等），最终使其繁盛起来。对于一个具体的学科或学系而言，学科建设主要是指学科群的建设，即通过学科划分、学科设置、学科建制，从而使得一级学科下面的分支学科不断增多，社会建制不断扩大，研究经费更加充足，对问题的认识进一步深入。而对于一个学校而言，学科建设则主要涉及学位点设置、学科门类、学科结构与体系、交叉学科的形成等一些更为宏观的问题。其目的在于形成一些有影响的学科群或一流学科，以此提升学校的学术声誉。① 近年来，众多学者将目光聚焦于职业教育学的自我反思和建构研究，探讨了中国职业教育学的发展历程、学科地位、学科性质、学科对象、学科体系、学科方法论等问题，使职业教育理论研究得到进一步深化。

3. 借鉴国外经验表现得更加自信、理智和成熟

进入21世纪，随着我国综合国力增强，研究者不再是简单的"拿来主义"，职业教育研究者对外国职业教育的研究逐步呈现出微观化、深入化、精细化、反思化的特征，结合我国国情，深入职业教育内部问题，专题研究数量更多、程度更深、视域更广、对象更丰。

4. 一批专门化的研究人才正在成长

---

① 王建华：《学科、学科制度、学科建制与学科建设》，载《江苏高教》2003年第3期。

进入21世纪后，北京师范大学、华东师范大学、天津大学、天津职业技术师范大学等一批高校纷纷招收职业教育博士生，一批青年学者崭露头角，开始成为职业教育研究的主力军。

（二）我国职业教育研究的热点问题

1. 职业教育基本原理研究现状及趋势

（1）职业教育吸引力的研究

现有研究成果集中在概念阐释、原因探析、对策研究等方面，试图从制度、社会、教育角度探讨解决问题对策。职业教育强制与吸引、职业学校招生录取制度与吸引力、毕业生出路与技术工人社会地位、各国职业教育吸引力等问题都应成为未来职业教育研究的方向。

（2）职业教育价值取向的研究

现有研究归根结底是"社会本位论"与"个人本位论"的认识差异，是社会价值观念在职业教育领域的反映。未来研究中不能只从功利角度思考和看待职业教育，职业教育是教育的一种类型，它以培养人，促进人的身心全面和谐发展为使命。

（3）工学结合、校企合作的研究

工学结合、校企合作思想是马克思人的全面发展理论的核心，虽然在政策制度、人才培养模式、结合方式、学校和企业作用等方面，有一些教学模式创新，但离不开工学结合、校企合作思想下的工作经验研究。工学结合、校企合作实际上是技能型人才培养的制度设计，未来研究应重视社会和文化背景研究，并探索多种技能型人才培养方式。

（4）农村职业教育研究

农村职业教育的研究主题集中体现在农村职业学校办学、农村劳动力培训、剩余劳动力转移、政府与农村职业教育、西部贫困地区职业教育、农民工培训、新农村建设等方面。农村职业教育研究成果丰富，也有一批专题著作，但很少看到深入村庄、立足农民现实的实践研究成果，这恐怕应成为农村职业教育未来研究的方向。

（5）职业技能大赛的研究

从2008年，全国职业院校的职业技能大赛开展以来，大赛对职业学校办学方向的引领作用越来越明显和突出，现有成果集中体现在对职业技能大赛意义的研究；职业技能大赛对学校课程设置、课程实施、教学方法、学生成长的影响研究；职业技能大赛问题缺陷研究等方面。这些研究大多针对现象就事论事，属于初步探讨，未来研究应借鉴国外经验和高考制度改革的研究成果与思路，注重大赛制度化、内容与形式、大赛与其他技能人才考核方式的关系等问题的研究。

2. 职业教育课程与教学研究现状及趋势

（1）职业教育课程领导的研究

当前课程领导研究的重点是课程领导内涵、课程领导角色、课程领导任务、课程领导与课程发展的关系、课程领导的策略等。课程领导是从经营或是领导的功能出发，强调诉诸自身的创意和创造力，自律、自主地驱动组织本身运行，从一个新视角关注研究课程问题，对职业学校课程建设提供了新思路。

（2）职业教育课程改革研究

21世纪职业教育课程改革研究试图解决人才培养的效果与市场需求之间距离的问题，重点是职业教育课程开发和项目课程，提出多种课程开发理论及多种专业课程体系。目前人们关注的重点在课程开发，随着研究的深入，应该用系统观点整体考虑课程问题，同时重视学生与课程的关系。

（3）职业教育教学论学科研究

职业教育学科构建是21世纪职业教育研究的热点问题，出现了一批有关职业技术教育学及其各分支学科的理论建构研究成果。本项研究从职业教育教学论内涵、职业教育教学论学科体系、职业教育教学思想等角度探索职业教育教学论学科建设基本状况，认为在以后研究中应进一步明晰学科建设基本问题、提高学术氛围，扩大成果影响、理论工作者与实践工作者相结合、呼唤本土职业教育教学论。

（4）职业教育的教学方法的研究

关于职业教育的教学方法，21世纪研究的重点是教学方法系统化，多位学者从不同角度提出教学方法分类体系。与普通教育相区别，职业教育有自身特点，目前能反映这些特点的教学方法还不多，未来研究应重视职业教育专业教学法、动作技能教学、以人为本的职业教育教学方法、校企合作背景下教学方法、教学方法创新等方面的研究。

（5）关于实训教学的研究

21世纪以来公共实训基地问题引起人们关注，实训教学的模式、实训教学的方法、实训教学的评价等问题有较多研究成果。反映了实训教学研究从关注"硬件"建设向关心"软件"建设发展的趋势。未来研究应重视如何提高动作技能学习效率、实训教学的德育渗透问题、实训成本与学习效果的关系、实训"硬件"投入与"软件"建设问题、发挥公共实训基地功能等问题的研究。

3. 各国职业教育研究现状及趋势

（1）德国职业教育研究现状及趋势

21世纪后德国双元制职业教育模式在本国内和国际上开始受到挑战。我国学者开始选取德国双元制职业教育文化背景、关于双元制职业内涵与机理的研究、企业参与双元制职业教育的动机、职业学校的课程改革、德国职业教育的师资、德国职业教育发展动态的研究、德国职业教育借鉴与反思等视角，揭示21世纪后德国职业教育研究新进展。21世纪后学习德国经验不再简单照搬，而是从文化、社会、生产水平等多角度分析问题，我国学者开始思考德国职业教育的局限、缺点和不足。

（2）美国职业教育研究现状及趋势

我国学者选取美国职教师资问题研究、美国职业教育立法、美国职业指导研究、美国社区学院研究为视角，审视美国职业教育研究现状。21世纪后，美国职业教育加强了生涯咨询与指导，体现了升学与就业的统筹，学术性课程与职业性课程结合，学校教育与企业培训交替进行的发展趋势。

（3）日本职业教育研究现状及趋势

以前国内普遍认为，日本职业教育来自于对德国和美国的模仿甚至是照搬，学习和研究日本，不如直接借鉴美国和德国等发达的西方国家的职业教育。21世纪的研究成果改变了这种错误看法。我国学者开始选取日本职业教育的介绍、日本职业教育面临的问题、日本职业教育的发展趋势、日本职业教育给予我们的启示等视角，揭示日本职业教育研究现状。

4. 职业教育管理研究现状及趋势

（1）职业学校教师管理研究现状及趋势

当前教师管理研究政策导向多，基本问题研究少；文献总结多，实证研究少；经验总结多，独立自由的精神和批判性思维少；国外介绍多，自主创新少。教师管理研究应着眼于教师的职业生涯全程，从教师成长角度，重视自我管理和内在激励，把握双师型教师特点等问题的研究。

（2）职业学校学生管理研究现状及趋势

我国学者开始围绕职业学校学生管理现状、学生管理思想、学生管理对策研究等几方面探讨职业学校学生管理研究现状。未来研究应注意把握职业学校学生特点，学生管理对学生发展影响，如何贯彻"以人为本""以就业为导向"的教育管理理念，提高学生管理绩效等问题。

（3）职业学校学生心理健康研究现状及趋势

职业学校学生心理健康状况问题研究未形成系统的研究体系；按职业学校学生发展阶段研究较少，欠缺层次性；心理健康测量方法有待于科学化、普遍化、可操作；对影响心理健康各因素之间关系的研究较少等问题。未来关于职业学校学生心理健康状况研究应针对学生所处阶段，分阶段研究其心理健康状况问题；合理制定心理健康检查系统，重视学生心理健康培养的研究。

（4）职业学校学生就业研究现状及趋势

我国学者开始围绕职业学校学生就业现状研究、我国职业学校学生的就业难的原因分析、用人单位对人才要求的变化、解决职业学校学生就业难问题的对策等几方面探讨职业学校学生就业研究现状。认为就业问题非常复杂，既有整体问题也有个体问题，未来应重视差异化研究。

(5) 职业教育法制研究现状及趋势

当前研究中存在静态职业教育法制问题研究有余，动态职业教育法制运行研究不足；理论研究有余，法律现象及主体行为等实践问题研究不足；职业教育法制研究感性认识有余，理性思考和深度分析不足三方面的问题。未来研究中应加强职业教育法制研究者队伍建设并建立学术交流机制；职业教育法制研究需加强对基本概念的探讨和研究内容体系的构建；职业教育法制研究呼唤研究思维的创新性和研究成果的前瞻性。

（三）我国职业教育研究存在的问题

我国职业教育研究有以下缺陷和不足：职业教育学还存在着自身建设方面的"硬伤"，虽然学科外在建制已经毫无异议地存在着，但学科的理论内核还没有真正建立起来。职业教育学还是一门处在前科学发展阶段的新兴学科。部分研究领域仍然比较薄弱，亟待深化和加强，如：职业教育社会、职业教育文化、职业教育管理、职业教育伦理、民族职业教育、职业教育学科等。重复研究现象普遍，但缺乏学术争鸣，很难见到题名中有"商榷"字样的文章。虽然能检索到成百上千项研究成果，但细细看来却感到创新不够大多以思辨研究为主，缺少定量的、实验的研究。有些研究既缺少严格的科学实证研究，也缺乏严肃的理论思辨研究，它们或者是个人经验的阐发和主观感受的描述，或者是借用其他学科知识进行的演绎推理。如何发挥职业教育研究成果的应用价值，也缺乏考量。

（四）未来我国职业教育研究的发展趋势

1. 研究取向：基于实践的理论自觉

第一，基于问题意识的理论生成。职业教育研究就是要解决职业教育理论和实践中的矛盾、困惑或冲突。职业教育研究问题可以有多个角度，有事实问题、价值问题和技术问题，也有理论问题和实践问题。第二，在问题解决与体系构建相统一中生长理论。避免空洞化和经验化的倾向，一方面职业教育研究要能够解决实际问题；另一方面要能够引发重大理论观念的变革。第三，职业教育理论的本土化构建。一是消化欧美职业教育理论和经验，基于本土问题构建符合中国国情的职业教育理论；二是走出简单套用迁移普通教育理论的误区，构建与职业教育类型相匹配的理论框架；三是克服直接从其他学科理论进行演绎的弊端，构建职业教育学科自己的话语体系。第四，职业教育理论自觉的实现需要加强对变革性职业教育实践的解读。需要我们专门从事职业教育研究的工作者以理性的方式解读实践智慧，提升丰富理论内涵。

2. 研究主题：技术技能发展与积累

确立技能强国战略，建立服务民生和服务技术技能积累的国家意识，形成尊重技术技能人才的社会价值观和社会分配制度，这些是当前我国职业教育发展的主要方向。个体技术技能发展与国家技术技能积累成为了职业教育研究的两大主题。所以，如何培养个体的技术技能？如何实现国家技术技能积累？职业教育研究的具体问题将围绕这两条线索展开。就国家技术技能积累这条线索而言，有以下两个问题应深入研究：一是加强国家职业教育政策制度研究；二是要加强国家职业教育体系问题研究。就个体技术技能发展这条线索而言，有以下三个问题应深入研究：一是个体技术技能培养的经济社会与环境问题；二是围绕个体技术技能发展的人才培养模式问题；三是要研究技术技能人才的成长规律问题。

3. 研究主体：优势互补的多元互动

依据职业教育自身的复杂性特点，我们需要有多主体，而且是互动的多主体共同来开展职业教育研究。第一，普通高等院校及科研院所专家学者是未来职业教育研究的先导性主体。第二，职业院校教师是未来职业教育实践研究的重要主体。第三，企业技术人员及专家是未来职业教育研究的重要方面军和同盟军。第四，未来职业教育研究需要更多具有复合型专业学科背景的学者。总之，未来职业教育研究呼唤多学科背景构成的科研群体，加强团队合作，集体攻关。

4. 研究方法：多学科视野下混合交叉

职业教育作为一项复杂性的活动，包括了人、事和物；职业教育不仅是一项基础育人的活动，更是一项通过一定手段培养人的技术技能的活动，而且还直接指向职业工作。所以职业教育的研究对象是人、技术技能和职业工作。研究人的活动的方法、研究事的方法和研究物的方法各有其内在的差异，所以职业教育研究方法需要多元混合交叉。第一，从学科视野来看，要多学科交叉与融合。第二，从研究场域来看，要走出象牙塔深入丰富的职业世界。第三，就具体的研究方法而言，无固定方法，要以问题为导向，开展综合研究。

1. 王金波：《职业技术教育学导论》，黑龙江教育出版社1989年版，第25-27页。

2. 田正平等：《黄炎培教育思想研究》，辽宁教育出版社1997年版，第190-270页。

3. 王永强：《杜威职业教育思想及其基本特征》，载《河南职业技术师范学院学报：职业教育版》2003年第1期，第61-65页。

4. 刘捷：《凯兴斯泰纳的职业教育思想述评》，载《教育评论》1992年第3期，第56-58页。

5. 何文明：《职业教育研究方法的现状分析》，载《江苏技术师范学院学报》2009年第4期。

6. 康红芹：《近十年我国职业教育研究热点透视》，载《河北大学成人教育学院学报》2012年第3期。

7. 林克松等:《近年来中国职业技术教育研究发展状况评析》,载《职业技术教育》2012年第10期。

简答题

1. 了解职业教育学研究的对象是什么?
2. 简述杜威的职业教育思想。
3. 简述黄炎培的职业教育思想。
4. 职业教育学各发展阶段的主要特征是什么?

拓展思考题

1. 了解其他职业教育学著作中如何表述这一学科的研究对象,比较它们的异同并谈谈你的看法。
2. 你认为,目前职业教育研究中有哪些热点问题?
3. 有人说,不学习职业教育学照样能在职业学校当好老师,照样能办好职业学校,请对此观点进行评价。

第一章　职业教育的内涵与功能

学习目标

- 识记教育、职业教育的概念。
- 辨析职业教育与普通教育、高等教育、成人教育的关系，理解职业教育的特点。
- 正确认识职业教育与社会发展之间的关系。
- 理解职业教育对人生发展的多重意义，并用自己熟悉的先进人物的事例加以印证。

职业教育是教育的一个领域，是教育的重要组成部分。近代工业革命后，随着大机器生产的广泛展开，对技术工人以集体形式进行的职业教育与培训活动，逐步成为一种新型的教育形式从传统教育中分化出来，并进入研究视野。可以说，现代意义上的职业教育是现代生产和教育互动发展的产物。职业教育的独立发展丰富了教育的内容、形式和理论，而且促进了教育的普及化、平民化、社会化、终身化。

请扫描二维码
学习本章视频

第一节　教育与职业教育

一、认识教育

"教育"一词任何人都不陌生。大到国家的教育政策,小到家长对子女的一个要求,都可称作教育,但我们意识到更多的是学校的教育,从小学、中学一直到大学。学校是一种有组织、有系统的专门教育机构,自从学校出现后就成为教育活动的主导乃至主体。所以我们现在谈论和研究的教育主要是指学校教育。

(一)教育发展的逻辑

教育作为人类特有的一种活动,始终与人类的生存和发展紧密地联系在一起,并随着社会发展、分工的细化,逐步变得清晰和独立起来。人类社会之所以能够进步和发展,一个重要的原因就是人类能够进行知识和经验的传授活动。一方面,把已有的知识和经验不断传递给下一代,使人类成果逐步地积累起来,走向更高水平;另一方面,通过这种活动,把人类已有的文化科学知识由少数人掌握变为多数人掌握,使之普及和推广,从而提高整个社会的文化水平。

教育活动的形成和发展来自于人类生存、生活和发展的需要,人类脱离动物界,学会劳动,不断向前发展,都是基于这些需要。这是人类进化、进步的根本动力,正是这种动力驱使人类在改造自然的同时,也逐渐改变着自身的素质。从这个意义上说,教育也是一种生产活动,即人类自身素质的生产。这种自身素质的生产直接的表现是身体的、生理的生产,即种的繁衍,而最本质的是人的身心素质的产生和提升,这种有目地塑造新人的活动正是人类与其他动物的区别。

教育作为人类推动自身素质发展的有力手段,不断开发年轻一代的内在潜力,促使受教育者从原有水平向发展目标转化,在继承人类创造的物质和精神财富的基础上,不断更新、增添新的教育内容,通过教育者与受教育者双方的教与学的活动,传承经过选择的人类经验,培养未来人类活动的主体,使人类得以保全、延续和发展。因此,教育是人类发展进程中能够不断超越自己的重要动力因素,是人类发展必然的选择。表象上看,教育存续人类发展的经验;实质上,教育积累了人类发展的"资本"。教育之于人是永恒的。

(二)教育的基本内涵

在人类社会活动中,教育既具有相对独立性,又具有广泛的社会性,往往与其他社会活动交织在一起,使得教育的性质变得复杂起来。例如,生产、文化、艺术、商品经营、医疗卫生等社会活动也会对人的发展产生一定的影响,但我们不能因此把这些社会活动也泛化为教育活动,这不符合社会常规。教育与其他社会活动在本质上是有区别的:其活动的目的、组织手段、活动方式及对象的属性有自身的特殊性，"育人"或"培养人"是教育活动的根本目的，它有专门的机构（学校）承担和专职人员（教师）负责，对以专门接受学习任务的人（主要是青少年——"学生"）进行系统的培育和训练，或者说是按照人们当前的认识水平对"整体的人的造就"[①]。总之，教育作为人类社会的一项重要活动，是传承文明、积蓄力量、承前启后、面向未来的事业。换言之，教育是发展人性、不断塑造新人的活动。一方面，每个人的成长和发展需要社会的影响和专门的培养，社会的发展也需要下一代对上一代不断的超越；另一方面，人有巨大的发展潜力，人是可以培养的，教育就是不断开发人的潜能，使人的潜能成为"人"的属性。

基于以上认识，可以对教育下这样一个定义：教育是以一定社会为背景，以传递人类知识和经验为手段，以培养理想的人为目的，以直接影响人性的发展为方式，是人类有意识地进行自身素质生产、再生产的实践活动。一定的社会和阶级，总是通过教育有目的、有计划、有组织地对受教育者施加影响，使其具有一定的思想、道德、知识和能力，成为本社会和阶级所需要的人。所以，教育是同促进个体的社会化（体现社会的统一性，符合社会发展需要）和社会的个性化（体现社会的多样性，符合人的发展需要）联系在一起的。教育不仅具有广泛的社会性、明确的目的性、很强的实践性，在阶级社会还有鲜明的等级性、阶级性。

（三）教育的组成要素

现在看来，教育已构成一个庞大而复杂的系统，它由各级各类的教育实施机构、从中央到地方的国家教育行政管理机构，还有许多国际教育机构、教育研究机构、民间教育团体等组成。但是，进入教育系统内部，就会窥到教育（主要指学校教育）最基本的构成要素不外乎三个：首先是教育者和受教育者（学习者），再一个就是二者共同活动的对象——教材（教育内容），三者缺一不可，否则就不成其为教育。随着社会进步，教育也相应发展。其中，教师从身份独立化（私学产生为标志）、工作职业化（师范教育为标志），不断走向专业化（教师资格制度为标志）；学生来源不断扩大、人数不断增加、层次不断提高（古代的学生只是少数人的特权；近代以来随着初等义务教育的普及化，少年儿童进入社会前必须先当学生；现代社会在终身教育思潮的推动下，社会呈学习型转变，学生的年龄界限已不复存在，韩愈"道之所存，师之所存"的理想变成了现实，高等教育开始大众化、普及化，工读交替、亦工亦学成为公民的主流教育取向）；教育内容在不断推陈出新。与之相应，教育手段在不断进步，教育环境在不断改善，教育的影响不断扩大。教育已经不再是比较单一、相对封闭的社会活动，而逐步成为现代人的生活方式的有机组成部分。

[①] "整体的人的造就"指是人具有职业的才干和成材，所谓"成材"按照康德的观点：当一个人在没有别人的领导下或者在需要的时候，能够用自己的理解力去判断事态，并在理智的判断的基础上去行动时，这个人就是成材的。——引自海因茨·G.格拉斯：《职业教育学与劳动教育学》，劳动人事部培训就业局、天津职业技术师范学院审定，1985年。

二、职业教育解析

（一）职业教育的基本性质

职业教育既是现代教育的重要组成部分，又是沟通教育与职业的必要桥梁。职业教育以促进就业、提高就业质量为导向，以实现求职者或从业者职业理想为目标。20世纪初黄炎培先生就强烈意识到我国教育和职业教育的问题，1917年发起成立了中华职业教育社，在成立宣言中指出："今吾中国至重要至困难的问题厥惟生计"，"求根本上解决生计问题厥惟教育"，"教育不与职业沟通，何怪百业之不进步"，"要发展社会，革新教育，舍沟通教育与职业无所为计"①。他深刻地指出："凡教育皆含职业之意味"，"盖教育之者，固授人的学识技能而使能生存于世界也"②。职业教育不是一种"特殊"的教育，职业教育遵循教育的一般规律，是教育面向社会的延伸，因为教育现实的目标总是要指向职业的。

（二）职业教育与其他类型教育的关系

现代所说的职业教育，作为教育的一大类别通常与基础教育(普通教育)、高等教育、成人教育相提并论，教育行政管理部门也与之相对应。虽然四大教育"板块"相互衔接、沟通，互有交叉（如图1-1），但作为一种教育类型，有其自身特点和相对独立的质的规定性。为了直观地认识职业教育的特点，不妨先对基础教育、职业教育、高等教育进行比较，找出职业教育与其他教育的不同点，以便更好地认识和理解教育的本质（见表1-1）。

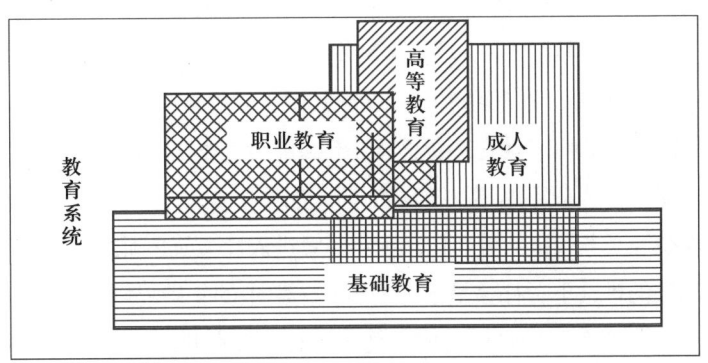

图1-1　不同教育类型关系示意图

注：基础教育、职业教育、高等教育反映了三类教育的性质，成人教育是以教育对象的年龄作为划分标准的，成人教育实施前三类教育。

---

① 转引陈景磐：《中国近现代教育家传》，北京师范大学出版社1987年版，第256页。
② 黄炎培：《职业教育之礁》，载《陶行知、黄炎培、徐特立、陈鹤琴教育文选》，安徽教育出版社1992年版，第142页。

表1-1 基础教育、职业教育、高等教育主要属性比较

属性	基础教育	职业教育	高等教育
培养目标	合格的社会公民，为高一级学校输送合格新生	熟练技术人员（技术工人、技术员等）	高级专门人才（科学家、工程师、学者、高级经营管理人员、社会工作者等）
专业性	不分专业	具体的专业、工种	较宽泛的专业性
组织系统与管理	相对统一、规范，办学实体自主权小	比较灵活、多样，办学实体自主权大	有宏观的规范，办学实体自主权较大
教学指向性	综合的科学文化基础知识	职业（岗位）或职业领域	学科或专业领域
周期性、时效性	周期长、缓效性	周期短、职业针对性强	周期较长、显效性
教育特性	基础性、普及性（强迫性）、统一性	职业性、专精性、实用性、操作性	自主性、选择性、创造性、学术性
教育重点与要求	促进学生和谐发展，全面提高学生素质	"一专"为本位，"多能"谋发展，适应职业更新的需要	培养研究开发能力、自学能力，求新异
办学定位与导向	为升学做准备，升学导向兼顾就业	为就业、转业做准备，在职进修、提高业务水平，就业与乐业导向	在中等教育基础上，培养高层次社会、科技、文化发展和高层次工程技术人才，创新与创业导向
课程特点	以基础性学科课程为导向，以理论教学为主，课程内容相对封闭	以活动课程为导向；突出实践性教学，课程内容相对灵活	以系统的学科课程为主，以理论教学为主，辅之实验、实习课程内容相对开放
教学任务	传授科学文化基础知识，培养读、写、算能力和社会公德	进行职业技术、技能训练，养成符合时代要求的职业道德	培养科学思想、方法和结合专业解决理论和实际问题的能力，形成良好的人格
劳动（或学习）性质	以脑力发展为主，重在继承和接受性学习	体脑并重，劳动具有运用性、重复性	体脑结合，以智力开发训练为主，重在发展和发现性学习
能力系统	形成普通认知能力系统	形成熟练的职业能力与技术应用能力系统	形成高级认知与研发能力系统
考核	毕业与升学考试	职业能力、技能鉴定	学历文凭考试、高级职业资格认证考试
教育合格或成功标志	获得毕业证书，取得升学资格	获得职业资格证书，实现就业	获得毕业文凭、学位、高级职业资格证书，具有多种自主发展的选择

通过表1-1的比较，可以看出职业教育的许多特点，但必须指出这些特点是相对而言的，并非绝对。而且职业教育不是完全孤立的，局限于传统意义上的范围内，在基础教育、高等教育中也广泛地存在着职业教育的因素。如：对学生进行的职业陶冶、指导教育、社会实践锻炼以及为了升学或就业培养学生的职业技

能时，虽然在普通教育或高等教育中实施，但其本质上仍是职业教育的存在形式。职业教育是基础教育和高等教育的重要补充，而且职业教育与其他两类教育逐步呈交融的趋势。反过来，在职业教育中，也不是单纯的职业技能训练，文化基础知识的学习是不可缺少的，特别是随着义务教育的延长、教育的社会化使职业教育与普通教育的界线开始模糊起来，职业教育普通化和普通教育职业化已经大行其道。所以，在中等教育阶段把普教与职教截然分开是不现实和不可能的。职教与高教的关系更加密切，高职高专院校、职业技术师范院校、应用技术大学等更是职业教育与高等教育的有机结合体。从理论上讲，凡是关系到人的谋生、就业、职业能力提高方面的教育和培训均属于职业教育性质。但现阶段职业教育的主体仍然被确定为，基础教育之后分流出来的，大学（本科）程度以下为各行各业培养实用人才的教育部分。

（三）关于职业教育的称谓

我国从清朝末年至今，对职业教育有多种称谓。清末称为实业教育，相应的学校称为实业学堂。民国初改称实业学校，后在中华职业教育社的倡导下统称职业教育、职业学校。1949年9月在政协会议上有人认为职业教育是资产阶级的双轨制，在《共同纲领》中改称技术教育。"文化大革命"以后，称呼多样，如职业教育、技术教育、技工教育、专业教育、专业技术教育、综合技术教育、工艺教育、职业技术教育等，至1985年《中共中央关于教育体制改革的决定》后一般统称职业技术教育。我国台湾地区称为技术职业教育。

国外对这种教育的称谓也不统一，美、英、法、日称职业教育（Vocational education），苏联、保加利亚、波兰称职业技术教育（Vocational and technical education）。1974年，联合国教科文组织建议各国使用共同的术语"技术和职业教育"（Technical and Vocational education）。国际劳工组织则使用"职业教育与培训"的概念；世界银行和亚洲开发银行自20世纪中期也开始使用"技术和职业教育与培训"（TVET）的概念。1999年4月联合国教科文组织在韩国汉城召开第二届国际技术与职业教育大会，在大会的正式文件中也使用了"技术和职业教育与培训"的概念。

本书我们称职业教育。原因是：1982年2月4日通过的《中华人民共和国宪法》中的第十九条称职业教育。1996年5月15日，第八届全国人民代表大会常务委员会第十九次会议通过《中华人民共和国职业教育法》，并明确"职业教育是国家教育事业的重要组成部分"。职业教育的称谓具有很大的包容性、通识性。

（四）职业教育的定义

《中国大百科全书·教育》中对职业教育有一个简明而经典的定义：职业教育（vocation education）是"给予学生从事某种职业或生产劳动所必需的知识和技能的教育"。在此基础上，可以进一步分析。首先，职业教育是与生产直接相关的，尤其在现代大生产过程中受到了高度重视；其次，职业教育与科技发展、职业分工对从业者素质要求的提高密不可分；最后，教育的发展既促进了教育的普及化、高移化，也引发了教育的分化，职业教育就是教育在分化过程中自身为社会服务功能扩大的必然结果。因此，职业教育本身要扮演好自己的角色，培养生产一线的应用型实用人才。所谓的实用人才是指受过职业教育的人能在职业活动中立即发挥作用，马上进入熟练工作状态。综合前述认识，不妨把职业教育做如下定义：职业教育是为适应经济社会发展的需要和个人就业的要求，对受过一定教育的人进行职业素养特别是职业能力的培养和训练，为其提供从事某种职业所必需的实践经验的一种教育。

（五）职业教育的范畴

职业教育是伴随着科技进步、经济发展和各行各业分工的专门化发展起来的，所以职业教育的内容和对象相当广泛，它为社会的各行各业培养具备一定专业知识和熟练职业技能的技术员、技术工人、管理人员、医护人员、经营服务人员等劳动者。但由于经济和教育发展的不均衡，以及产业结构的不断变化，职业教育也形成广泛的存在形式及其结构体系。

第一，从存在状态上看，职业教育具有广泛的渗透性和延展性。在普通中小学中实施的职业教育，如劳动技术课程和初步的职业指导课程；也有在普通教育向职业教育与高等教育阶段过渡的职业准备教育，如：初中的3+1学制，对部分初中学生进行一年的初等职业教育，适时分流，为不继续升学者做就业准备；还有职业教育专门机构的职业适应教育，如各级各类职业学校和职业培训机构进行的教育和训练；当然，还有就业后为不断适应职业或岗位的变化进行的职业补习教育或职业进修教育，如企业内外的各种长短期培训、继续教育等；高等院校在市场经济的冲击下，也非常重视学生的就业工作，并采取积极措施对学生进行就业指导，提供一些职业资格证书或职业训练课程。

第二，从纵向层次看，有初等、中等、高等职业教育之分。初等职业教育主要包括在九年制义务教育阶段实施各种类型长短期职业教育和技术培训；中等职业教育是职业教育系统的主体，现阶段大部分的同龄人不能升入高等院校而需要就业，所以中等职业教育在开发人力资源、满足社会经济发展需要、促进就业方面起着重要作用；高等职业教育既有独立的职业大学、职业技术学院、应用技术大学、职业技术师范院校，也有附属于综合院校的各种职业技术学院（系、部）。

第三，从学校类别上看，有培养工艺师和技术员的技术教育，一般由高等职业学校和中等专业学校实施；有培养技术工人的技工学校或技术学校；有专业设置灵活机动主要为当地经济社会发展培养各类初、中层次从业人员的职业中学、职教中心。

第四，从办学形式看，有主要通过各级职业学校实施的学历教育和各类职业培训机构进行的非学历培训。而且，国家和地方政府、企业和社会团体、个人等都可举办职业教育，可以根据需要实行全日制、部分时间制、业余时间制灵活的学习方式。

第五，从职业教育培养的对象看，有对无就业经验的青少年进行的职前教育与培训和面向成人的岗位培训、转岗培训、再就业培训，以及继续教育等职后教育与培训。

综上可见，职业教育的结构、层次是极其复杂和多样的，并积极与社会经济和产业结构发展相适应的。

（六）职业教育的基本特点

为了更加深入地认识职业教育，特别是从职业教育与社会，以及职业教育宏观发展的角度，把握职业教育的意义、地位和职能，有必要对职业教育的基本特点做进一步的阐述。

1. 教育基础的社会性

职业教育存在和发展的基础主要取决于社会对职业教育的需要和要求。黄炎培先生在1930年总结了他办职业教育的经验，指出："就吾最近几年间的经验，由吾最近几个月的思考，觉得职业学校最紧要的一点，譬如人身中的灵魂，'得之则生，弗得则死'，是什么东西呢？从其本质说来，就是社会性；从其作用说来，就是社会化。"[①]。社会性即来自于社会又服务于社会的特征，社会化则是通过教育使个体参与正常社会生活、不断发展的过程。当前，职业教育必须主动面向、走向市场，形成与就业市场息息相通的工作机制，职业教育的培养目标、发展规模、办学形式、培养人才的周期、专业及课程设置、师资任用、教学组织安排等都要体现市场精神，不能闭门育人、仅凭经验办学。当然，还要充分考虑学生的个性，引导、指导学生的学习和就业行为，努力做到社会化与人性化的统一。从职业教育管理的角度看，在市场经济条件下我国职业教育与社会关系不断进行动态调整，社会化的关键是改变偏重"学校办社会"的模式，走"社会办学校"并举的道路，加强产学合作，鼓励社会各界、各行业企业按需兴办职业教育、参与职业教育，促进职业教育的社会化、全民化。

2. 教育指向的职业性

从"职业教育"字面上就能明了其特性，即是为某职业领域培养人才的教育。职业性本来是社会上"有确切工作范围"的标称，而不是现在人们习惯的"低端工作岗位"的代称。职业教育性质是：办学方向明确，培养目标具体，对学生实行定向的教育与训练，学生比较清楚自己未来的出路和工作。因此，不论

---

① 黄炎培：《职业教育机关惟一的生命是什么》，载《陶行知、黄炎培、徐特立、陈鹤琴教育文选》，安徽教育出版社1992年版，第173页。

职业学校还是职业培训机构普遍与行业、企业等用人单位都有紧密的联系，举世闻名的德国"双元制"和日本的企业培训就是企业积极参与职业教育成功的典范。因为职业教育如果没有就业的归宿和企业的认可，势必难以维系，一个成功的企业，必定有一支高素质的员工队伍，高素质的员工队伍并不是全部"引进"的，而是企业重新造就的。职业教育与企业是"天生的伙伴"，职业教育要把自己的教育行为转化为企业的需要，而企业则要主动与职业学校合作，源源不断地补充和提高符合企业需要的员工。企业与职业学校以"职业"为纽带可以发展一对一、一对多、多对一等多种合作关系，在市场机制下形成职业学校与企业相互依存、相互为用的新格局。其实，职业是很宽泛的概念，社会向人们提供的工作岗位都可称之为职业，在理解职业教育时要摒弃传统的、狭隘的、片面的观念，而要推崇职业教育的现实广泛性、职业平等性和每个人的相关性，提高职业教育的社会声誉。

3. 教育目标的生产性

职业教育的显著功能是直接为社会生产服务。生产的发展推动了职业教育的发展，职业教育的目标是为社会经济领域，特别是生产一线培养大量掌握熟练生产技能的劳动者。各国积极发展职业教育（尤其是高等职业教育）的背景表现出对生产的高度关注。第一，义务教育的普及和学制的延长，刺激了人们升学的愿望，为职业教育发展奠定了更加扎实的基础；第二，生产专业化程度提高，需要大量掌握高新技术的专门人才；第三，现代人才的结构（理论研究、技术开发、生产制造）仍呈"金字塔"型，生产制造方面的人才在数量上仍占明显优势，这一状况在我国将长期存在。所以，职业教育必须定位准确、明确目标，以提高生产一线人员的素质为己任，充分发挥职业教育在经济建设中生产和再生产劳动力的功能。

4. 教学内容的实用性

职业教育教学主要的价值取向不是学生的理论水平，也不是学历文凭，而是一种能满足某一职业或工作需要的综合职业能力。换言之，就是所学知识有用、管用、够用，学生具备"会做事的能力"。所以，教学工作要围绕如何培养实际职业能力，按需施教。教学的重点是进行关于生产设备、材料、工具、工艺流程、加工方法等方面知识和操作技能的学习和训练，而且要进一步懂得应用的条件、对象、过程、方法、手段以及对效果的检测，达到学以致用、活学活用。对必要的理论知识学习要讲求"少而精"，不追求太多的知识储备，而重视与未来工作相结合。突出实践教学的地位和作用，特别要在相同或相似的环境里进行实践性教学，增强学生运用所学理论解决实际问题的能力，使学生顺利地适应未来工作要求。由于职业教育的教学工作从目标到内容具有鲜明的实用性，所以从事职业教育理想的师资条件是：既具有一定的理论水平，又要有丰富的职业实践经验和高超的职业技能。

5. 教育发展的终身性

科技进步，社会发展，给教育提供了更好的条件，为人们提供了更多的受教育机会，同时也对教育不断提出新的、更高的要求。第二次世界大战后，社会对科技的开发和应用水平大大提高，知识、技术有效时间缩短，新的职业能力的再训练变得更为必需，"终身教育制度"已在各国教育改革中被确立起来。古人说的"活到老，学到老"就是一种终身教育的思想，但作为教育制度只是近几十年的事。终身教育把人一生的发展与教育结合起来，作为教育不仅是人成长、生存的手段，也是使社会和人性不断完善的手段。终身教育既是一种教育方案，也成为一种社会方案，教育渗透到社会的各个方面、各个角落和人从生到死的各个发展阶段。其中，职业生涯是人生最有生命意义的贡献阶段，而成人教育的主要目的就是不断改善职业生活，不断调整劳动力与社会的关系，最大限度地开发人力资源，为社会做出更大的贡献。成人教育的核心是职业继续教育，它必然随着整个教育系统的终身化而与人们的职业过程相始终，也必将在教育终身化的潮流中日臻完善。

第二节　人与职业教育

作为教育的一种类型，职业教育首先应具有教育的本质属性，即教育是以培养人和促进人发展为目的的教育实践活动，职业教育可能具有的所有社会功能，如政治功能、经济功能、文化功能、科技功能等，都是由此而衍生出来的功能。换言之，培养具有完整职业人格的人应该也必须是职业教育的出发点关注的重点。

一、人的发展

人的发展是一个历史过程，受社会条件的制约人与教育的关系始终处在动态的变化过程中，但一条明显的规律是，教育日益从功利型的"社会中心"行为，向实现人的价值，发展人的个性、自由（自觉），服务社会的方向迈进。

把一个自然的人培养成为社会公民，履行社会义务，担负社会责任，为社会做贡献，这是教育共同追求的目标。把一个人的才智充分引发出来，培养成一个有道德、有专长、有能力的杰出人才同样是教育追求的目标。前者是人的社会性，也即个体的共性；后者是个体独特的个性。教育促进人的发展，一是促进个体的社会化，二是与此同时实现个体的个性化。由于人的遗传素质本身存在一定差异，在后天的环境、教育和个体能动的综合作用下，个体的身体和心理会变的千差万别。面对复杂的、发展中的人，使其"社会化"是重点，做到"个性化"是难点。

二、教育在人的发展中起主导作用

个人的发展要受到众多因素的影响。人的发展的第一前提是人的肉体组织的存在，有生理的基础才能有心理活动。人的身体是由上一代通过遗传产生的，遗传使得新生一代获得与上一代基本相同的生理素质，有了这个基础，人才有了发展的可能性。但就遗传素质而言，正常人遗传之间又是基本相同的（这与古人"性相近"的判断不矛盾），教育中不要过分夸大人与人在先天方面的差别，而且随着年龄的增加遗传对人的发展的影响将会减弱，而后天因素对人的发展的影响将不断增强；也即客观因素的影响将会减弱，主观因素的作用会不断增强。而人的心理活动、个性心理特征都是在后天的环境（含家庭）、学校教育、同伴群体、社会文化等因素影响下形成的，具有较大的可塑性，这为教育发挥其作用提供了科学依据。

环境，特别是社会环境在人成长过程中有着巨大的影响力。但环境对人的发展的作用很大程度上取决于个体对环境的认识和利用。好的环境对人的发展是有利的，但并非因果关系。因为许多逆境成材者，恰恰把逆境变为自励的动力，做出了超常的业绩。因此，环境的作用只有和人的理性、主观能动性结合起来、一致起来，才能发挥积极的作用。不能片面地、孤立地强调环境对人发展的作用。

人的主观能动性是人的发展的内在动力，一切外在的因素能否起到应有的作用，关键还取决于人的自觉性，外因通过内因才能起作用。认清条件，充分发挥现有条件的作用，加上个体的努力，就会取得最优的发展效果。

教育尤其是学校教育在人的发展中具有独特的价值。学校是专门的育人机构，有明确的目标、专业人员、系统的课程、健康的环境，其对象是处于成长中的学生。这样就决定了学校教育应该也能够在培养人的过程中发挥主要的导向作用。但是，学校在人的发展中的主导性也不是一成不变的，在学生年龄小的时候所起作用较大。教育导向包括教会学生认识自己、懂得规范、学会做人、认识社会、学会共处、学会做事、热爱学习、学会发展、学会选择，等等；随着学生年龄的增长，独立性、自主性增强，学校的导向作用逐渐减弱，这不是学校教育的悲哀，相反是学校的教育功绩。因为"教是为了最终的不教，导是为了最后的不导"，这是教育的辩证法。人成年后，各方面变得成熟起来，进入社会参加工作，但也不断会有学习要求。成人教育同样有导向问题，学习的需要本身也是导向，但教育导向更多是集中到一些学术、科研、工作等专业方面。对受过高等教育的人来说，学校教育平均要占到人生的1/4至1/5，学校教育的导向作用对人的成长具有极其重要的意义。另外，学校教育发挥主导作用也是有条件的：一是所实施的教育是正确的、进步的、切合实际的；二是教育要符合学生的年龄特征、学习需求及其身心发展规律。

三、职业教育的个体发展功能

（一）以职业为载体促进个体社会化的功能

在人类的劳动出现分化后，有的人开始长期甚至终身从事某一类或某一种工作，这些同类的工作便形成了职业。职业是人类生产经验的积累和经济发展到一定阶段的产物，是人类通过分工和合作提高生产效率和质量的必然要求，职业的划分也构成了社会基本的结构及其管理系统。随着社会发展职业分工更加精细，职业成为一个庞大而相互关联的复杂的体系，社会成为职业的社会。进入社会，也就从事了一个职业。所以，获得一个职业、拥有一份工作是一个人社会化的重要标志。近代社会以后，社会分工与科技、教育发展关系更加紧密，社会职业的科技含量迅速提高，一个没有受过一定教育或专门训练的人，很难在社会上找到一份具有鲜明职业性质的工作。职业教育作为培养职业专门人才的教育，大大促进了个体职业的社会化和个体身份的职业化。试想同龄人，有的还在大学读书、有的或赋闲在家，而职业学校毕业的学生可能已经成为所学职业技术方面的行家里手。

职业教育一个重要的特点是，针对社会职业发展需要，能够快速做出反应，引导人面向实际，以职业为依托，在服务社会的过程中实现自我的发展。因为接受职业教育也就意味着受教育者即将走向社会，成为某个职业群体的一员，担负起社会的责任，成为受社会承认和尊重的专业技术人才。职业教育促进个体社会化、职业化是一个循序渐进的过程，以社会职业发展为导向，沿着职业感知、职业选择、职业定向、职业训练的顺序展开，不断激发他们的求职、立业欲望，提高其职业意识，陶冶其敬业品质，发展其职业能力，锻炼其勤业精神，最终形成其乐业理想。

（二）以专业选择为转折促进个体个性化的功能

人的社会化与人的个性化是一个人发展的两个维度。社会化不足的人是幼稚的，而缺乏个性的人往往是平庸的。社会化就是要很好地溶入所处的时代，对所处的社会环境不了解，就不会有适合的社会定位；而定位不准，则如履蜀道。个性化就是借助社会的力量充分发挥自己的潜能，一个对自己"长""短"不清、没有科学认识的人，其潜在才能、优势可能在不经意中湮没、丢失，铸成人生的遗憾。素质教育呼唤的正是教育对儿童、青少年个性的发现、尊重和因势利导，解放在应试指挥棒下的对个性的"剪割"。由于教育的失当泯灭的人类智力资源是无法估量的，望之兴叹，又感无能为力，权且归咎于传统的惯性和历史的局限性。可见，"知"难，"行"更难。

职业教育本应该是个体实现职业理想、发展个性的另一条重要渠道。事实上，许多情形下职业教育只是普通教育分流、淘汰后的无奈选择。这一点在深受儒家传统文化影响下的东方国家表现尤为突出。我们必须承认现在接受职业教育的学生许多是普通教育竞争中的失利者，他们对文字符号缺乏兴趣，对课堂教学和书本缺乏耐心，但他们并不是学习的失败者，只能说是现行学习模式的"不适应者"。学习是多方面的，职业教育必须用新的、更加全面的学习观，重新认识和引导接受职业教育的学生，改变僵化的教学方式，提供张扬个性的空气，找回学习的自信。职业教育要积极贯彻以活动为中心的学习思想，学习方式的改变会使许多进入职业学校的学生重新找回或发现学习的乐趣和意义。

如何使学生成才是职业教育最为关切的问题。这就要求职业教育必须实施一种反映个性、培养个性的教育，要把职业特点与学生的兴趣、特长结合起来，以发展个性为前提，培育学生综合职业素质，进而激发他们对文化科学知识提高的愿望，达到殊途同归的效果。职业教育是满足人的个性发展的一条宽阔的道路，职业教育的工作者和学生对此要充满信心。

（三）促进个体从谋生到自我实现的功能

职业教育对于个体最近切、最基本的功能莫过于为谋生服务。如果职业教育没有实现为人谋生的目的，遭受无情的批评也就不足为怪了。为生活做准备是教育应尽的职责，更是职业教育的首要职责。现代的劳动还主要是人谋生的手段，发展职业教育的根本目的也是促进就业、发展经济、维护稳定。因此，培养学生的生存能力、职业能力、生活能力是职业教育的基本任务。正如管子所说："仓廪足而知礼节，民不足而可治者，自古及今未之尝闻也。"在此基础上，才能更有效地实施道德、理想、信念等教育。

人一方面要谋生，另一方面也在享受生活。现代社会生产率水平不断提高，人们的闲暇增多，许多原来意义上的休闲运动变成了职业活动，而职业活动又变成了休闲运动。有的人学习第二、第三职业，一个原因是为了储备职业能力，追求更广阔的职业自由空间；而且也是为了挑战自我，追求自我实现，得到一种精神享受。还有的人，由于客观原因在职业生涯中没能从事自己钟爱的职业，退休以后研修学习，老有所为，乐不知疲，得到一种人格的完善和升华，使自己成为营求自由、幸福之人。诚如此，职业教育的个体发展功能就得到了延伸和光大。

第三节　社会与职业教育

职业教育通过提升人力素质、开发潜在劳动力、促进劳动力合理流动和转移等方面对社会政治、经济、文化、科技的发展具有强大的推动力。第二次世界大战后，日本、德国之所以能在30年后迅速恢复重新成为世界强国，人力资源的开发与运用是其振兴的关键因素，特别是两国各具特色的职业教育功不可没。

一、职业教育的经济功能

经济是社会存在的基础。大机器生产带来了现代工业文明，也使得职业教育走上历史的舞台，成为现代教育中的一支重要力量。经济发展与职业教育的发展是相辅相成的，职业教育为物质生产准备了人力条件，经济发展又为职业教育发展提供了物质保障、就业岗位，并不断给职业教育发展提出新的、更高的要求，二者相互推动，形成良性循环，共同作用于社会的进步。

（一）职业教育直接生产劳动能力，为经济发展提供重要的人力支撑

当我们享受着现代灿烂的物质文明、惊叹于人类巧夺天工的作品时，我们常常能联想到它们的创造者，特别是那些直接参与制作的能工巧匠。职业教育就是这样，它能够把一个自然的劳动力培养成一个专门的劳动能手，把一个普通的学生改变成一个专业技术人员，把一个无技能的劳动者训练成熟练的技术工人、能工巧匠。马克思说："要改变一般的人的本性，使它获得一定劳动部门的技能和技巧，成为发达的和专门的劳动力，就要有一定的教育或训练。"[①] 从生产的角度看，经济界希望通过职业教育提升劳动者的素质，提高工作效率和产品质量，降低生产成本，以实现经济的持续增长。

现代社会人人都必须接受一定程度的教育，从事专业技术工作必须经过职业教育或培训，乃至高等教育。要实现社会现代化，人的现代化是一个重要指标，参照发达国家的经济发展与人力资源开发的经验，我国发展职业教育任重而道远。从发展高等教育来看，由于高等教育的国际化趋势，发展中国家与发达国家的高级人才流动存在巨大逆差，人力资源流失严重。相比而言，职业教育对本国（本地区）经济的贡献率则更高、更直接，从这个意义上说，大力发展职业教育符合我国的国情，有利于教育结构的合理化，有利于提高全民劳动素质，有利于为本国、本地区经济发展服务。

---

① 马克思：《资本论》第一卷，人民出版社1975年版，第195页。

（二）职业教育的经济效益

在资本主义上升时期，当时的经济学家已经注意到了教育的经济效果。例如，在18世纪70年代的制钉业，不满20岁的青年工人一天能制钉2300多枚，而不曾练习过制钉的普通铁匠一天只能制钉200~300枚，质量还很低劣。所以经济学家亚当·斯密（Adam Smith）认为："学习一种才能，须受教育，须进学校，须做学徒，所费不少。这样花去的资本，好像已经实现，并且固定在学习者的身上。这种才能，对他个人自然是财产的一部分，对于他所属的社会，也是财产的一部分。工人增进的熟练程度，可和便利劳动、节省劳动的机器和工具同样看作社会上固定资本。学习的时候，固然要花一笔费用，但这种费用，可以得到偿还，赚取利润。"[①]

20世纪五六十年代，人力资本理论兴起。人力资本被认为是一种投资收益率高于物质资本的形式。所以，增加人力资本诸如：教育、保健等，有助于提高人的生产能力、管理能力、流动能力，向自己向往的方向发展。随着人力资本理论被广泛接受，教育也由原来的消费事业，逐步被看成一种产业。美国学者对比分析了1929年和1957年经济增长情况，计算出教育带来的经济效益，即教育投资收益占国民收入增长部分的33%。日本学者比较1930年和1955年的经济情况，此结论为25%。尽管这些数据有一定争议，但"人力资本是经济增长的关键，教育是形成人力资本的重要因素"的论断是可以肯定的。我国近年来的"普通高中热""高校扩招热""民办教育热"对此可做注解。

当然，职业教育是周期短、显效快的教育，毕业生的就业前景、收入状况成为职业教育兴旺与否的晴雨表。职业教育只有成为大众认可的就业机会最多、投入收回最快，也就是最实惠的教育时，接受职业教育才会成为多数年轻人主动的选择。

（三）职业教育通过应用和传播科学技术，促进经济的发展

科学技术是职业教育的基础，职业教育的直接目标就是把科技知识转化为学生的劳动能力，应用到现实的生产活动中，提高生产效率和产品质量，促进经济的发展。在教育体系中，职业教育的主要任务不是生产科学技术，而是如何应用科学技术，并迅速地成为现实的生产力。科学技术是第一生产力，但科学技术通常是以知识形态存在的，是潜在的、可能的生产力，教育尤其是职业教育则是把第一生产力变成现实的、终极的生产力的必要的中介环节，推动经济的快速发展。

职业教育在传播科学技术的过程中也发挥积极的作用。职业教育有组织、有系统、有选择地应用和推广科学技术，不仅培养了一大批应用科技的骨干力量，

---

① 参见金一鸣：《教育原理》安徽教育出版社1995年版，第47~48页。

提高了传播的有效性、示范性，而且能够形成广泛的社会影响。

由于科技发展的冲击，国内外市场竞争日益加剧，企业不断追求高素质劳动力，建立高绩效劳动力结构。职业教育面对科技的进步，应适时调整与变革培养目标和服务功能，在培养学生就业能力的基础上，还要注意培养学生的创业能力和接受更进一步教育和训练的学习能力。

二、职业教育的政治功能

职业教育与政治具有深刻的联系。政治的主要任务是维护社会的稳定，促进社会各方面有序、和谐的发展。职业院校是培养大量产业大军的场所，他们的政治立场、观念，道德水准，专业能力，就业状况将会对社会形成巨大的影响。成功的职业教育是经济发展、社会稳定的积极因素；相反，不切实际盲目发展也可能会为社会安定埋下隐患。所以，要从政治的高度重视职业教育全面育人的功能，绝不能把职业教育简化为一个技能训练场。

职业教育通过促进受教育者的政治化，即培养其形成主流的政治素养和道德素养，实现稳定社会秩序、巩固政治统治的目的。作为一个社会的劳动者，不仅需要具备相关行业所需要的知识和技能，更不可或缺的是要具备正确的政治认识、理性的政治情感、科学的政治价值观和合理的政治理想。作为一个合格的社会公民，也应具备道德判断能力，养成正确的道德情感，形成自律的理性的道德行为，应该具有强烈的社会责任感和科学的人生观、世界观和价值观。因此，职业教育需要把知识的学习和技能的培训、道德的养成、审美的培养、身体的锻炼有效地融合起来，培养具有完整职业人格的劳动者。

三、职业教育的文化功能

文化是人类智慧的外化和凝结，包括人类创造的一切物质财富和精神财富。人类创造文化的过程也就是教育发展的过程，文化是教育的对象和内容，教育是文化传承的手段。教育保存文化、传播文化，也创造文化。教育与文化关系密切，互为表里，彼此促进，共同发展。

1. 职业教育具有活化文化的功能

静态的文化依附于实物、符号、科技等载体，只有通过教育才能转变成人的思想、智慧、情感、能力等，形成动态的文化，从而成为推动社会发展的力量。职业教育在创造和更新物质文化方面扮演着重要角色。

2. 职业教育具有文化选择、重组、优化功能

相比较而言，文化是一个大范畴，教育对文化的传递是经过筛选和过滤的，而且被选择的文化也必须经过教育的加工、整理，符合"培养人"的需要，形成特定的文化精品——课程，才能进入教育内容。作为职业教育在选择文化方面更具有其特殊性，一是普通文化知识要精当、简明，有较强的针对性；二是职业文化要管用、实用、先进，像现代企业管理文化等；三是突出所学文化的物化性（主要是指可制作）、经济性、效用性。

3. 职业教育具有文化交流、融合功能

人类文化发展的一个重要的方面是来自不同时代、领域、地域之间的交流，彼此相互碰撞、借鉴、启示、交融。现在的文化很难找到单一的文化形式，即使是具有鲜明特色的民族文化也都受到其他民族文化的影响。人类交往的全球化，推动了经济的全球化和文化、教育的多元并存与融合。例如：德国的"双元制"职业教育制度，已经成为全世界职业教育的财富，被广泛借鉴、吸收。随着科技文化的发展，职业教育必须建立大职业教育的观念，一是广泛学习世界各国的优秀职业教育文化；二是加强跨职业（复合型）人才的培养和探索，引领职业人才培养的新潮流；三是进行"从学校到企业"方面的文化教育，提前接受企业文化熏陶，奠定良好的认知基础。

4. 职业教育具有文化的更新和创造功能

对文化的教育化改造本身就是文化更新的过程，教师的劳动很大程度上就是对文化的更新和再造。尽管教育的主要功能是对文化的继承，但广大的教育工作者也是文化的创造者，许多人既是教师又是学者；在职业教育中有许多"双师型"教师，他们既是教师又是工程师、工艺师、技师等，他们既培养人，又在创造物质财富和精神财富。对于学校，校园文化的建设是一个重要方面，它应成为社会优秀文化的缩影，陶冶学生健康人格的温床。

第四节　就业与职业教育

一、解说就业

（一）就业是人与职业的结合

人们生长生活在一个职业社会中，所以对职业并不陌生，人们从事的社会工作都属于某一种职业，不同职业的有机组合构成了人类和谐共处的社会系统。职

业是社会向人们提供的工作岗位,人们找到工作岗位就是"就业",就业通常表现为具有劳动能力的人运用生产资料从事合法社会劳动,并能获得劳动报酬或经营收入的经济活动。人们习惯上把获得相对稳定的职业叫做就业。按照国际惯例,只要符合就业条件,灵活多样的就业形式都可以视为就业。从科学意义上讲,就业是指生产劳动者与劳动资料组合,使有生产能力的劳动者成为从事某种生产或社会服务的劳动者,进入生产过程。换言之,就业实质上就是一个"人"与"职"结合的问题,通过职业教育可以进一步实现人与职业的优化组合,提高劳动效益和生产率。

（二）影响就业的主要因素

现代社会政府的一个重要职能就是解决劳动者的就业问题,就业问题既是政治问题也是经济问题。如果一个国家或地区的劳动人口的就业水平较高,表现出来的是社会安定、经济繁荣、人民安居乐业。其中,发展经济是拉动就业的重要杠杆,因为经济发展将增加社会就业机会、扩大就业容量、提高就业率,所以围绕解决就业问题发展经济是各国、各地区关注的焦点。但是,就业问题是一个比经济更复杂的问题,经济只是影响就业一个重要因素,如现有生产的规模及其装备水平、生产结构和投资结构、科技型企业发展的数量质量等对就业者的数量、结构、层次和素质会有相应的要求。此外是就业人口的数量和就业人口的增长速度也是一个重要因素。因为经济的发展与人口的增长,以及人口的素质之间往往处于不平衡状态,像我国这样一个人口大国如何把人口优势转变为生产力优势是对教育,特别是职业教育、高等教育、成人教育提出的重大课题。因此,处理好人口增长、经济发展与教育结构调整与发展的关系,对解决就业问题至关重要。

（三）就业期与职业教育

就业是每个成年人主要的社会活动,虽然个人的就业及其发展情况受个人的智慧、个性、家庭、社会职业结构、机遇等因素的影响有一定差别,但社会学家一般地把人的就业期划分为五个阶段:

（1）就业萌芽期,儿童通过家庭、亲友、学校开始接触社会、职业,并对未来工作有一些朦胧的设想,具有很大的不确定性;为此,让儿童通过社会实践比较广泛地了解职业世界,逐步强化成人后要从事一个职业、成就一番事业的意识,并转化为学习的动力。

（2）就业预备期,也就是在初中阶段,有的学生将面临就业、有的将在升学选择中确定升学方向,学生接受一些职业指导和初步的职业技能训练,为就业或升学做准备。

（3）就业尝试期,在16~25岁期间,开始就业,参加正规劳动,但其间工作变动现象普遍存在,进行就业试探、适应、调整,开始向就业过渡,是就业发展横向摆动的不稳定时期。

（4）就业稳定期，从25岁左右到60岁左右，是就业的确定期，工作性质和领域相对稳定，就业地位不断巩固、提高，就业状态持续发展。当然，以40岁左右为界，之前属于追求发展阶段，而之后则进入维持发展阶段。从业人员根据职业和个人发展的需求通常接受一定教育、职业培训或自修学习，使自己不断适应工作的需要，提高业务水平和职业素养是这一时期学习的特点。

（5）退休期，60岁左右开始结束正式职业生涯，但就业活动可能将继续。由于教育发展趋向终身化，现代的人们不论在就业前、就业中，甚至退休后都与教育结下不解之缘教育对满足个性及其社会性的功能不因退出工作领域而停止。

（四）就业制度

随着我国社会主义市场经济体制的不断完善，"就业市场化、失业公开化、劳动有保护、失业有保障"的格局开始形成，相应的制度也逐步建立起来。

1. 劳动预备制度

从1999年起，在全国城镇普遍推行劳动预备制度，组织新生劳动力和其他求职人员，在就业前接受1—3年的职业培训和职业教育，使其取得相应的职业资格或掌握一定的职业技能后，在国家政策指导和帮助下，通过劳动力市场实现就业。实行劳动预备制度的主要对象是城镇未能继续升学的初、高中毕业生，以及农村未能继续升学并准备从事非农业产业工作或进城务工的初、高中毕业生。对参加劳动预备制的人员，由就业服务机构纳入当地劳动力信息资源管理系统，根据国家就业方针和劳动力市场需求，组织双向选择，优先推荐就业，或组织指导其就业和自谋职业，并为他们提供各种就业服务。参加劳动预备制培训的人员原则上实行免试入学。

2. 就业准入制度

所谓就业准入制度是指根据《中华人民共和国劳动法》和《中华人民共和国职业教育法》的有关规定，对从事技术复杂、通用性广，涉及国家财产、人民生命安全和消费者利益的职业（工种）的劳动者，必须经过培训，并取得职业资格证书后，方可就业上岗的制度。通过实现就业准入控制，推行职业资格证书制度，规范劳动力市场建设，为劳动者就业创造平等竞争就业的环境，促进劳动者主动提高自身的技术业务素质，使人力资源开发纳入良性发展轨道，实现就业方式的根本转变，即从计划的安置型就业转为依靠素质进入市场就业，从而促进劳动者改善素质结构和提高素质水平。就业准入制度从2000年7月起施行，首批90个技术工种（包括：生产、运输设备操作人员、农村牧渔生产人员，商业、服务业人员，办事人员和有关人员4类）实行就业准入。

3. 劳动合同制

《中华人民共和国劳动法》规定，劳动合同是劳动者与用人单位确立劳动关系、明确双方权利和义务的协议。建立劳动关系应当订立劳动合同。订立和变更劳动合同，应当遵循平等自愿、协商一致的原则，不得违反法律、行政法规的规定。劳动合同依法订立即具有法律约束力，当事人必须履行劳动合同规定的义务。劳动合同应当以书面形式订立，并具备以下条款：① 劳动合同期限；② 工作内容；③ 劳动保护和劳动条件；④ 劳动报酬；⑤ 劳动纪律；⑥ 劳动合同终止的条件；⑦ 违反劳动合同的责任。劳动合同除上述的必备条款外，当事人可以协商约定保守商业秘密等其他内容。根据劳动保障部的原统计数字，1999年6月，全国城镇国有企业、集体企业和外商投资企业职工签订劳动合同人数已占同口径职工总数的98.1%，随着以法治国国策的推进，劳动合同制已经成为基本的劳动制度被普遍施行。实行劳动合同制从根本上打破了过去计划经济条件下没有法律约束的、依附于国营单位的终身就业制，解放了劳动者的就业观念，从机制上解决了劳动者依法自由的就业权和自主的就业选择权的问题，形成与市场经济相适应的、有利于人力资源配置的新格局。

4. 社会保险制度

社会保险是国家通过立法的形式，由社会集中建立基金，以使劳动者在年老、患病、工伤、失业、生育等丧失劳动能力的情况下能够获得国家和社会补偿和帮助的一种社会保障制度。社会保险的主要特点：① 保障性。就是保障劳动者在其失去劳动能力之后的基本生活。② 法定性。就是国家立法，强制实施。③ 互济性。按照社会共担风险原则，社会保险费由国家、企业、个人三方负担，建立社会保险基金，社会保险机构用互助互济的办法统一调剂基金支付。④ 福利性。社会保险不以盈利为目的。⑤ 普遍性。具有广泛的社会性，一般在所有职工中实行。

二、职业教育能促进劳动者充分就业

充分就业是指劳动者的数量、质量与用人部门对劳动力的需求达到高度平衡的状态，同时新生劳动力的数量、质量与结构同社会用工的增长也能保持一致。简言之，指劳动力和生产设备都达到充分利用状态。充分就业是人力资源开发与管理的理想状态。在现实社会中待业、失业、就业不充分的现象是普遍存在的，也是不可避免的，但如何减少失业和就业不充分现象，是各国政府必须面对和致力解决的重大课题。大力发展职业教育就是解决这一难题的重要战略措施。

首先，职业教育的性质属于以就业为导向的教育，促进学生就业是职业教育的基本目标，就业率、就业稳定率是衡量职业教育办学成功与否的重要标志。在一些经济发展较快的地区，职业学校实施的"订单"职业教育，就是企业把人才培养纳入自身的发展计划之中，职业学校可以依托企业有的放矢地进行培养，形成合理的"产学链"，促进了职业教育的优化发展，使职业学校培养的学生实现充分就业变得可能。

其次，职业教育是专业技术教育，而且与社会职业领域相对应，培养目标具有较强的针对性，社会定位准确，有利于就业，也有利于在就业岗位上充分发挥作用。另一方面，专业技术人员能够在相关职业领域内快速转移，而且具有一技之长的专业人员如果进行创业也有一定的专业优势，起步较快，熟悉组织生产经营，并吸纳他人就业。

再次，职业教育办学应贴紧社会需要，按需施教，学用一致，人职匹配，培养的人才具有熟练的职业技能，可以直接顶岗工作，实现人才培养和使用的"无缝过渡"，减少就业后二次培训带来新的人力成本。

三、职业教育有助于提高就业质量

职业教育的显著的功能是把普通劳动力培养成为具有特定职业能力的专门劳动力，把非技术的劳动力培训成为技术型的劳动力，把笨拙的劳动力训练成为熟练、高效率的劳动力。因此，职业教育改变的是面向市场的劳动力的职业素质、就业能力和工作质量问题。就业问题是一个世界难题，我国在当前和今后一段时期，解决好就业问题尤为紧迫。众所周知，我国是人口大国，人口总量占全世界人口总量的五分之一，劳动力资源总量占世界劳动力总量的四分之一；我国又是发展中国家，经济总量虽然位居世界前列，但人均资源总量、人均经济总量、生产力发展水平尚达不到世界中等发展水平国家的水平；我国正处在经济转轨时期，所有制结构、产业结构、企业结构的调整，必然带来劳动力结构的调整。所有这些，都决定了解决就业问题的极端重要性和艰巨复杂性。扩大就业、解决就业问题也是政府工作的重中之重。正是这个大背景，决定了我国加快发展职业教育的方针长期不动摇。

由于我国劳动力供大于求矛盾的长期困扰，劳动者素质普遍偏低，不能适应经济体制改革对人素质的新要求，一部分职工下岗、失业成为不可避免的社会现象。下岗失业人员大多是有着较长的工作经历，但在科技进步和产品更新面前，其技术、技能乃至体能与新生劳动力相比明显处于劣势,在劳动力市场上缺乏竞争力,就业难度也越来越大,特别需要政府和社会的扶持和帮助。对于扶贫助困的问题有两个方面、也是两个层次,短期的或老幼病残是物质和资金的救济、保障的问题,长远解决问题必须走智力扶贫的道路,加强对青壮年的就业、转业培训,为他们提供就业和发展的机会。

要解决好我国就业和再就业方面的问题,必须注意从以下几方面入手,整体推进:第一,树立人力资源是第一资源的新理念,有计划、有组织地开发人力资源,提高其从业素质和能力,加快建立适应市场经济发展的用工和职工教育管理体制和运行机制。第二,在我国与世界经济不断接轨的过程中,企业教育工作迫切需要建立和完善"政府宏观调控,行业规划管理,企业自主培训,社会共同参与"的职工教育体制,以市场为导向,逐步形成公办与民办结合、资源共享,多渠道合作,共同发展的格局。第三,要全面推行职业资格证书制度,强化职业资格证书作为就业准入的权威性和必要性,引导和规范职业教育、培训工作,形成就业是靠学习来获取的职业意识,顺应终身教育的潮流,融入学习化社会的建设之中。

四、职业教育是推进我国城市化进程的重要手段

城市是国民经济的主要载体,城市化是社会现代化的重要标志,人口向城市集中也是社会发展的必然趋势。工业化是推进城市化的主要因素,因为工业化需要集聚状态,只有人类活动集中才会降低工业生产的成本,才会形成集聚效应。因此,城市化是工业化的必然产物,离开了城市化,工业化的效率就会降低;离开了工业化,城市化就失去发展的动力。随着社会的发展,第三产业的地位和作用越来越凸显出来,第三产业在工业化的后期,就业人数会超过第二产业,对国民经济的贡献会逐渐大于第二产业,同样对人类活动集聚的要求,也高于第二产业。因此,发展第三产业,必须依托城市化,只有城市化才能促进第三产业的繁荣和发展。

发达国家在完成产业革命的过程中基本实现了城市化,20世纪50年代城市人口已经超过了农村人口。之后,人口又朝着大城市集中。从总体来看,世界人口的城市化方兴未艾,1950年以来世界人口的城市化趋势及预测见表1-2。

表 1-2　1950 年以来世界人口的城市化趋势及预测

城市人口（%）

年份	世界平均	发达国家	发展中国家	中国
1950	29.2	53.8	17.0	11.2
1970	36.6	66.6	24.7	1955—1978 维持在 7.0~18.0；1980 年达到 19.4
1990	45.2	72.6	37.1	
1995	48.1	73.6	41.2	29.0
2000	51.1	74.9	45.1	35.0
2002	—	—	—	39.1
2005	53.9	76.3	48.6	—
2010	56.5	77.9	51.8	45.0
2020	62.0	81.1	58.2	58.0
2025	64.4	82.5	61.2	68.1

转引自田雪原：《大国之难：当代中国的人口问题》，今日中国出版社 1997 年版，第 148 页。

　　工商业是城市化的支柱，农村富余劳动力向非农产业和城镇转移，是工业化和现代化的必然趋势。现阶段，我国第二、第三产业迅速增加，城市化的进程快速推进，大批的劳动力从农村向城市转移，以农村乡镇企业为基础发展起来的小城镇大量涌现，需要大量初、中级的专业技术人才，特别是现代技术的更新换代的周期缩短，对在职人员的培训也成为企业持续发展的重要方面。城市是社会文明进步的产物，也是区域经济、科技、文化、教育的中心。农村劳动力要取得稳定的市民地位，需要有相对稳定的城市职业，只有接受职业教育，取得职业资格，实现长期就业的目标，才能得到名副其实的"进城证"。为了加快我国城市化发展步伐，20 世纪 80 年代，我国就提出"先培训、后就业，先培训、后上岗"的基本就业方针，但由于我国人口数量大，工业生产中劳动力密集型企业占有较大比例，城镇企业 1.4 亿职工中技术工人只占一半，7000 万技术工人中，中级及以上的技工不足 40%；吸纳大量的农民工进城务工，一般并未接受正规的职业训练，向非农产业转移和进城务工的农村劳动力中，有 70% 以上仅有初中以下文化程度；另一方面，职业教育从数量和质量与经济发展对人才的培养有诸多不适应的地方，"先培训、后就业"的政策在实践中没有得到全面的贯彻落实。应该说，每年新增劳动力、农村人口向城市转移、再就业人口合计数以几千万计，潜在的职业教育和培训对象非常巨大，职业教育必须因势利导，顺应经济与社会发展的趋势，拓宽服务领域，以提高从业人员的专业水平和文明素养为己任，成为面向人人的民生教育，积极推进我国的工业化、城市化、现代化。

阅读建议

1. 刘春生、徐长发：《职业教育学》，教育科学出版社2002年版，第26~45页。
2. 金一鸣：《教育原理》，安徽教育出版社1995年版，第47~48页。
3. 黄炎培：《职业教育机关惟一的生命是怎么》，载《陶行知、黄炎培、徐特立、陈鹤琴教育文选》，安徽教育出版社1992年版。
4. 《国务院关于大力推进职业教育改革与发展的决定》（国发[2002]16号），2002年9月24日国务院发布。
5. 张家祥、钱景舫：《职业技术教育学》，华东师范大学出版社2001年版，第1~66页。
6. 王希尧：《人本教育学》，四川教育出版社1999年版，第76~95页、第122~136页。
7. 袁振国：《当代教育学》，教育科学出版社1999年第2版，第331~410页。
8. 乐先莲：《职业教育概念解析》，载《职教通讯》2007年第5期。
9. 杨智：《近代职业教育概念的辨析》，载《职教论坛》2009年第1期。
10. 孟景舟：《关于职业教育名称的百年之争》，载《职教论坛》2011年第16期。
11. 赵志群：《我国职业研究概述》，载《中国职业技术教育》2012年第27期。

简答题

1. 名词解释：教育、职业教育、终身教育、人的发展、就业。
2. 试构建职业教育与社会发展互动的良性机制。
3. 举例说明职业教育在人的社会化及其个性发展中的作用。
4. 试析影响职业教育发展的主要因素。

拓展思考题

1. 如何给职业教育做一个完整、准确、简练的定义？说明这样定义的理由。
2. 谈谈职业教育与普通教育如何有效融合？
3. 如何发挥行业协会的作用，形成中国校企合作职业教育新模式？

第二章 职业教育的发展

学习目标

- 以生产力发展水平为线索，能够简述职业教育演变过程，并概括其发展的规律。
- 会用比较的方法，对古代、近代、现代职业教育以及中国和外国职业教育的主要异同进行分类、分析、归纳。
- 能复述职业教育发展过程中的重要事件。
- 了解职业教育发展的主要趋势。

职业教育是社会分工和技术进步的产物，始终伴随着社会生产的发展而发展，具有鲜明的历史性和社会性。在不同历史时期，职业教育的实施形式不断地发生变化。纵观职业教育的发展，从古代附属于生产、生活中进行，到以学校化的形式独立出现，直至现代职业学校分级分类多样化发展的历史，记录了人类在发展生产的过程中相应的职业教育的形态及其演进，其间凝结的真知灼见和宝贵经验对当今发展职业教育仍不无启示，曾经遭遇的一些曲折和教训也警示我们"前事不忘，后事之师"。

请扫描二维码
学习本章视频

第一节　古代职业教育的源起

一、原始社会的生产技术教育

原始社会孕育了人类的初始文明，人类在这个漫长的发展阶段，学会了适应并不断改造自然，同时自身的素质也得到相应的改变和提升，而且积累起了一定的生产、生活经验。当人类懂得有意识地向下一代传递这些经验的时候，人类的教育便产生了，但原始社会教育的全部目的几乎都是围绕生存活动展开的，其教育的存在形态和特征主要有以下几个方面。

1. 原始社会的教育是在整个社会生活中进行的

在原始社会，人类已经积累了一定的生产、生活经验，但原始人的经验毕竟有限，教育主要就是在群体活动中遇事而教、随机而教的行为活动，生存能力在生产、生活过程中通过身带言传和模仿练习获得、积累。教育是原始人生存和生活的一部分，贯穿于活动的过程之中，尚未从社会生产活动中分离出来。原始教育表现为全体性、无差异性、非独立性等特点。

2. 原始社会教育主要为生产劳动服务

原始社会生产力水平低下，人们不得不把全部精力集中到生产劳动上，以维持最低限度的物质生活，生产劳动几乎成为早、中期原始社会唯一的活动。年长一代必须把渔猎、采集、饲养、种植和手工制作等经验传递给年轻一代，以维持生存。因此，在实践中培养"生产者"或"劳动者"是原始社会最迫切、最主要的任务。

3. 生产技术教育发轫于原始社会

原始社会按性别和年龄在劳动分工上已有所区别，男子以渔猎、种植为主；妇女以采集、饲养为主；老人、儿童是辅助劳动力，也是主要的教育者和受教育者。原始社会自然形态的分工虽然还够不成职业分工，但原始社会传递生产技术的教育行为很显然是经常的。从某种意义上说，原始社会的教育核心是生产技术教育。相传，燧人氏教人钻木取火；伏羲氏发明网罟，教民打鱼捕兽；神农氏制耒、耜，教民农耕，食用五谷，又尝百草，发现药材，教人治病；黄帝炼石为铜、造舟车、作宫室等。传说中的三皇五帝都是原始社会后期部落中的智者、首领和"技术教育"大师。火的发明，石器、木器的使用，陶冶、金属制品的应用，耕种、捕猎、养殖等技术，引起了生产技术发展的飞跃，所以生产技术教育乃是人类教育的本源和基础。

二、奴隶社会和封建社会的生产技术教育

职业源于社会分工。原始社会衰落，奴隶制度出现，原始的分工和阶级结合起来逐步形成职业，并成为社会地位的象征和个人生活的主要来源。《周礼·考工记》中载有："周有六职，坐而论道，谓之王公；作而行之，谓之士大夫；审曲直以饬五材，以辨民器，谓之百工；通四方异珍以资之，谓之商旅；饬地力以长地材，谓之农夫；治丝麻以成之，谓之妇工。"其中，百工已有玉人、陶人、矢人等之分；医生中也有食医、疾医、疡医（外科）、兽医之别。《周礼·考工记》称："知者创物，巧者述之、守之，世谓之工。"这就是当时职业大的分类（分工）以及对职业的认识，而具有技术技能的工匠成为最具职业特征的一类人，也成为后世职业教育的主要领域和对象。

随着行业的分化和技术进步，社会对职业技术人才需求不断增加，有关职业活动的教育在农业、手工业、商业等各行各业中全面展开。由于古代的学校是以传承伦理道德为核心、以培养官吏及其辅佐人才为目标，故与生产劳动处于相分离的状态。当时有关职业活动的教育，主要存在于生产劳动过程中。其中，以工匠技术教育最具有代表性，伴随着农业经济的缓慢发展出现了两种具有代表性的生产技术教育方式。

1. 家传世袭

古代社会，农业是社会经济的主体。早期的商业、手工业基本是农业的副业，并未成为社会的主流职业。"以农为本"一直是中国古代社会传统的共识，一些丧失土地以经商或手工制作为生的人，社会地位低于农民。由于古代生产技术含量较低，生产过程的"链条"较短，社会交往和人口流动较少，不论农民、商人还是手工业者都以家庭为基本生产单位，生产成员和劳动场所都与家庭密切相关。家长是劳动的组织者、劳动经验的拥有者，同时负有养育、教导子女的责任，父子世代传习，职业和身份也都形成世袭的传统。有代表性的例证：我国长期以来，中医的一些秘方、秘诀和家传技艺，对外人不肯轻易泄漏，甚至在家族内部也采用嫡长一脉单传的方式，以免失去垄断权。这也许就是民间早期对知识产权自发的保护。

2. 师徒相传及学徒制

这是在生产发展的推动下，古代职业教育从家庭走向社会的一种进步。自古以来，从业人数较多的一些大的行业中，民间的能工巧匠为满足社会的需求也多收徒传艺，保持和发展生产，诸子百家中的墨翟、木工的鼻祖鲁班和传授纺织技艺的黄道婆都是很有名的师傅。有的工匠还有著述传世，北宋著名建筑工匠喻皓著有《木经》，明朝黄成是杰出的漆工，所著《髹饰录》是现存古代唯一的一部漆工艺专著。古埃及汉穆拉比法典、古希腊的著作中都有工匠收养子教授技艺等

方面的记载，中世纪的雄辩家、律师、医师等地位较高的人，也是通过师傅带徒弟培养出来的。及今，师傅带徒弟依然在一些传统技艺或特殊行业甚至高层次学术人才培养中广泛存在；在实践性比较强的教学环节中，指导教师的角色也更像是师傅。

西方中世纪后期，随着社会经济的发展、城市的繁荣，工商业逐步壮大，工商业者取得了城市的自制权，形成新兴的市民阶层。相应的行业主为了保护本行业共同的利益，建立起了行会组织(始于11世纪末)，徒工教育开始由原来松散的师徒行为成为了本行业的公共事业，并成为行会管理制度的重要组成部分。中世纪行会的劳动者由师傅、工匠、徒弟三种身份的人组成。在英国的行会里，一般一个师傅只准一次带一个徒弟，徒弟在固定的师傅指导下经过7年见习才能转为工匠，工匠再经过若干年的游历、锻炼、提高技艺，拿出独立制作的得意之作，得到师傅的认可后，才能晋升为师傅。1567年，英国女王伊丽莎白一世颁布了《工匠、徒弟法》，国家对学徒制作出规定、统一管理。我国宋代各行业学徒培训的办法由行会规定：包括收徒的礼节、数额、出师年限、业务标准、师徒的权利和义务，对准许收徒的师傅资格也有规定。又如清代温州丝织业规定：学徒先学织，后学染，每一户只许一人学染丝，每三台织机可以有两个学徒，未经正式拜师，不得为学徒。学徒年限为5年，出师后必须帮助师傅工作2年等。师徒相传的教育方式主要是在劳动过程中现场学习，由师傅指点，靠个人勤奋苦练。学徒制具有很强的行业垄断性，西方的行会对本行业进行控制，行业性突出；而中国则还把血缘、地缘等关系掺杂其中。学徒制在工场手工业的时代臻于完善。

第二节　近代职业教育制度的形成

一、国外早期职业教育

随着工业革命的兴起，机器生产在许多领域取代了手工劳动。初期的工业技术主要是简单、重复地操作机器，不像工场作坊里工作需要很多的手工技艺。所以，18世纪中叶到19世纪中叶，学徒制在机器工业的冲击下逐步衰落，但"技术工人"的岗位也被大量廉价的文盲、童工劳动力充斥，职业教育整体上跌入"低谷"。科技的广泛运用，工人阶级开始觉醒，一些慈善机构和开明雇主对工人也进行一定的教育和培训，提高劳动者的文化水平和职业能力。在学徒制崩溃和职业学校尚未普遍发展之前，英、法、美等国的技术讲习运动在职业教育方面发挥了积极作用，同时一些大企业内的职工培训也逐步发展起来。在19世纪中叶以前，职业教育基本是私人和民间的事情，政府尚未充分认识到职业教育的意义。之后，各国工业革命普遍开展和完成，技术对经济和军事竞争的作用日益显现出来，各国开始重视职业教育，政府对职业教育积极参与和干预，职业教育的制度逐步形成。

（一）英国早期职业教育

英国是工业革命的发祥地，但在紧随其后的法、美、德等国强大的竞争压力下，民间和政府开始积极发展技术教育。1880年伦敦同业公会对技术人员进行技术考核鉴定，同时慈善机构创办夜间制、面向在职人员的"工艺学校"（成人夜大学的前身）。1889年国家颁布了"技术教育法"，授权地方当局提供技术教育或支持民办教育，并帮助其他机构举办职业教育。到了1921年，英国中央教育署和一些专业团体（行业协会）合作，共同建立了一套较为系统的技术人员证书制度，合格者取得国家职业或专业资格证书。

（二）法国早期职业教育

法国是西方技术教育集权制度的代表。1881年开始以国家的名义兴办职业学校，称之为国立初等职业学校，之后政府积极加强对技术教育的建设，逐步形成了初、中、高等的职业教育体系。第一次世界大战的较量，使得法国政府更加重视技术教育，1919年通过的《阿斯蒂埃法》被称为法国技术教育的宪章，标志着国家技术教育制度的正式形成。

（三）俄国早期职业教育

俄国1868年由莫斯科帝国技术学校校长戴拉·保斯提出的"俄罗斯制"（Russian System）革新技术教育方法，把学徒制全程的生产工艺教育分解为一个个相对独立的工序，然后对工序进行单独教学，并且把学徒制的个别指导变为集体讲解、示范和训练，大大提高了教学效率。该方法在1870年彼得堡博览会上向全俄推广，在其后的世界博览会上推向欧美各国。俄罗斯制奠定了现代职业技术教学方法的基础。

（四）美国早期职业教育

美国1862年和1890年先后两次颁布《莫雷尔法》，开创了在高等教育中兴办职业教育的先河，并通过"赠地"和拨款资助的方式大力发展初级学院和社区学院，使高等职业教育成为高等教育的重要组成部分。在1917年通过的《史密斯—休斯法案》正式确立了美国职业教育体系与制度。该法规定，在公立的普通中学内开设职业科，设置选修的职业课程。在政府的拨款补助下，把大量专门为升学准备的普通中学，改制成具有升学和就业双重职能的综合中学，并由此形成具有美国特色的教育制度。

（五）日本早期职业教育

日本作为后起的发达国家，明治维新后，在新兴的官办企业内积极开展职工培训活动。在19世纪90年代就建立起了职工训练所，并积极开展工人培训。到1895年以《职业学校令》为标志，形成了初、中、高三个层次的职业技术学校系统。

二、中国职业教育制度的确立

（一）中国近代职业教育的开端

鸦片战争及以后的连续败绩，刺伤了封建帝国的尊严，动摇了其根基。清政府中一些思想先进的官僚以"救亡图存、求强求富"为口号，主张学习西方的科学技术，特别是军事技术。19世纪60年代，洋务派创办了中国最早的近代实业，同时在实业机构中附设学堂为工厂培养技术人员和技术工人，这些学堂的建立，标志着中国近代职业教育的开始。

早期的实业学堂主要有：1866年福建马尾船政局附设的船政学堂，次年附设机器学堂。福建船政学堂由绘事院、管轮学堂、驾驶学堂、艺圃四部分组成。管轮学堂学造船、法文。驾驶学堂学驾驶、英文。课程分三类：主科，练习造船、驾驶技术；辅科，学习法语、英语，算法；训练科，灌输儒学道德信条，如《孝经》《圣谕广训》等。艺圃主要培养徒工，挑选15～18岁有臂力和悟性的艺徒百余名进行专门训练。该校为我国海军学校的发源地，清末大多海军人才出于此校。1867年，在上海成立制造枪械的上海江南制造局，并附设机械学堂，为本局培养技术人才。

19世纪80年代，实业学堂进一步发展，洋务派创办了一批独立学堂，扩大了生源渠道。比较著名的有：1879年创立的天津电报学堂，1881年建立的天津水师学堂，1882年建立的上海电报学堂，1886年建立的天津武备学堂，1887年建立的广东水陆师学堂。19世纪90年代，实业学堂向多样化发展。早在1869年蔡金台在江西省高安县开设蚕桑学堂。进入19世纪90年代后，除军事学堂外的其他学堂迅速发展，1898年湖北武昌设立农务学堂，还有南京矿务学堂，湖北工艺学堂等。这一阶段的学堂以洋务派开办和私立为主。

20世纪初，公立学堂才开始出现，如1900年福建开办的蚕桑公学堂，1901年广东设立了商务学堂，1902年山西创办农技学堂，湖北创办汉阳钢铁学堂等。

由于时局的需要，西学的引进，这些学堂应运而生，但是没有整体规划和制度，没有统一课程，在整个教育系统中也不占重要地位，而且这些学校充斥着洋教习(教师)，有些学校还操纵在外国人手中。此时，职业学校教育在中国已经产生，但总体而言未走上自己独立发展的道路。

（二）职业教育的制度化

实业教育从1902年7月清政府颁布的《钦定学堂章程》以后，才从制度上被正式确定。1903年对《钦定学堂章程》进行修正，又推出《奏定学堂章程》，至此，实业教育从学制上取得了独立的地位。这两章程史称"壬寅癸卯学制"。与此同时，在行政上也成立了实业教育专门机构，学部成立实业司，各省成立实业科。

章程规定实业学堂的共同宗旨是"振兴农工商各项实业，为富国裕民之本计"。该学制中，实业教育由初、中、高三级组成，科类分为工、农、商业、商船等，另外，还有艺徒学堂收粗知文字12岁以上的学生，至多4年为限；还有实业补习普通学堂，收初小毕业已过学龄的学生，三年毕业。为了满足实业学堂师资的需要，还设有"实业教员讲习所"，收中学堂和初级师范毕业生，学习1～3年，讲习所附设在高等学堂内。

这个学制以日本学制为蓝本制定，十分详尽。1907年又确立了女子在国家学历教育体系中的地位，具有划时代的进步意义。但当时民族工业薄弱，外国列强巧取豪夺，中国民族工商业不可能有大的发展，实业教育也无从发展，学制几乎是一纸空文。据记载，1907年全国共计实业学堂254所，学生16649人，占总学校数的4.3%，占学生总数1.02%。可见，清末的实业教育在教育中所占份额微乎其微，封建旧教育扼制了职业教育的发展。

辛亥革命以后，在教育总长蔡元培的主持下，对封建教育进行了彻底改革，1912—1913年期间颁布了一系列教育改革令。1913年8月公布了"实业教育令"，规定"实业教育以教授农、工、商必需之知识与技能为宗旨"。同年8月汇总各学校章程，制定了"壬子癸丑学制"。该学制将实业学堂改称为实业学校和专门学校。它把实业教育分为三级：初级统称"乙种实业学校"，中级统称"甲种实业学校"，高级叫做"专门学校"，各职业学校都分为工业、农业、商业、商船四大类。另外，实业学校内还附设补习科、专修科，分科大学和专门学校还设有实业教员养成所等。在"壬子癸丑学制"中明令取消讲经读史，增加了职业技术知识，普通学校中也增加了职业技术课程，同时缩短了学程，便于教育的普及与推广。在1915年增设了"女子职业学校"，开创了培养职业妇女的先河。该学制中对实业教育的实习时间有明确规定，要求实习时间在总授业时间2/5以上，商科可以酌减。"壬子癸丑学制"的实施，从制度和实践上促进了我国职业教育的发展。

（三）中国职业教育的独立研究与发展

我国职业教育由模仿到独立研究，以"中华职业教育社"成立为标志。1917年5月6日黄炎培联合教育界、实业界、政界知名人士蔡元培、严修、张謇、梁启超等42人在上海发起组织了"中华职业教育社"。该社为解决国家"最重要、最困难的生计问题",从教育入手,开展职业教育宣传、推广、改进等项工作,并出版刊物《教育与职业》,提出"劳工神圣""双手万能"的口号。不管过去还是现在,中华职教社对我国职业教育事业的发展都发挥着积极作用。

在各个方面推动下,1922年11月1日中华民国"北洋政府"以大总统令颁布《学校系统改革案》,即"壬戌学制"。学制规定,小学酌情设职业预备教育,中学视需要设职业科,大学及专门学校设专修科。这一时期职业教育有了较大发展,职业学校数量增加,科类增多,分布范围扩大。1926年,职业学校发展到1659所,为新中国成立前职业教育机构数目最高的年份。该学制主要效仿美国,奠定了我国现代小学6年、初中3年、高中3年,大学本科一般4年的"六·三·三·四制"的基本学制体系。这一学制的最大特点是把中学分成为初中、高中两段,既有相应中学阶段的职业学校,也有在初中阶段普通教育中兼设的职业科,高中阶段又可分为普通科、农、工、商、师范、家事等科,而且可与高等的专门学校相衔接。这一学制表现了单轨制的综合性,变实业学校为职业学校,使职业教育内容更加丰富,与社会联系更广泛。该学制形式上力图把职业学校系统与普通学校系统合二为一,形成"单轨制"学校制度。又因为在美国实用主义教育家杜威的影响下,课程设置重视生活教育。

1927年国民党执政以后,为缓和当时教育和经济的危机,试图通过发展职业教育以缓和矛盾。为此,颁布了一些发展职业教育的法令。1931年教育部通令,各省应酌情添办高级农、工科职业学校,各县立中学要逐步改组为职业学校,各市及私人呈请设立普通中学者应分别督促或勒令改办为农、工等科职业学校。1933年1月,国民政府公布《职业学校法》,把职业学校分成初、高两级,并附设各种职业补习班,初级职业学校收小学毕业或具有相当程度者,年龄12~18岁,修业1~3年,职业学校以不收费为原则。国民政府为了突出职业教育,改革"壬戌学制",重新把职业学校独立出来,并把专门学校改称为专科学校,强化了高等职业教育,这对职业教育的发展具有积极意义。

1935年6月,南京国民政府颁布了《修正职业学校规程》。规程提出了职业学校的任务:初级职业学校授予青年较简易之生产知识与技能,以养成其从事职业之能力;高级职业学校授予青年较高深之生产知识与技能,以养成实际生产及管理能力,并培养向上研究之基础。规程中还对教学方式和方法作出具体规定,职业学校每周教学时数为40~48小时,以职业科目占30%、普通科目占20%、实习占50%为原则。另外,对职业学校实习问题作出规定:"职业学校各科之教学应以先实习后讲授为原则,每次实习时间以连续3小时或4小时为度。"在国民党统治期间,职业教育几经改革,使得职业教育从制度上逐渐完备,布局也有所改善，但由于政府腐败，经济萧条，加之抗日战争，职业教育没有多大发展。清末、民国时期职业学校发展规模见表2-1。

表2-1 清末、民国时期职业学校发展情况

年份	1909	1921	1915	1925	1929	1931	1940
职校数	254	425	585	1006	194	149	222

第三节 现代中国职业教育的发展

1949年中华人民共和国成立，结束了帝国主义、封建主义和官僚资本主义在中国的统治，我国进入社会主义建设的新阶段，这是中国发展史上的重大转折和跨越式的进步，教育和职业教育也进入一个新的发展时期。

一、新中国成立初期对职业教育的接管、改造和恢复(1949—1952年)

(一)教育工作的方针和任务

1949年9月召开的中国人民政治协商会议第一次全体会议，制定了《中国人民政治协商会议共同纲领》。纲领规定："中华人民共和国的文化教育为新民主主义的，即民族的、科学的、大众的文化教育"；"人民政府应有计划、有步骤地改革旧教育制度、教育内容和教育方法"；"注重技术教育"。1949年12月，教育部在北京召开第一次全国教育工作会议，明确指出：建设新教育首先要为工农兵服务，为当前的革命斗争与建设服务；提高人民文化水平，培养国家建设人才。

(二)接管、改造旧的职业教育

政府接管整顿原有的公、私立职业学校，积极保存原有职业教育的培养力量，为新中国培养技术人才。实行了面向工农大众的教育政策：有计划地吸收工农、革命干部子女入学，适当放宽入学录取标准，提高助学金待遇，减免学杂费等；对于达不到入学文化程度的人，为他们举办文化补习班；设立专门的技术学校进行培养。1952年，全国中等技术学校学生中工农成分的学生达45.7%。

(三) 调整、整顿中等技术教育

原来的职业学校，大多培养目标不明确，设科范围过宽，学校教育与国民经济建设需要脱节，学校分布与科类设置不适应国家经济建设的要求，且普遍规模较小、条件简陋、力量分散。据1950年统计，全国中等技术学校有500所，其中医药卫生类居首位，占36.2%，其次为农林类21%，工业类18%。在工业类学校中，作为现代工业基础的地矿、钢铁、化工、机器制造和电子技术等方面的专业都十分薄弱，有的还是空白。

1. 调整、整顿的内容和要求

一是，明确培养技术人才是国家经济建设的必要条件，而大量的训练与培养中级和初级技术人才尤为当务之急。并把职业学校改为技术学校，以举办中级为发展方向。

二是，设校分科要逐步走向专门化、单一化。首先注意保证工业特别是重工业、国防工业对中等技术人才的需要。学校设置尽量靠近生产基地和交通便利地区，并集中人力、物力提高办学效益和教育质量。

三是，除整顿和发展正规的技术教育外，还应举办各种速成性质的技术训练班和业余性质的技术补习班或训练班。使各种正规的、速成的、业余的技术学校与训练班配合发展。

四是，学校改归业务部门领导，教育部门与有关业务部门之间互相帮助、紧密配合，共同办好学校。

五是，1952年9月教育部发出《关于统一中等技术学校（包括专业学校）名称的规定》，统用"中等专业学校"的名称。

2. 调整的结果

停办了办学条件不具备的学校；撤销了附设于普通中学的中等技术班（科）；把私立的职业学校改为公立学校；将原有多科综合性的学校，按专业性质与科学技术学科分工，分别改组为单科性学校（专设一科或兼设数科）；将一些业务或专业相同的学校进行整合。

调整后，工业性质的学校比重上升为29%，中等技术学校由1949年的561所增加到794所，在校生人数由7.7万增至29万，教师数由6617人增至14848人。技工学校也由原来的3所增至27所，在校生15000人。经过调整和发展，各级各类的职业教育工作都得到加强，为进一步发展奠定了基础。

二、职业教育制度的建立与发展（1953—1957年）

这是我国第一个五年计划建设期间，全国人民集中力量，掀起了新中国有计划、大规模的经济建设高潮。根据国家的需要，有计划地发展各项事业，同时积极借用苏联的经验，发展职业教育，在较短时间内建立健全了中等专业教育制度和技工教育制度，与经济建设紧密结合起来。

（一）教育工作的基本方针

"一五"期间，国家开展大规模的经济建设，其中苏联帮助兴建的156个项目是建设的重点，重工业、国防工业是重中之重。国民经济各部门需要补充熟练技工约100万人。当时我国的产业工人不过300万人，技术和管理人员约30万人，中等技术人才缺口很大。

1953年，政务院对文化教育事业的总方针是："整顿巩固、重点发展、提高质量、稳步前进"。对中等技术学校的基本要求是：建厂同时建校，合理设置；明确专业分工，对正口径设置专业(中专学校专业数控制在3～4个)，减少人才培养的盲目性。

（二）建立中等专业教育制度

从1950年开始，中央提出要学习苏联的先进经验。1954年9月政务院发出《关于改进中等专业教育的决定》，11月又批准了《中等专业学校章程》，标志着中等专业教育制度基本建立起来。但在学习中也有生搬硬套、不合国情的现象。为了确保培养合格人才，经高等教育部批准，1956年全部中专学校都实施统一的教学计划。管理上，中专划归高等教育部统筹管理，中专作为工程技术教育的起点。

学习苏联的主要内容：三段式课程模式，即公共基础课、技术基础课、专业课；三种实践形式，即教学实习、生产实习、毕业设计或实践；教学与生产相结合，建立校内外实习基地(建立了校办厂)；教材建设强调理论性、系统性、专业性。

（三）建立技工教育制度

"一五"之前的过渡时期，技工教育和培训主要作为安置失业工人劳动就业的应急办法。"一五"后培养大批熟练技术工人成为当务之急。1953年政务院决定把各类技工训练机构积极发展为以培养技术工人为目标的各类技工学校，由劳动部进行综合管理。1954年劳动部制定《技工学校暂行办法(草案)》规定："技工学校以培养四级技工为主。"1956年劳动部又颁发《工人技术学校标准章程(草案)》规定："工人技术学校培养的目标为四级和五级技术工人"，要求其为"能掌握一定专业的现代技术操作技能和基础技术理论知识的、身体健康的、全心全意为人民服务的中级技术工人"。

技校学习苏联的经验：技工教育以教学为主，教学工作以实习教学为主，实习教学时数不少于总学时的一半；实习要有生产定额，生产实习教学要系统培养学生独立工作能力和创造革新精神；教师要不断研究现代化生产技术、先进工作方法和教学法等。

（四）取得的成效

这一时期职业教育发展起步早、发展快、运行平稳、效益较好。1957年，中专728所，在校生48.2万人。中师592所，在校生29.6万人。技校144所，在校生6.66万人。"一五"期间三类学校毕业生共计113.56万人。

三、职业教育的调整与探索（1958—1969年）

1958年5月，党中央提出"鼓足干劲，力争上游，多快好省地建设社会主义"的总路线，反映了广大人民要求改变我国经济文化落后面貌的迫切愿望，积极探索走中国自己的社会主义建设道路。由于经验不足、急于求成、缺乏科学的态度和认真的调研、试点，各行各业全面"大跃进"，致使高指标、瞎指挥、浮夸风、共产风泛滥开来，形成了大起大落的局面。这一阶段发展不稳定，调整成为主要任务。

（一）独立自主求发展

1958年，中苏关系开始破裂，我国试图突破苏联经验的束缚，创立适合中国国情的社会主义教育制度。随着教育管理权限下放，中共中央、国务院《关于教育工作的指示》中又提出"学校办工厂和农场，工厂和农业合作社办学校"等要求，由于不顾客观条件，一哄而上，导致教育事业发展突破计划，失去控制，出现了盲目混乱的局面。各行各业大办教育，追求数量指标，没有统一规划和一定的质量要求。1957至1960年，中等技术学校由728所猛增至4261所，在校生从48万增至137万；技工学校由144所激增至2179所，在校生从6万增至51万，1958年诞生的农业中学迅速达到2万多所，在校生230万多人。对如此发展过热的现象，1961年党的八届九中全会对国民经济提出"调整、巩固、充实、提高"的八字方针，教育事业也相应地进行全面整顿。见表2-2。

表2-2 "大跃进"时期职业教育发展情况

	中专学校（所）	中专学生（万人）	技校学校（所）	技校学生（万人）
1957年	728	48	144	6.7
1960年	4261	137	2179	51.7
1962年	956	34.8	155	6

1963年，随着国民经济形势的好转，学校教育得到恢复和发展。11月，教育部根据周恩来总理的指示编写中小学教育、中专教育和职业学校教育七年规划。1964年教育部召开教育工作会议，根据刘少奇主席的指示，确定逐步实行两

种教育制度的工作方针，积极试办半工(农)半读学校，职业教育发展出现新面貌。

(二)可贵的探索——半工半读学校的创办与发展

毛泽东在1958年1月《工作方法六十条(草案)》中指出，中等专业学校和技工学校办工厂，进行生产，做到自给半自给，学生实行半工半读。刘少奇最早完整地提出两种劳动制度和两种教育制度。1958年5月，刘少奇在天津视察工作时指示，提出试办半工半读学校，要实行新的教育制度和劳动制度。5月30日，他在中央政治局扩大会议上提出：我国应该有两种主要的学校制度和工厂、农村的劳动制度，即一种是全日制的学校制度和工厂、机关劳动制度；一种是半工半读的学校教育制度和半工半读的工厂劳动制度。在刘少奇的关怀下，1958年5月27日，全国第一所厂办半工半读学校——天津国棉一厂半工半读学校开学，51名四级工以上、并且条件较好的老工人实行"六二制"半工半读(一天6小时生产，2小时学习)。7月天津市又办起33所招收初中毕业生的"四四制"半工半读中等技术学校，共招生4000多人。到1964年半工半读学校又有新发展，刘少奇及时指出：半工半读既是劳动制度，又是教育制度，两者是结合的。从当前看，既能办学校，有希望普及教育，又能减轻国家的负担；从长远看，能够培养新人，培养既能从事脑力劳动又能从事体力劳动的人。为了总结经验，进一步推动半工(农)半读教育深入发展，1965年教育部在北京分别召开全国性的半农半读和半工半读教育会议，并提出："五年试验，十年推广"的实施计划。

(三)"文化大革命"时期，政治教育至上，职业教育遭受致命打击

1962年9月党的八届十中全会后，毛泽东对全国政治形式和党的状况作了错误的估计，1966年5月发动了一场使全党、全国陷入全面动乱的"文化大革命"。教育界是重灾区，职业教育更遭到灭顶之灾，职业教育成了资产阶级"双轨制"教育的典型，前17年积累的经验成为批判的"罪证"，职业学校被关、停、并、转，1969年中专、技校、职高、半工半读学校已荡然无存了。

四、职业教育的恢复与持续发展(1970年至今)

1969年中苏爆发珍宝岛战争，为加强战备的需要，国家逐渐恢复职业教育，一些企业开始举办技工学校，但办学规模小，质量不高，1975年职业教育所占份额仅为高中教育阶段的4.25%。

1977年8月党的十一大宣告"文化大革命"结束。1978年12月党的十一届三中全会作出了"把全党工作的重点转移到社会主义现代化建设上来"的伟大战略决策。确立了"解放思想、实事求是"的指导思想，拉开了改革开放、建设有中国特色社会主义的序幕。明确提出，社会主义现代化教育必须依靠教育，教育

必须为社会主义现代化建设服务。

与时俱进的职业教育政策与制度建设。1985年5月《中共中央关于教育体制改革的决定》颁布，提出了"调整中等教育结构，大力发展职业技术教育"的工作方针。决定指出："要造就数以亿计的工业、农业、商业等各行各业有文化、懂技术、业务熟练的劳动者，为此要逐步建立起职业教育体系。"同年6月教育部改为国家教育委员会，加强对教育工作的统一领导。

1986年5月，职业技术教育委员会成立；7月，第一次全国职业技术教育工作会议召开，提出要大力发展职业技术教育，提高劳动者素质。

1991年1月，第二次全国职业技术教育工作会议召开，提出要进一步落实大家办职教的办学方针，明确职教发展的职责在地方，不仅要注重数量还要注重质量。职业学校评估工作相继展开。

1993年2月《中国教育改革和发展纲要》颁布，总结了新中国成立40年教育发展的经验，明确了教育改革的指导思想，对20世纪末中国教育进行了全面具体的规划。

1994年开始建立职业资格证书制度，坚持以职业活动为导向，以职业能力为核心，初步建立了由初级、中级、高级、技师、高级技师五个等级构成的国家职业技能资格体系，构建了技术工人职业生涯发展通道。截至2007年，全国已有8000万人次取得了不同等级的职业资格证书，学历证书与职业资格证书并重的制度正在形成。

1995年3月《中华人民共和国教育法》颁布；1996年5月《中华人民共和国职业教育法》颁布；1998年8月《高等教育法》颁布；2002年12月《民办教育促进法》颁布。至此，我国教育立法体系基本建立起来。

1996年6月，第三次全国职业教育工作会议召开。会议强调"职业教育是我国教育事业的重要组成部分"，"发展职业教育从根本上说是提高全民族劳动者素质，合理开发利用人力资源，促进提高产品质量的一项重要措施"。"中等职业学校毕业生可以进一步深造，接受高等职业教育，也可进入其他大学或接受成人教育"。

1999年6月，中共中央、国务院召开第三次全国教育工作会议，颁布《关于深化教育改革全面推进素质教育的决定》。同年转发了教育部《面向21世纪教育振兴行动计划》，确定了教育界实施科教兴国的战略重点，提出要建立普通高校和职业教育的"立交桥"和终身学习体系。

2002年7月，国务院召开了全国第四次职业教育工作会议，并作出《关于大力推进职业教育改革与发展的决定》。该《决定》对职业教育发展的意义和作用进行了高度、完整的概述，认为职业教育是实施科教兴国战略、促进经济和社会可持续发展、加快人力资源开发、提高企业竞争力、提高劳动者就业能力、促进劳动者就业和再就业的重要国策，要通过管理体制、办学体制、教育教学、人事制度、劳动就业职业制度等方面的改革，切实发挥职业教育在我国经济社会发展中的作用。

2005年11月，国务院再次召开全国职业教育工作会议，作出《国务院关于大力发展职业教育的决定》，提出落实科学发展观，把发展职业教育作为经济社会发展的重要基础和教育工作的战略重点。深化教学改革，大力推行工学结合、校企合作的培养模式。"十一五"期间中央财政安排100亿元专门用于支持职业教育基础能力建设。并建立健全职业教育学生资助政策体系，2006年中央财政安排专项资金8亿元，资助了80万中等职业学校家庭贫困学生，2007年中央财政和地方财政加大了对职业教育学生资助的力度，中等职业学校一、二年级所有农村学生和城市家庭经济困难学生每年资助1500元，2008年国家助学投入达到200亿元，受资助的中等职业学校学生达到90%，高职院校的学生达到20%。

2008年以后，职业教育进入加强内涵建设和质量提高新阶段。2008年教育部发布《关于进一步深化中等职业教育教学改革的若干意见》；2010年颁发《国家中长期教育改革和发展规划纲要（2010—2020年）》，教育部颁发《中等职业教育改革创新行动计划（2010—2012）》，2013年分批制定《中等职业学校专业教学标准》；2014年国务院作出《关于加快发展现代职业教育的决定》，同年颁布《现代职业教育体系建设规划（2014—2020年）》。

1980年至2013年中等职业教育与普通高中在校生人数对比如表2-3所示。

表2-3 中等职业教育与普通高中在校生人数对比

单位：万人

年份	普通高中在校生	中等职业学校在校生				中职比重（%）（不含成人中专）
		中专	技校	职高	合计	
1980	969.8	124.3	70	31.9	226.2	18.9
1985	741.1	157.1	74.2	184.3	415.6	35.9
1990	717.3	224.4	133.2	247.1	604.7	45.7
1995	713.2	372.2	188.6	378.6	939.4	56.8
2000	1201.3	489.5	140.1	414.6	1044.2	46.5
2001	1405.0	458.0	134.7	383.1	975.8	41.0
2002	1683.8	456.4	158.7	428.1	1043.2	38.3
2003	1964.8	502.4	191.1	455.7	1149.2	36.9
2004	2220.4	554.5	234.5	516.9	1305.9	37.0
2005	2409.1	629.8	275.3	582.4	1487.5	38.2

续表

年份	普通高中在校生	中等职业学校在校生				中职比重（%）（不含成人中专）
		中专	技校	职高	合计	
2006	2514.5	725.8	320.8	655.6	1702.2	40.4
2007	2522.40	781.63	367.15	725.25	1874.03	42.6
2008	2476.28	817.28	398.85	750.32	1966.45	44.3
2009	2434.28	840.43	415.32	778.42	2034.17	45.5
2010	2427.34	877.71	422.05	726.33	2026.09	45.5
2011	2454.82	855.21	430.42	680.97	1966.6	44.5
2012	2467.17	812.56	423.81	623.05	1859.42	43.0
2013	2435.88	772.18	386.59	534.22	1692.99	41.0

资料来源：《中国教育统计年鉴》《全国教育事业发展统计公报》。

五、我国台、港、澳地区职业教育概况

（一）台湾地区职业教育的发展

1945年台湾光复，依据当时大陆学制，将原有日本统治时期各类实业学校与实业补习学校改为"三三制"的初级和高级职业学校。初级职业学校招收国民小学毕业生，高级职业学校招收初中生及初职毕业生。

随着社会经济的变化，在1968年台湾实施9年国民教育，停办初级职业学校，并将所有初级职业学校改为高级职业学校，并鼓励高级中学开设职业课程，学制3年。1974年设立第一所技术学院，"专科职业教育司"也改称为"技术及职业教育司"，所以台湾的职业教育通常简称为"技职"教育，主管职校、专科及技术学院事务，由此建立起由职业学校、专科学校、技术学院三阶段构成的职业教育体系，将职业教育提升至与大学平行的高等职业教育层次，从而成为台湾三大教育体系(普通教育、成人教育、技职教育)之一。

20世纪70年代以来，台湾技职教育进入一个蓬勃发展的新阶段。首先重新调整普通高中和职业学校的比例，由原来的6∶4逐步调整到1981年的3∶7。继而大量扩充专科学校，到1972年专科学校猛增到76所，学生人数达13.8万多人。同时，专科学校从普通高等教育体系中分离出来，成立了"专科职业教育司"，突出其培养实用性专门人才的教育宗旨。70年代中期，台湾技职教育进入了调整期，改变前一阶段由于追求数量，导致教育"量"与"质"失衡的状态。加之70年代连续两次经济危机的打击，也迫使台湾调整经济发展策略，随之教

育也做出反应，颁布了《职业学校法》《专科学校法》等一系列规章法令加以整顿，职教体系逐步完善。80年代，为配合"产业升级"，从1985年起重新开放私立专科以上学校，大专院校与研究所的数量也开始激增。1980年大专院校104所，在校生34.3万人；到1994年大专院校增加至130所，在校生达到72万人。随后又不断扩充本科层次的职教招生规模，1997年把5所办学较好的专科学校改制为技术学院乃至科技大学（其中一所私立）。在普通教育体系方面，台湾1996年出台一项政策，让普通大学附设二级技术学院，以衔接专科学校的课程。就高等技职学校而言，1995年时技术学院7所、大学附设技术院系2所、专科学校74所；迄至2005年，科技大学22所、技术学院53所、大学附设技术院系31所、专科学校仅17所，高等技职教育已由过去以专科学校为主体，调整改变以科技大学、技术学院为主体的形态。

台湾的中学生从高中阶段开始进行普通教育和职业教育的分流。国民中学毕业生（初中毕业）可升入高级中学（普通高中），或进入高级职业学校（职业高中）、五年制专科学校就读。高级中学毕业生可以考入大学或独立学院，也可以进入科技大学或技术学院。高级职业学校毕业生可以升入二年制专科学校，或进入技术学院大学部（四年制学士班）、科技大学，也可以考入大学或独立学院继续深造。二年制、五年制专科学校毕业生均可报考科技大学和技术学院大学部（二年制学士班）。而大学、独立学院、科技大学、技术学院大学部毕业生可进技术学院研究所继续深造（硕士学位），大学、独立学院、科技大学、技术学院硕士研究生可进技术学院研究所攻读博士学位。

这样，从高级职业学校、专科学校到技术学院、科技大学及普通大学附设二级技术学院，已构成一个相当完备的纵向衔接、横向贯通的职业教育体系。而且在学校设置、行政管理和职称系列自成体系等方面的做法，值得研究与借鉴。另外，台湾职业教育的几个问题与发展态势也需要予以关注。一是随着台湾人口出生率走低，高职和专科的毕业生也逐年减少，但招生人数却快速扩增，形成不合理的结构现象。二是高等技职学校师资大多来自普通大学，不一定具有产业的实务经验，上课主要仍以理论导向。三是技职学校与企业间交流渠道未能畅通，在产业及就业结构不断变迁下，会出现学校教学与现实产业环境脱节的情况。四是高等教育阶段普教与职教已显融合趋势，如何定位与发展还需深入研究。

（二）香港地区职业教育的发展

20世纪80年代以后，香港的职业教育得到了迅速发展，并建立了一套完整的体系，积极开展多种类型、多种层次和多种形式的职业教育与培训，为各行业培养与培训工艺型、技能型、应用型人才，以适应香港经济建设与发展的需要。

1. 香港的职业教育体系

香港特区职业教育主要由职业训练局委员会负责实施，下设职业训练局，由专业教育学院、工业训练中心、技能训练中心、管理专业发展中心、各行业咨询委员会组成。香港的中学学制分为三段：第一阶段为3年，相当于初中；第二阶段为2年，相当于高中；第三阶段为2年，即大学预科。中三毕业可升入中四，中五毕业可升入中六，中七毕业可报考大学。此外，中三、中五毕业或同等学力及其以上程度，也可进入专业教育学院(高职学院)不同层次、不同类型的文凭和证书班学习，专业教育学院的高级文凭毕业生修读一定课程后也可进入大学。

2. 职业训练局(VTC)

1982年，职业训练局(Vocational Training Council)成立，现设有专业教育学院、职专设计学院、工业训练中心及技能训练中心等，还负责统筹并实施全港的职业教育与培训。其主要职责是向政府提供咨询，制定有关措施，健全工业教育及训练制度，扶助就读与受训学员就业，培养各种层次和类型的专业技术人才。

（1）训练委员会和一般委员会

职业训练局按行业与职能划分，设立了26个训练委员会和一般委员会开展工业教育及专业训练课程。各训练委员会分管香港的汽车、电子、银行、保险、珠宝、制衣、旅游等工商界各行业的训练工作，为其确定人力需求，拟定行业内各职各级的工作范围，编制训练方案和技能测验准则等。一般委员会则负责资讯科技、管理督导、工业教育、学徒训练及技能测验、技师训练以及弱能(残障)人士职业训练等与多个行业相关的训练事宜。

（2）工业训练中心

职业训练局设有24所训练中心，为刚离开学校的年轻人提供技术训练，也为不同行业的各级雇员提供从操作工至技师等级的技能培训。开设基本课程与进修课程，并为香港大学、香港城市大学等院校的工科学生提供工场训练。

（3）技能训练中心

职业训练局下设有3所技能训练中心，并负责监管2所由志愿团体管理的技能训练中心，开设多种课程，以适应岗位变化的需求。此外，技能训练中心课程也要适应各种类型成年弱能人士的需要。

（4）管理专业发展中心

职业训练局设立的香港管理专业发展中心，通过制定研究计划、预测管理人员需求量、编写资料和开办课程，以及为管理人员或培训人员提供最新的管理知识、信息和咨询等途径来提高香港管理人员的素质和管理工作的效益。

（5）专业教育学院

职业训练局将原来所属的2所科技学院和7所工业学院改制合并为专业教育学院，由9所分校组成，专门从事中、高职教育。目前，除香港理工大学、香港城市大学沿袭历史保留部分高级文凭课程外，高等职业教育的高级文凭课程主要由香港专业教育学院和工商资讯学院(2001年9月成立)承担,其相当于大专程度。学院提供高级技术员、技术员(招收中五以上程度)及技工(招收中三以上程度)三类课程,学生修毕高级技术员及技术员课程,可取得高级文凭、高级证书、文凭、证书、基础文凭、基础证书和职业技术证书中的一项学历。上课方式有全日制、日间部分时间制及夜间制。技术员课程为期两年,高级技术员课程则为期三年,基础文凭课程属一年制,主要是传授一些专门的学科知识与技能以适应就业需要。毕业生如欲继续升学,可修读部分时间制证书课程,成绩优秀者可申请报读高级文凭或文凭课程。此外,学生亦可选择一年制的职业技术证书课程,以便毕业后寻找工作。学院提供高素质的职业教育与培训,颁发国际认可的资格(文凭或证书),并适应社会及行业对专业人才的需求。

（三）澳门地区职业教育的发展

早期,由于经济上特别是实体经济长期发展滞后,澳门政府不重视教育,没有承担起开办学校、扶持教育的责任。澳门的教育主要是依靠民间和社团的力量来资助办学,以私立学校为主,私立学校学生占学生总数的93.5%。澳门职业教育事业发展一直比较缓慢,正规的中等职业学校仅有5所,且规模较小,2014年职业教育学生仅1600多人,占高中学生的10%。

20世纪70年代,当澳门的经济发展以后,需要大批有专业技术的人才。由于专业技能的人才严重缺乏,这使得澳门政府深感培养人才,特别是培养具有一定专业技能的人才的紧迫性,澳门政府开始对教育给予重视。1983年,澳门政府为适应澳门经济发展的需求,在经济司下设立了职业培训中心,开设了打字、电脑、会计、财务、行政、秘书、出口业务等工商业的课程,为在职青年和失业青年提供技能培训的机会和场所。1991年8月《澳门教育制度》颁布,1996年制定了《澳门职业技术教育法令》(54号),规定"最少完成初中教育的青少年和成年人,得进入职业技术教育",职业教育时间"为期最少两年,最多三年,第三年应主要是职业实习"。修完职业技术教育高中课程,经考试合格发给高中课程文凭及技术及专业资格证书。毕业生可就业,也可升入高等学校深造。此后,澳门的职业教育开始进入高潮,学生人数不断增加。随着职业教育的发展和需要,成人职业教育的办学机构也在不断增多,除了澳门政府外,还有澳门教区、慈善机构、私人企业、合作团体、社会经济和文化组织等,也都投资兴办了成人职业教育学校。在各类职业学校中,私立学校仍为多数,由于法律规定政府不得干涉公立或私立学校办学事业,所以各学校办学的自由度比较大。

澳门职业教育中,学生的年龄多在15岁至35岁之间,以女性居多,约占59%,男性约占41%；由于第三产业占到产业结构的90%以上,学生所学的专业,以英文课程居多,占了课程总数的24%；其次是行政及商务课程,占18.2%；统计及电脑课程占了15.4%。政府开办的学校和"经济组织"开办的学校中，设有近14种专业课程，学生大多选择数学、统计、电脑、行政及商务专业课程；"私人企业"监管的学校一般设有10种不同类别的课程，也以学习英文课程者为主，这与澳门的经济结构和社会需求密切相关。

目前，澳门职业教育存在的一个主要问题是教师队伍尚不稳定。主要原因有，政府的资金主要供给公立学校，政府对公立学校教师的任职资格有一定的要求，如接受师范培训等，但对私立学校的师资，政府采取放任态度，对教师的资历既没有明确的任职要求，也没有规定其资格。由于社会和各行业急需的人才供不应求，一些机构便吸引学校教师转行，这样也造成了职校教师的大量流失。而且学校的环境不理想，教师的工资偏低，学校没有设立退休金制度，也是教师流失的重要原因。虽然政府和社会组织为提高教师的素质，创办了一些教师培训机构，如在澳门大学、华南师范大学等设立了师资培训机构，教师可以进修，甚至攻读大学学位等，但是，接受培训的教师往往更容易转行，离开职业教育岗位。教师队伍的不稳定性必然影响到职业教育的健康发展，这是澳门发展职业教育必须首要解决的关键问题。

第四节 职业教育发展中的问题与趋势

一、职业教育发展中存在的主要问题

1. 职业教育的社会地位较低，缺乏吸引力

在我国，受到传统的"劳心者治人，劳力者治于人""君子不器"等观念的影响，职业教育局限在工匠、商贾等下层社会人群中，长期不能登"圣贤"教育的大雅之堂。过去屈指可数的实业教育也被人嘲讽为"失业教育"，现在有人戏称职业教育是"根雕艺术"。片面认为上学就是读书，工作就要做官，至少也要是个白领，蓝领工人总是低人一等。随着我国人民生活水平的提高和家庭子女的减少，家长对子女未来的期望值也随之提高，而且有进一步扩大的趋势，尤其在发达地区城市中，父母不愿意送子女上职业学校，认为上职业学校没前途。

除少数高技术关键岗位外，我国生产一线的技术工人劳动强度大、环境艰苦，工作稳定性差、收入低、晋升难。所以，应技术工人社会地位的提高，才是解决职业教育吸引力问题的关键。缩小收入差距，改善生产一线技术工人的劳动环境，加大普通劳动者岗位成才的宣传力度，建设稳定的有职业尊严和自豪感的技术工人队伍，才能实现职业教育的可持续发展。

我国实行初中毕业（九年义务教育完成）后学生分流，通过一次考试（中考），各类学校分批次录取的制度。职业学校常常放在最后录取，严重影响职业教育声誉，也挫伤了职业学校师生的自尊心。中等职业学校和普通高中是同一层次不同类型的学校，招生录取政策应从先后顺序，向按类型平行志愿方向转变。

职业教育需要购买实训设备、场地、材料，办学成本较高。虽然国家和地方政府不断加大对职业教育的投入，许多职业学校办学条件显著改善，但在一些经济欠发达地区，设备不足、材料缺乏、师资水平不高仍然是制约职业教育发展的重要因素。

2. 职业教育具有开放性，受外界影响较大

职业教育与社会联系非常密切，国家方针政策，产业结构的变化，环境与人口、科技、文化以及教育自身等方面的变化都会直接影响职业教育的发展。目前，我国职业教育发展属于政策推动型，职业教育对政策敏感度较高。近几年，我国计划生育政策使人口数量和结构发生变化，入学人口减少，首当其冲的就是职业学校。

3. 实践先行理论滞后，职业教育缺乏本土化研究

从清末开始创办实业学堂开始，我国举办职业教育已经走过一百多年的历史，但我国的职业教育理论仍然以学习借鉴为主，基本处在翻译介绍、简单模仿、改造应用阶段，尚未建立起立足我国社会、符合中国实际、有效可行的职业教育理论体系。现代职业教育体系的建立，需要相应职业教育理论体系的支撑。

4. 发展处于被动状态，职业教育教学未形成稳定的模式

没有确定的人才培养模式和规范稳定的教学内容，就无法保证教学质量。个别学者热衷于创造新名词，缺乏长期坚持的教育实验研究，众多所谓的新思想、新概念、新方法使一线教师无所适从，过于频繁的改革有悖对规律的探索，不利于提高质量。必须正确处理好改革与稳定的关系，不改革就没有发展，不稳定也不能保证教学质量。

5. 学生就业率较高，就业质量偏低

中等学校学生就业率超过大学生，反映出社会对技术工人的旺盛需求。但是学生就业稳定性差、就业对口率低、待遇低，导致毕业生频繁转换工作单位和岗位。职校学生上学期间管理难度大，缺乏学习动力，也是一个深层次困扰职业教育发展的问题。

二、职业教育发展的基本趋势

1. 发展重点：从数量增长向质量提高转变

数量和质量是衡量职业教育发展的两大维度，我国职业教育发展到什么规

模、培养人才质量达到什么程度,才切合我国构建和谐的社会需要,这是一个极其复杂的问题,往往不以我们的愿望为转移。《国家中长期教育改革和发展规划纲要(2010—2020年)》指出"把提高质量作为重点",明确了职业教育发展方向。但从近年中职学校招生情况看,2009年以后,中职学校招生增速放慢,2011年后招生出现大幅下滑(见表2-4)。根据国家规划,到2020年中等职业教育在校生达到2350万人,高等职业教育在校生达到1480万人。

表2-4 中职招生、在校生比上年度增速

年份	2002	2003	2004	2005	2006	2007	2008	2009	2010	2011	2012	2013
招生	+74	+42	+50	+90	+92	+62	+12	+56	+2	-56.6	-59.7	-79.4
在校生	+21	+66	+152	+191	+210	+177	+100	+108	+43	-33.2	-91.4	-190.7

注:"+"表示比上年增加,"-"表示比上年减少。

2. 职教地位:从政策宣传向实际行动转变

《国家中长期教育改革和发展规划纲要(2010—2020年)》指出"政府切实履行发展职业教育的职责"。明确了政府在职业教育发展中的职责,计划"逐步实行中等职业教育免费制度"。《国务院关于加快发展现代职业教育的决定》提出:"中职生均经费不低于高职的80%,高职不低于普通本科。"从办学经费方面保证职业教育的投入。国家近年制定并实施了多种提高职业教育办学质量的行动计划,如:职业教育实训基地建设计划、职业院校教师素质提高计划、中等职业教育改革发展示范校建设计划、高等职业院校骨干院校建设计划、高等职业学校提升专业服务能力项目。到2020年,计划在全国将建成一批技能大师工作室、1200个高技能人才培训基地,培养100万名高级技师。提高技能型人才的社会地位和待遇,建立人才平等的社会认同机制,形成行行出状元的良好社会氛围。

3. 培养目标:从岗位技能向职业基础能力转变

如图2-1所示,我们可以把应用型人才素质分层,学校教育适合培养学生哪些素质?显然,越接近岗位素质越难依靠学校教育来完成。学校教育很难及时了解岗位需求,很难把握岗位技术更新,很难紧跟设备改造步伐,学校很难始终具备先进实习设备,也很难保证教师掌握先进生产工艺。职业学校不能是职业教育的唯一承担者,应该与职业培训合作紧密衔接,发挥各自的优势,共同塑造适应岗位需要的实用人才。国家大力发展职业教育,应注重职业学校与职业岗位培训发展相协调,职业学校应定位在提高职业素养和职业基础能力方面。

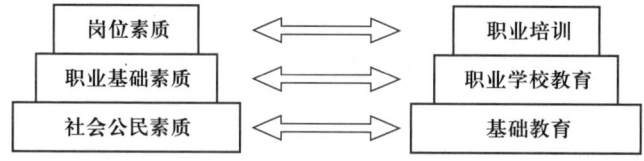

图2-1 应用型人才素质分层与教育类型的对应关系

在终身教育思想的指导下,职业教育的主管部门,特别是教育部门和劳动部门通力合作。职业教育应与普通教育、成人教育、高等教育等各类教育建立起一种相互衔接、相互沟通、相互补充的关系,构建一个灵活的(模块课程、弹性学制、累积学分等)、开放的、自主的、满足学习者(职前、职后)需求的职业教育体系。"只有终身学习、终身受教育,才能终身就业",这已经成为现代劳动力市场的一条基本规律。

4. 学校制度:直接面向就业向多元发展转变

在国家现代职业教育体系规划中,要建立职业教育和普通教育相互沟通,职前教育和职后教育有效衔接,职业学校毕业生就业升学"两条腿走路"的制度,拓宽毕业生继续学习渠道。到2020年,形成适应经济发展方式转变和产业结构调整要求、体现终身教育理念、中等和高等职业教育协调发展的现代职业教育体系。逐步建立起中职、高职、技术本科、专业硕士、专业博士相衔接的应用型人才培养体系。

5. 发展模式:由趋同向特色转变

我国幅员辽阔,南北间、东西部间、城乡之间千差万别,不可能用统一的教育、相同规格的人才满足各方面的需要。国家在各地建立的职业教育改革试验区各具特色,如:校企合作、工学结合的"天津模式";体制创新、特色发展、政府作为的"浙江道路";职教集团、专业品牌的"河南现象";深层探索、开发课程、注重内涵的"上海改革";服务三农、注重培训、导向就业的"四川做法";政府统筹、公民并举、校企互动的"青岛经验",等等。

各职业学校的发展也应突出自身在专业设置、人才培养、学校管理、师资队伍建设等方面的办学特色,在适应需求和内涵建设中形成特色、发展特色。

1. (日)细谷俊夫:《技术教育概论》,江丽临译,华东师范大学出版社1983年版,第1～90页。

2. 李蔺田:《中国职业技术教育史》,高等教育出版社1994年版。

3. 石伟平:《比较职业技术教育》,华东师范大学出版社2002年版,第1~221页。

4. 刘桂林:《中国近代职业教育思想研究》,高等教育出版社1997年版。

5. 皮江红:《从历史中寻找职业教育发展的逻辑:读〈中国职业教育史研究〉》,载《职教论坛》2013年第16期。

6. 赵志群、陈俊兰:《我国职业教育学徒制:历史、现状与展望》,载《中国职业技术教育》2013年第18期。

7.《中国职业教育十年发展概况》,载《世界职业技术教育》2013年第2期。

8. 朱雪梅：《职业技术教育发展的历史逻辑探析》，载《中国职业技术教育》2013年第9期。

简答题

1. 古代有哪两种具有代表性的生产技术教育方式？
2. 简述中国职业教育出现的历史背景。
3. 解释两种劳动制度和两种教育制度的含义。
4. 分析职业教育有哪些发展趋势？

拓展思考题

1. 职业教育生产和发展的动力是什么？
2. 你能总结一些职业教育发展的规律或经验吗？
3. 职业教育存在的理由是什么？有直接证据吗？
4. 职业学校教育与学徒教育培养人才各自优势比较，你怎么看待现代学徒制？
5. 据你了解，现在我国职业教育还有哪些问题？分析原因，探讨解决对策。

第三章　职业教育目的与制度

学习目标

- 理解职业教育目的、职业教育制度的含义；
- 了解并认同我国的职业教育目的；
- 了解我国职业学校教育制度，并掌握其发展趋势；
- 了解现代职业教育体系内涵及运行机制。

职业教育与经济、政治、文化和科学技术等社会子系统之间存在着密切的关系。一方面，职业教育深受这些系统的制约和影响；另一方面，职业教育对这些系统的发展起着重要作用。那么，职业教育对经济、政治、文化和科学技术等系统的促进作用是如何实现的呢？从宏观层面来讲，这种作用主要是通过社会对职业教育的宏观控制来完成的。具体而言，社会和国家通过制定职业教育目的，建立职业教育制度来保证职业教育对经济、政治、文化和科学技术等系统发挥预期的作用。本章将对职业教育目的和制度进行讨论。

请扫描二维码
学习本章视频

第一节 职业教育目的

一、职业教育目的概述

（一）职业教育目的的含义

马克思说过："蜘蛛的活动和织工的活动相似，蜜蜂建筑蜂房的本领使人间的许多建筑师感到惭愧。但是最蹩脚的建筑师比最灵巧的蜜蜂高明的地方，是他在用蜂蜡建筑蜂房前，已经在自己的头脑中把它建成了。劳动过程结束时得到的结果，在这个过程开始时就已经在劳动者的表象中存在着，即已经观念地存在着。"[①] 这段话生动地说明了人类实践活动与动物活动之间的区别：动物活动是基于本能的，而人类总是在一定的目的指引下开展相关活动。职业教育也是人类开展的一项重要的社会实践活动。作为一项社会实践活动，职业教育当然也有自己的目的。那么，什么是职业教育目的呢？

一般来讲，所谓职业教育目的，就是人们在实施职业教育活动之前，在头脑中预先以观念形式存在着的、在职业教育活动过程结束时所要取得的结果。或者说，职业教育目的就是在职业教育活动开始之前，以观念形式存在着的预期的教育结果。具体地看，职业教育目的包括两个部分：一是职业教育培养的人才应具有什么社会价值或应承担何种社会角色；二是职业教育培养出的人应具有何种身心素质和能力。

（二）职业教育目的的结构

职业教育可以从不同的层面来分析。在一个国家内部，从宏观层面看，职业教育是国家的一项事业。从中观层面来讲，职业教育是各级各类职业学校实施的教育活动的总称。从微观层面讲，职业教育体现为具体的教学活动。因此，职业教育目的也不能做简单理解，而是一个系统或体系。作为一个系统，职业教育目的包含以下几个层次：国家总的教育目的、职业教育目的、各级各类职业学校的培养目标、课程目标和教学目标（图3-1）。

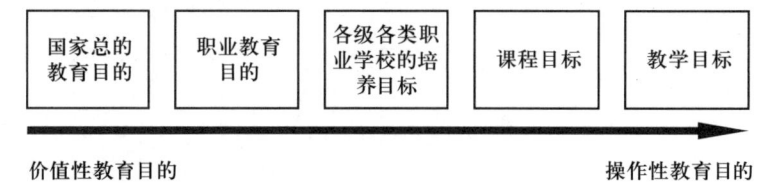

图3-1 职业教育目的的结构

国家总的教育目的是指国家对教育应培养什么样的人的总要求。各种类型的教育，各级各类的学校，无论培养什么社会领域或哪个层次的人才，都必须使其

[①]《马克思恩格斯全集》（第23卷），202页。

培养对象符合国家的教育目的。因此，教育目的对所有教育类型的学校以及其他办学实体都有普遍的指导意义。作为国家教育体系的一个组成部分，职业教育和职业学校当然也受教育目的的指导。

教育目的对职业教育具有指导作用。那么，这种指导作用是如何实现的呢？一般而言，教育目的要对职业教育发挥指导作用，就必须基于对职业教育机构受教育者的身心特点、职业教育本身的特点以及教育目的本身的综合考虑，将教育目的具体化。教育目的在职业教育领域的具体化就是职业教育目的。也就是说，职业教育目的就是教育目的在职业教育领域的体现。

在职业教育实践中，职业教育分为不同级别和类型。从级别角度看，职业教育包括初等职业教育、中等职业教育和高等职业教育；从类型角度看，职业教育包括职业学校教育和职业培训。不同级别和不同类型职业教育的存在表明，在职业教育总体目的之下，对于不同级别和类型的职业教育而言，还存在着各自的具体目标。这些具体的职业教育目标一方面与职业教育总体目的保持一致，另一方面也体现了职业教育各级别和类型的特点。一般而言，这些具体目标就表现为各级各类职业教育机构的人才培养目标。例如，中等职业学校的培养目标是："中等职业学校培养与我国社会主义现代化建设要求相适应，德、智、体、美全面发展，具有综合职业能力，在生产、服务一线工作的高素质劳动者和技能型人才。他们应当热爱社会主义祖国，能够将实现自身价值与服务祖国人民结合起来；具有基本的科学文化素养、继续学习的能力和创新精神；具有良好的职业道德，掌握必要的文化基础知识、专业知识和比较熟练的职业技能，具有较强的就业能力和一定的创业能力；具有健康的身体和心理；具有基本的欣赏美和创造美的能力。"

在职业教育机构中，人才培养一般是分专业实施的。因此，各级各类职业教育机构的人才培养目标在各个专业领域就体现为各专业的人才培养目标。由于所有专业人才培养实践都是以课程为依托的，因此，各专业的人才培养目标也可以称为课程目标的综合，或者说是课程体系的目标。当然，课程目标还有另一种理解，即指一门具体课程的目标。

每一门课程都包含很多内容。每部分内容也有自己的目标，即教学目标。教学目标是整个职业教育目的系统中最具象的存在。一般来讲，只有每部分内容的教学目标实现了，才能保证一门课程的目标得以实现；只有每门课程的目标实现了，才能保证专业的人才培养目标得以实现；只有各级各类职业教育机构的人才培养目标实现了，才能保证职业教育的总体目的得以实现。

（三）职业教育目的的功能

《战国策·魏策四》借魏国谋臣季梁之口讲述了一个身在魏国、欲往楚国的人的故事。这个人想去楚国，却坐着马车向北而去。路人告诉他方向错了，他说:"没关系,我的马好,跑得快。"路人提醒他,方向错了,马好也没有用。他又说:"没关系,我的路费多着呢。"路人又告诉他,方向错了,路费再多也到不了楚国。他还是说:"没关系,我的马夫最会赶车。"这就是著名的"南辕北辙"的故事。人们一般认为,这个故事说明,如果行动与目的相反,就会离目标越来越远。但这个故事还暗含着另外的道理。试想,此人为什么欲往楚国,却偏偏向北而行呢?最大的可能是他以为楚国在北方。这意味着,他看上去明确了自己的目的(楚国),但事实上没有(没有弄清楚国究竟在哪个方向,在哪个地方)。这个故事生动地展示了明确目的对于实践活动的重要性。对于职业教育活动来讲,目的也起着重要的作用。具体来说,在职业教育活动中,职业教育目的具有如下的功能和作用。第一,职业教育目的是职业教育工作的出发点和努力方向。第二,职业教育目的是制定职业教育规划、编制职业教育课程、开展职业教育活动、评价职业教育效果的价值尺度。第三,职业教育目的是进行职业教育教学改革和确定未来发展方向的基本指南。

二、我国职业教育目的历史沿革

从清朝末期至今,职业教育在我国经历了百余年的发展历程。百余年来,伴随着我国生产力发展水平的提高、社会制度的变革、文化传统的更新,我国职业教育的目的也经历了一个逐步演进的过程。

(一)具有封建色彩的职业教育目的

我国现代意义上的职业教育始于洋务教育时期。从19世纪60年代开始,在近40年的洋务运动过程中,洋务派人士共创办了外国语学堂、军事学堂、科技实业学堂等30多所。"中学为体,西学为用"是洋务教育的基本方针。1898年张之洞撰写的《劝学篇》将"中体西用"进一步理论化、系统化,提出中学为本、体、道、主,"以正人心",西学为末、用、器、辅,以"开风气",办学目标是培养救时济世的实用人才。例如,左宗棠1866年创办福建船政学堂,其目的是"师其所能,夺其所恃",更希望"制造、驾驶展转授受,传习无穷",以使"西法可衍于中国"。当年张之洞设湖北自强学堂(1893年)、江南储才学堂(1896年),分交涉、农拯、工艺、商务等门类,目的是"恤商惠工"和"有益于国民生计"。1902年和1904年,清政府先后颁布了《钦定学堂章程》和《奏定学堂章程》,建立了中国第一个现代学制,史称"壬寅癸卯学制"。在《重订学堂章程折》中提出五项十字的教育宗旨:忠君、尊孔、尚公、尚武、尚实。其中,尚实即"以求实业为要政"。例如,初等农业学堂的教育宗旨是"以教授农业最浅近之知识技能,使毕业后能从事简易农业为宗旨"。中等农业学堂的教育宗旨是

"以授农业所需之知识艺能，使将来实能从事农业为宗旨"。高等农业学堂的教育宗旨："以授高等农业学艺，使将来能经理公私农务产业，并可充各农业学堂之教员、管理员为宗旨。"上述宗旨试图以推动中国的近代化来维护清王朝的封建统治。

（二）资产阶级职业教育目的的提出与曲折发展

1912年2月，蔡元培任南京临时政府教育总长，发表《关于教育方针之意见》。他根据资产阶级民主革命的要求，彻底否定清末的封建教育制度，"以养成共和国民健全之人格"为根本，"以人民生计为普通教育之中坚"，系统提出"军国民教育、实利主义教育、公民道德教育、世界观教育、美感教育"五育并重的教育方针。9月，教育部据此颁布教育方针："注重道德教育，以实利教育、军国民教育辅之，更以美感教育完成其道德。"

1915年1月，袁世凯以大总统的名义颁布《特定教育纲要》，提出："申明教育宗旨，注重道德、实利、尚武，并运之以实用。"2月颁布新教育宗旨："爱国、尚武、崇实、法孔孟、重自治、戒贪争、戒躁进。"尽管在一些进步字眼的掩饰下，为复辟帝制张目，但依然强调了对实业教育的重视。1916年，在教育界广大人士的声讨下，教育部宣布恢复原教育方针。

我国积极宣扬和推广职业教育，并致力于其理论研究，始于黄炎培。他于1917年5月在上海发起成立"中华职业教育社"，完整地提出了体系化的职业教育目的：第一，谋个性之发展；第二，为个人谋生之准备；第三，为个人服务社会之准备；第四，为国家及世界增进生产力之准备。其中心思想是：职业教育要给受教育者在知识技能、道德品质和身体素质上以培养和教育。为此，职业教育要以发展个性为切入点，依次实现个人就业谋生（私的境界），为社会服务（公的境界），进而达到增进社会生产能力发展（创新的境界）的目标。后来，黄炎培对此做了更精辟的概括："使无业者有业，使有业者乐业。"为了达此目的，1926年黄炎培从实践中认识到孤立地办职业教育是办不好的，于是提出了"办职业学校，同时须分一部分精神，参加全社会的运动"。这一"大职业教育主义"的方针后来又浓缩为"社会化"三个字，作为职业教育实施的方针。"中华职业教育社"历经几十年曲折的实践和认识，奠定了我国职业教育目的理论与实践的基础。

1928年5月，南京国民政府大学院召开第一次全国教育会议，把"三民主义教育"定为中华民国的教育宗旨，并通过15条实施原则。其中第9、10条分别为推广职业教育和注重农业教育。1929年政府通令公布教育宗旨："中华民国之教育，根据三民主义，以充实人民生活，扶植社会生存，发展国民生计，延续民族生命为目的；务期民族独立，民权普遍，民生发展，以促进世界大同。"

1932年12月，南京政府公布《职业学校法》第一条规定"以培养青年生活之知识与生产之技能"为目标。1933年3月又公布《职业学校规程》，规定"初、高级职业学校实施下列各项训练：锻炼强健身体；陶冶公民道德；养成劳动习惯；充实职业知识；增进职业道德；启发创业精神。"

1933年10月，教育部职业教育设计委员会关于《职业学校设施标准》规定：初级工科"在养成具有普通工业常识及技能，使在工厂中为有知识之职工，并授予独立生活之技能"；初级商科"在养成普通商业机关之服务人员，并培养其独立经营简单商业之能力"；高级工科"养成有学识有技能的工业人才，及技师的助手，并能应用科学方法实际生产，协助促进工业之改良"；高级商科"养成有学识有技能的商业人才，使能明了本国及国际间的商业大势，领悟商人发展机会，并予以向上研究的根底"。并规定：初级职业学校一县或一地一所，以解决衣食住行为目的；高级职业学校"应视一省之职业需要为实施计划之依据，专招各县初中毕业生不能升学者入之，以造就农工商业之中级技术人才"。

1945年南京教育部制定《推进职业学校计划》，提出："以培养经济建设人才，实行民生主义，发展地方生产，完成国民经济建设目标。"1929年7月公布的《专科学校组织法》规定，专科学校教育要以教授应用科学和养成技术人才为目的。

（三）新中国成立后职业教育目的的不断改进与完善

新中国成立后，我国职业教育得到长足发展。1950年，教育部副部长钱俊瑞指出："为工农服务，为生产建设服务，这就是当前实行新民主主义教育的中心方针。"这一方针突出了当时教育工作的重要方面。

1952年8月颁发了《中等技术学校暂行实施办法》，其中第四十三条规定："中等技术学校的宗旨与任务是以理论与实际相一致的教育方法，培养具有必要的文化、科学的基础知识，掌握一定现代技术，身体健康，全心全意为人民服务的初级和中级技术人才。"1955年4月，在全国工人技术学校校长会议上通过《关于提高教学工作质量的决议》，提出"工人技术学校应积极贯彻以生产实习教学为主的方针"。1958年3月，劳动部部长马文瑞在全国技工学校工作会议上指出，技工学校要培养学生具有社会主义觉悟，必要的技术理论知识，全面的专业操作技能和身体健康的熟练技术工人。1958年9月中共中央、国务院发布《关于教育工作的指示》，提出"党的教育工作方针，是为无产阶级政治服务，教育与生产劳动相结合"；"必须把生产劳动课列为正式课程"；强调"学校办工厂和农场，工厂和农业合作社办学校"；实行"六个并举"，即国家办学与厂矿、企业、农业合作社办学并举，普通教育与职业（技术）教育并举，成人教育与儿童教育并举，全日制学校与半工半读、业余学校并举，学校教育与自学并举，免费的教育与不免费的教育并举。以上政策和举措促进了职业教育的大发展。

在全国大搞半工半读教育的形势下，1965年11月，中共中央政治局召开扩大会议，讨论城市半工半读教育问题。刘少奇在讲话中指出："半工半读要培养有社会主义觉悟、有文化科学知识、有技术、有实际操作能力的新型劳动者。我们的目标应该培养到能当干部、当技术员、当工程师的水平，但是也要当工人、农民。"

改革开放以来，随着我国经济的快速发展，职业教育越来越受到重视，社会也对职业教育提出了更高的要求。从20世纪80年代开始，国家逐步对教育结构进行调整，积极发展职业教育。1983年10月，邓小平同志为景山学校题词："教育要面向现代化，面向世界，面向未来。"指明了我国教育发展战略的总方针。1985年5月，《中共中央关于教育体制改革的决定》确定了"大力发展职业技术教育"的方针，并提出教育的根本目的是"提高民族素质，多出人才，出好人才。"具体讲就是："要造就数以亿计的工业、农业、商业等各行各业有文化、懂技术、业务熟练的劳动者。所有这些人才都应该有理想、有道德、有文化、有纪律，热爱社会主义祖国和社会主义事业，具有为国家富强和人民富裕而艰苦奋斗的献身精神，都应该不断追求新知，具有实事求是、独立思考、勇于创造的科学精神。"1993年2月，党中央、国务院颁发了《中国教育改革和发展纲要》，总结了我国教育发展的历史经验和研究成果，提出：教育必须为社会主义现代化建设服务，必须与生产劳动相结合，培养德、智、体全面发展的建设者和接班人。1995年3月颁布的《中华人民共和国教育法》第五条作了更确切的表述："教育必须为社会主义现代化建设服务，必须与生产劳动相结合，培养德、智、体等方面全面发展的社会主义事业的建设者和接班人。"这一教育方针既包含了教育的性质、教育目的，也指出了实现教育目的的主要途径。1996年《中华人民共和国职业教育法》第四条规定：实施职业教育必须贯彻国家教育方针，对受教育者进行思想政治教育和职业道德教育，传授职业知识，培养职业技能，进行职业指导，全面提高受教育者的素质。

总之，伴随着时代的变迁、社会的进步和国情的改变，我国职业教育目的也在不断变化。因此，理解我国职业教育目的及其变革，不能就职业教育目的谈职业教育目的，必须将职业教育目的放在时代、社会的国情的大背景下进行分析。

（四）职业教育目的的要点

第一，关于"劳动者"与"建设者"。在历史特定时期，"劳动者"的提法对改造旧社会的腐朽思想具有积极的政治意义，但在当今以发展为主旋律的形势下，"建设者"的提法更具有时代感，与经济建设为中心，为社会主义现代化建设服务更为吻合。尽管如此，"建设者"与我们过去一直倡导的"劳动者"内涵是一致的。我们培养的下一代要能够把体力劳动和脑力劳动结合起来，具有强烈的社会责任感和主人翁精神。职业教育主要定位于为生产、建设、服务一线培养熟练运用技术的技能型劳动者，但素质教育是贯穿始终的主线，"技术""技能"只是职业教育的载体，提高全民素质，促进人全面、和谐、可持续的发展，才是现代职业教育的灵魂。

第二，关于"接班人"。社会主义制度所追求的是最大限度地解放和发展生产力，促进国家富强和人民共同富裕。但由于社会主义国家建立较晚且原有国力基础薄弱，再加之发达资本主义国家的遏制，在年轻一代心中容易产生社会主义落后于资本主义的认识。所以，教育下一代懂得社会主义的产生发展，以及社会主义中国的巨变，更深刻地领悟社会主义的真谛，把先辈用鲜血和理想开创的社会主义基业发扬光大，是教育根本的政治功能。职业教育是培养产业大军的主体，担负着为社会主义事业的繁荣和发展造就大批有理想、有道德、有文化、有纪律、有技术、懂管理、会经营的实用型专门人才的历史重任，接班人的观念及其政治责任必须得以强化。

第三，关于"全面发展教育"。全面发展教育是对受教育者的素质的基本规定，其中德智体三育是大家公认的。德育是指思想道德教育，旨在使受教育者形成社会认可和倡导的价值观、人生观、社会观、职业观等，并具有良好的行为品质。智育是指传授知识和技能、开发潜能和培育才能等方面教育的总称。体育是指通过系统的身体活动，增强体质、提高身体素质和运动能力的教育。此外，关于美育和劳动技术教育在理论界有不同看法，但在教育中这两者是不可或缺的。美育作为素质教育的重要组成部分日益受到全社会的重视。而劳动技术教育更具有其综合的价值。职业教育本身就是劳动技术教育更为社会化、系统化的发展。

第四，关于"技术技能"。在职业教育培养目标上，一直有技能型人才、技术型人才、高技能人才等多种说法。2012年党的十八大以后，又出现了"技术技能人才"的提法。教育部副部长鲁昕在2014年3月中国发展高峰论坛的讲话中将"技术技能人才"具体划分为三种类型："第一类是工程师，第二类是高级技工，第三类是高素质劳动者。"

总之，我们所培养的人要身心健康、个性丰满，做生活的强者。特别是由于工作要求的提高和生活节奏的加快，对人的身体素质、心理承受能力和自我教育能力要求也相应提高了。只有清楚地了解自己，主动地发展自己，积极地调整自己，乐观向上，不断进取的人，才能在享受现代文明的同时，为人类文明的进步贡献自己的才智和力量，成为一个有益于社会的人、幸福的人。

三、我国制定职业教育目的依据

（一）指导思想：马克思主义关于人的全面发展学说

人的全面发展是一个古老的教育问题。早在古希腊时期，亚里士多德就提出德、智、体和谐发展的教育观点。欧洲文艺复兴后，人本主义的教育思想得以发扬光大，特别是到了18世纪末19世纪初，空想社会主义者亚当·斯密和罗伯特·欧文从抨击时弊出发，把劳动者的畸形发展作为一个严峻的社会问题揭示出来，并进行了实践研究。马克思在总结前人经验的基础上，从人的社会关系出发，研究了全面发展的人与片面发展的人的根本分歧，把人类关于人的全面发展的理论由空想变成科学，为社会主义制度下培养什么样的人、如何培养人指明了方向。

马克思主义关于人的全面发展理论的主要观点：

1. 人的全面发展是针对人的片面发展而言的，自从人类有了分工，人的片面发展就开始了

在资本主义生产方式形成后，生产过程内部体力劳动与脑力劳动分离与日俱增，劳动者的片面发展加剧。在《1844年经济学哲学手稿》中，马克思指出，分工是"人力的巧妙运用"，因而是个人能力进化的动力，即使个人职业专门化，因此"分工对创造社会财富来说，是一个方便的、有用的手段"，但分工又"使每一单个人的能力退化"，即使个人片面发展。而大机器工业产生以后，又大大促进了分工的发展。马克思认为社会分工"是各种社会形态所共有的"，所以马克思主义不主张一般地消灭分工。但是，使人终身束缚于一种职能（职业、工种或岗位）的固定的"旧的分工"，在大机器工业的社会应当不断消灭，一方面是适应职业、工种转换的需要；另一方面是从满足和完善人的个性发展的需要出发，通过教育激发和促进人的全面发展，在生产劳动中进一步实现人的全面发展，通过教育与生产劳动的结合，回归到真正"以人为本"的轨道上来。

2. 人的发展是机器大工业生产需要，同时也造就了全面发展的人

因为机器大工业生产是在科学技术革新与革命推动下实现的，这必然使劳动职业不断发生变化，也必然导致劳动分工的不断变化，造成工人的大量流动和转业。大机器工业简化了体力劳动职能，旧有分工被打破，使劳动变换、职能更动以及工人在不同生产部门和工种之间流动成为可能和必需。在正常情况下，工人经过一定的技术教育和训练，可以自由转换职业或工种。可见，大工业生产客观上需要全面发展的人，也会造就全面发展的人。

3. 人的发展与社会发展是统一的

马克思主义认为，社会是人们活动的产物，而人们的活动又受到社会实践条件的制约，人们的社会历史始终是他们个体发展的历史。马克思主义提出远景意义上"全面发展的人"，是全体社会成员普遍的全面发展，"有个性的个人"的全面发展，个人能力（体力和智力）的多方面、充分的发展，可以根据社会需要或他们自己的爱好轮流从一个生产部门转到另一个生产部门。应该说，这种普遍意义上的人的全面发展只有到了共产主义社会才能真正完全实现。认识全面发展、不要离开现实可能性，要不要极端地理解为各个方面的同步发展、平均发展。

4. 教育与生产劳动相结合是提高社会生产的一种方法，是改造现代社会的

最有力的手段之一,是造就全面发展人的唯一方法

教育与生产劳动相结合有两个方面:一是生产劳动与教育结合;二是教育与生产劳动结合。正是因为生产劳动需要同教育相结合,才能推动学校同生产劳动相结合。当不需要同教育相结合的生产劳动成为社会生产的普遍基础时,会导致教育同生产劳动的脱节,如封建社会的教育。马克思认为,同生产劳动相结合的教育由体育、智育和综合技术教育组成。以上三育是马克思针对资本主义童工制兴起,少年儿童健康状况恶劣,文盲充斥,以及儿童对各个生产过程的原理和各种最简单的生产工具的使用技能缺乏全面了解,仅仅是机器的附属品而提出来的。

马克思断定生产劳动与教育的结合是造就全面发展的人的"唯一方法"。这里的生产劳动特指在共产主义条件下,作为人们第一需要的"真正自由的劳动"。这种劳动给每个人提供全面发展和表现自己全部能力的机会。而这里的教育指的是真正民主和全面的教育,而不是人为造成的局限性的教育。

(二)根本依据:社会和个体现实需要与未来需要的辩证统一

社会是人类生存和发展的依托,它既是人类发展的条件,又是制约人类发展的一张"无形的网",任何人都只能在一定的社会环境下生活,通过社会实践活动,在不断改变社会的过程中也改变着自身。人的发展与社会的发展本质上是一致的、同步的。只谈社会的发展或者一味地谈人的发展,在理论上是讲不通的,在实践中也是有害的(图3-2)。

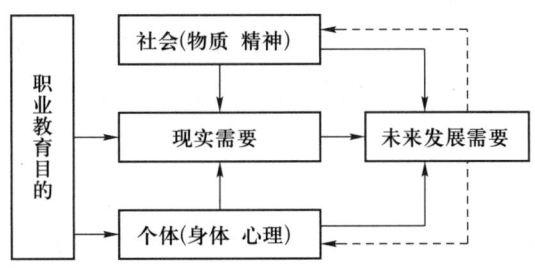

图3-2 职业教育目的的制定依据

1. 社会与个体的现实需要是制定职业教育目的的出发点

(1)社会的物质生产需要是制定职业教育目的的前提。随着资本主义工商业的繁荣,社会物质生产发展对劳动者素质提出了专门要求,现代职业教育应运而生。它是社会物质生产发展到一定阶段的产物。所以,制定职业教育目的时,必须把满足社会物质生产对人才的需求放在首位。不同的生产力发展水平对劳动者的素质要求不同。职业教育培养人才的数量、质量和规格,专业工种的设置,学制体系及其发展速度,都必须以社会的产业结构对人才的需求为依据,使职业教育培养的人才能够积极地适应并促进社会经济的发展。

(2)社会的时代精神是制定职业教育目的的思想基础。职业教育培养的人才

面向社会某行业、职业或技术岗位，这种人才不仅要有一定的文化专业知识和技术，而且其道德面貌、思想情操、价值观念、行为规范必须与所处的时代精神相适应。社会的精神生活是人类高层次的需要，是社会进步及其凝聚力的重要基础和标志。现代社会的发展要求物质文明和精神文明共同协调地进步，现代人的发展也须德才兼备、体智并进才能符合社会发展的需要。这是现代社会对职业教育的总要求。

（3）"社会本位论"是片面的。虽然社会制约性是制定职业教育目的的主要方面，但是在教育目的价值取向上推行"社会本位论"必然会压抑或忽视人的个性发展。该理论主张教育从社会需要出发，培养符合国家需要和遵守社会准则的公民，教育的价值要以教育产生的社会效益来衡量。德国社会学家柏格曼(Bergman)甚至说，教育除了培养每个人为社会而生活，为社会做贡献之外，不能有别的目的。众所周知，社会是由个人组成的集体利益的代表，在有职业分工、有阶级的社会里，个人的发展与社会发展的需要之间存在矛盾是不可避免的，但其本质上应该是一致的，在重视尊重人的个性、崇尚民主的现代社会里，"社会本位论"虽然有倡导教育要主动为社会服务之功，但终因偏执一端受到各种责难。

2. 个体需要是制定职业教育目的的内在准则

职业教育是面向社会的，同时也是面向个体的，它是沟通个体发展和社会职业需要的桥梁。制定职业教育目的，既要考虑适应社会的客观需要，又要顾及适应个体的内在需要，要力求体现社会需要与个体需要的完美结合。现在，职业指导已经在教育中广泛运用，职业指导的基本判断是既有适合某种职业的人，也有适合某人的职业。职业指导的目的和作用就在于科学地认识并尊重人的个性特点，发展其内在潜能，在"为人择事"的职业定向和"为事择人"的人才选拔中找到最佳结合点，使得事遂人愿，人尽其才，才尽其用。社会需要和希望只有转化为个体内部积极能动的心理需要时，才能显示出社会需要的效能和教育过程的意义。

（1）个体的身体发展需要是制定职业教育目的的生理前提。个体身体的发展过程既包含自然成熟的因素，又包含培养训练的内容；既需要食物能量的新陈代谢，又需要体育运动锻炼提高。我们要培养全面发展的人才，就必须把促进受教育者体格健壮、提高体质水平、增强抗病能力和培养良好的精神状态作为职业教育的重要目的之一。现阶段，职业教育培养的主要是生产、建设和服务一线的劳动者，所以个体身体健康发展不仅是职业对劳动者身体素质的要求，也是个体为了更好地适应职业劳动的需要。由于职业教育的实习、生产劳动等体力活动环节较多，有的职业学校出现以生产实习和劳动代替体育运动的现象，这是非常错误的。体育是对身体素质全面、系统的锻炼，而前者往往是人身体某些器官的"局部运动"，如果不注重体育锻炼，长此以往必然会造成身体的片面或畸形发展，这与我们全面发展的教育目的是相违背的。毛泽东在青年时代，对体育就有中肯的论述,他说:"体者,载知识之车而寓道德之舍也。""德智皆寄于体,无体无德智也。"一言蔽之,强健的体魄是全面发展教育的物质基础,是青少年一代身心发展的内在需要,是制定职业教育目的的基本要求。

(2)个体的心理发展需要是制定职业教育目的的心理基础。一个完整的个体,既有身体发展的需要,又有心理发展的需要。一个完整的职业教育目的,相应地既要有对个体身体素质发展要求的规定,又要有对心理素质发展要求的规定。制定职业教育目的的一个关键问题是,如何把社会需要和教育者的要求转化为受教育者自身发展的需求。只有引起个体内在的需要,发展才有动力,制定的目标才能引导其主动积极地前进。教育者应当把设定教育目标作为激发受教育者不断发展的策略和手段。人的心理需要是多方面的(知、情、意、行)和多层次的(生存、社会认同、发展)。职业教育最基本的目的是满足受教育者就业和发展的需要。不仅如此,职业教育还是提高人们生活能力、生命价值和实践能力的必要方式。从这个意义上说,人人都应该接受一定的职业教育。归根结底,人的心理需要来自于社会的需要,而人的心理需要又在不断地改变着社会需要,所以制定职业教育目的时应充分考虑和尊重受教育者的心理需要,这是对人的主体性的一种积极体现。

(3)职业教育目的的制定,应该考虑个体身心发展的协调与统一。按照辩证唯物主义的观点,人的身心是互为表里、不可分割的统一体。身心之间能够经常地交互影响、交互作用。在教育过程中,不要因课程的划分人为地把身心发展看作两部分,也不要分出孰轻孰重,更不可顾此失彼,促进人身心和谐、健康的发展才是职业教育的要义。

就像制定职业教育目的不要偏执于"社会本位论"一样,重视个体需要也不要落入"个体本位论"的窠臼。20世纪初"新教育"运动的倡导者杜威提出了以"儿童为中心"的教育思想,并一度付诸实践,结果造成了教育的自由化,教育质量整体下降,受到世人的批评。

还要说明的是,社会和个体现实的需要是在继承过去的基础上,不断解决前人留给我们的问题,进一步开拓社会和人生发展的新领域。需要是社会和个体发展的驱动力,但是现实需要也是在不停的变化之中,现实需要具有相对稳定与不断变动的两重性。在制定职业教育目的时,一定要处理好社会与个体需要的关系,要在社会和个体之间建立起密切的信息反馈渠道,及时充实、调整、变革教育目的,培养出真正适合于社会需要、符合职业要求的合格劳动者。

3. 制定职业教育目的时,应该体现社会与个体、现实需要和未来发展需要的动态统一

教育目的具有继承性、现实性、开拓性、未来性等特点。这是由教育规律和培养人才的长周期性所决定的。在各类教育中,相对而言,职业教育周期较短,它以快出人才、多出人才、培养实用人才而受到世界各国的普遍重视。但是,这

并不意味着职业教育目的可以朝令夕改,唯现实需要是从。职业教育必须根据未来社会发展、对人才的需求趋势及其可能的素质要求加以调整、规划,现实需要与未来的发展总是连贯的、相关的,职业教育目的只有在现实需要和未来发展需要之间取得一致,才能促进社会、个体和职业教育事业共同发展。特别是在科技日新月异的现代社会里,产业结构向"知识集约型"发展,职业教育也正日益朝着高移化、普通化、综合化方向发展。个人的人文科技素养和职业技能素养并重已经成为职业教育目的的基本要求,好的人格更是职业成功的重要基础。在我国完善社会主义市场经济的过程中,职业教育要注意保持人才培养的严肃与规范,即培养目标和教育、培训行为的一致性,避免"市场"驱使下的随意性。

在教育史上,曾经有过"教育是生活的准备"和"教育即生活"的争论。前者着眼未来,后者注重现实。对职业教育来说,它既要融入现实生活,把职业生活、职业理论和职业实践结合起来,填平教育与职业之间的沟壑,"开门办学""合作办学",让职业学校内部洋溢着现实生产、生活的气息。同时又要把科学的智慧、宽厚的基础知识、娴熟的技能技巧、生动活泼的开拓者形象带到职业生活中去,迎接未来挑战,开创新生活。

总之,职业教育在满足社会和个人的现实需要过程中,必须积极预测社会和个人未来发展的需要,谋求人才培养与适用的合理周期,提高职业教育的经济效益和社会效益。职业教育目的要求我们在社会需要和个体需要、现实需要和未来发展需要中达成完美的结合,构造出职业教育培养人才的理想形象,并将其作为职业教育活动追求的目标。

第二节　职业学校教育制度

一、职业学校教育制度的概念

(一) 教育制度

在《现代汉语词典》中,制度有两种含义,其一是"要求大家共同遵守的办事规程或行动准则";其二是"在一定历史条件下形成的政治、经济和文化等方面的体系"。[①] 在西方,《布莱克维尔政治百科全书》认为,制度(institution)一

---

① 中国社会科学院语言研究所编纂:《现代汉语词典》(第5版),商务印书馆2005年版,第1756页。

词既包含"机构"的含义，也具有规范化、定型化了的行为方式之义，且两种含义互相交织。[①] 显然，在中西方两种语境中，"制度"一词有着相近的含义：一是指机构及其系统；二是指机构及其系统的运行规则。

按照中西方词典对制度的界定，所谓教育制度既包括教育机构及其体系，也包括教育机构及其系统的运行规则。但是，在"教育制度"这个术语之下，人们往往只讨论教育机构及其体系这一个方面。因此，《辞海》才认为教育制度是指"一个国家内各种教育机构的体系"。[②] 一般来讲，教育机构的体系既包含教育的施教机构体系，也包括教育的管理机构体系。在本书中，教育制度特指教育的施教机构体系。

（二）学校教育制度

教育制度的核心部分是学校教育制度，简称为"学制"。学制是指一个国家各级各类学校系统及其管理规则，它规定了各级各类学校的性质、任务、入学条件、学习年限以及它们之间的关系，它为实现教育目的提供了组织制度保证。学制一般由横向划分的各类学校教育系统和纵向划分的教育层次构成。在现代学校教育制度中，学校教育系统可以横向划分为偏重学术性的和偏重应用性的两种学校系统。同时，各种学校系统又可以纵向划分为初等教育、中等教育、高等教育三大层次。这种系列性与层次性的组合便产生了多种学制类型，如双轨制、单轨制、混合制等。

1. 学制的意义

学制是随着学校的产生和发展以及国家对教育的干预和管理而不断完善起来的。到了近代，一些先进的国家都通过法律、法规的形式颁布本国的学制，大大加强对教育的宏观调控和微观管理，规范了办学行为，理顺了各级各类学校教育之间的关系，全面提高了教育质量。由各种类型、各种层次（级别）的学校构成的现代学制，日益体现出其重大的教育和社会意义。

（1）国家对人力资源开发进行总体设计。教育通过对人力资源的开发，促进了经济和社会迅速发展。这正是现代教育制度产生和不断完善的强大推动力。教育生产人力资本，满足了现代经济增长对人力资本的需求，随着经济发展，政府逐步建立、健全教育制度，并将其纳入经济和社会发展规划之中，综合平衡，积极发展。例如，国家建立义务教育制度，强制性地对一定年龄段的人群实施免费教育，旨在全面开发初级通用性人力资源，提高全民素质和文化水平。

（2）统一标准，体现平等。学制对各种学校的层次和类型等作出明确规定，

---

① 吴翠丽：《制度伦理的研究视阈》，载《南京工业大学学报（社会科学版）》2003第3期. 第 42~43页.
② 《辞海》第六版彩图本，上海辞书出版社2009年版，第1103页.

同一层次、同一类别的学校都具有统一的基本要求，而且对学校的组织、课程、入学条件、招生对象、毕业学历等基本标准都有所规定，明确各种学校在国家学校系统中的位置以及与其他学校的关系，加强对学校教育的规范和管理。而且国家通过法律、行政等手段保障所有公民受教育的权利和教育机会的均等。

（3）形成通畅的运行机制。教育的发达，一方面表现为学校层次的增多，另一方面表现为学校类型的增加。所以，现代学制结构一般由纵横两个系统构成。从纵向上看，划分为若干学段，通常为四段：学前教育、初等教育、中等教育、高等教育，学段之间上下相承，彼此衔接。学段内部也是由低级向中级再向高级递进。这种阶段分明、层次清楚的纵向系统构成了学制的重要方面，反映了教育的连续发展性、相对完整性、相对独立性以及体系完整性。上下相承在同一系统内部一般是通畅的，跨系统、跨类别的纵向交叉衔接，如普教与职教的衔接等问题，才使得学制复杂化，这也正是学制逐步完善的关键环节。从横向上看，近一二百年来随着教育功能的分化和扩大，师范教育、职业教育、成人教育等从普通教育中不断分化出来并逐步发展起来，使教育类型变得丰富多样。各类教育与普通教育既有联系，又各有特点。各级各类学校之间相互连接、贯通、交叉、合作，使学校教育系统成为一个有机整体。

学制是国家教育制度的主体，也是一个国家阶级、阶层和社会分工结构的缩影，是社会对各级各类人才需要的映射。合理的学制系统能够降低国家人力资源开发的成本，多出人才。而僵化的学制则会使学校成为一个自我封闭的系统，造成教育的不平等和教育投资的低效。但无论如何，学制一旦确定就具有相对稳定性、很强的惯性和施行的周期性，不能朝令夕改。它是学校教育建设与发展最基本的依据。

2. 学制的基本要素

根据学制的概念，学制的基本要素有三点：学校的类型、学校的级别、学校之间的关系。

（1）学校的类型。学校的类型是指学校教育的性质是普通教育还是专门教育，在专门教育中又可分专业型(研发型)、技术型(应用型)、技能型(操作型)三类。各种学校类型之间又有共性和重叠的要求，只是侧重点不同而已。

（2）学校的级别。学校的级别是指学校的层次与等级，这里既包含学校在整个学制中所处的学程阶段，如初等、中等、高等，也包含同类性质教育中的级别水平，如初级、中级、高级。正是由于学校的类型和级别的不同，产生了种种不同规格的学校，从而决定了学校的培养目标、入学条件和学习年限。学制把学程分层设置作为科学管理学校教育的重要措施。划分学校级别要遵循科学性原则。一般来讲，学校级别的划分，一要与社会发展水平相适应，这有利于教育由低到高逐步普及；二要为学生不断选择提供机会，适应其个性发展的需要；三要便于实现某一阶段的培养目标,快出人才;四要有助于校际之间竞争与借鉴,形成多样化的办学特色,提高人才培养质量。

(3)学校之间的关系。学校之间的关系表明了学校在整个学制系统中的位置,反映了学校之间的平行、衔接、交叉等关系。明确学校之间的关系能够更好地发挥学制的系统优势,提高办学效益和人才培养质量。例如,我国的技工学校在类型上属于培养专门人才的专门教育范畴,而且是技能型的专门教育,其培养目标是中级熟练技术工人,主要招收初中毕业生学习3年或招收高中毕业生学习1~2年。在层次上,属于中等级别的专业教育(就技工教育系列而言,初中毕业生在就业训练中心等场所接受一定的技工培训可视为初等级别的专业教育,而高级技工学校或技师学院可视为高等级别的专业教育)。从关系上,技工学校与中等专业学校、职业高中之间属于平行关系,与高等职业技术院校之间是一种衔接关系,与普通高中(尤其是综合高中)、成人学校、社会培训机构可构成交叉关系。

认清学制的基本要素,能使学校管理者更加地深刻理解深化教育体制改革的重要性和必要性,明确学校的办学方向,突出学校的基本特性和主要功能,协调好与其他各级各类学校的关系,办出学校的特色,提高教育水平。

3. 现代学校教育制度的类型

在近现代教育史上,有三种典型的学制类型:双轨制、单轨制、混合制。现在,各国的学制在互相的借鉴和碰撞中正在不断趋同。

(1)双轨制。如果从近代学制形成的初期考察,18、19世纪西欧国家是推行带有鲜明阶级和特权色彩的"双轨制"的代表。"双轨制"把学校教育严格地分成两个系统:一个系统是由家庭教育或贵族小学、中学(英国称文法中学,法国称国立中学,德国称文科中学)、大学(走向学术和社会的高层)组成;另一个系统则由国民小学、中学(职业或技术学校)组成。这两类学校系统之间互不沟通、互不交叉,是完全平行的。因此,这种学制类型才被称为"双轨制"。在"双轨制"中,前者是为有钱和特权阶层子女服务的,后者是为普通劳动人民子女设立的。在教育普及化和教育民主化的推动下,双轨制已经并轨。

(2)单轨制。美国早期曾沿用过欧洲的双轨制,但在19世纪中叶后期,国民中学教育伴随工业化迅猛发展,本来就发育不良的学术性轨道很快被纳入到单一的中学教育体制之中。美国单轨制的特点是一个系列、多种分段。美国各州之间也有差异,最多的是六三三制,还有五三四制、六六制、八四制等,这与现行的12年义务教育相对应。

(3)混合制。也称作分支型学制,它把双轨制和单轨制结合起来,小学和初中阶段采取单轨制,进入高中后则分为普通高中、中等职业技术学校。最早采用混合制的国家是苏联,我国现阶段也属于此种类型。原双轨制国家现在也基本实行的是分支型学制，即初中之前单轨，其后多轨。随着义务教育年限的延长，单轨分流正在逐渐向高中阶段延伸，而且分轨的依据和意义也在逐渐发生变化。

二、我国职业学校教育制度

（一）我国职业学校教育制度的历史演变

近代中国，在西方教育思想和教育制度的强烈冲击和影响下，松散的封建教育体系逐步向"制度化教育"演变。我国的现代学制始于1902年的"壬寅学制"（未实施）和1904年的"癸卯学制"。该学制已经把学校教育规划为：小学堂、中学堂、高等学堂和大学堂三段，普通学堂、师范学堂、实业学堂三类，而且对实业学堂规定得尤为全面，有初等、中等、高等实业学堂及其专攻科，还有实业教员讲习所。之后，1912年至1913年的"壬子癸丑学制"以及1922年的"壬戌学制"几经修改，在称谓上改为实业学校、职业学校等，但学制三段、三类的基本框架没有大的变化。

新中国成立初期，中央人民政府政务院于1951年8月颁布了《关于改革学制的决定》，对旧学制进行了彻底改造。1951年制定的新学制在主体方面继承了传统分支型学制的特点，吸取了老解放区和苏联学制的经验。新学制本着积极地改造旧教育，迅速发展新教育，为国家建设快出人才的目的，从学制上解决了广大劳动人民子女受教育，特别是工农干部学校和各种补习教育在学制中没有获得应有的地位等问题，突出技术学校在培养国家建设人才方面的作用。新学制分成两大系统、四个系列，一个系统是常规教育系统，在小学以后又分为普通中学（分初、高两级）和中等职业学校两个系列；另一个系统是非常规教育系统，也是成人教育系统，分成两个系列，一个系列是工农速成初等学校和工农速成中学，分别与常规小学和中学对应，一个系列是业余初等学校、业余初级中学和业余高级中学，与小学、初中、高中相对应。经过几年的实践和调整，1958年以后，中等教育主要有三类学校：第一类是全日制学校；第二类是半工半读学校；第三类是各种形式的业余学习学校。此后，学制改革试验在全国纷纷展开，试图探索真正符合我国国情的学制体系。"文化大革命"期间，教育受到极大破坏，学制改革也陷入混乱状态，职业教育在学制中基本被取缔。

20世纪70年代末80年代初，随着我国经济体制、教育体制的改革，教育事业全面进步，与之相适应的学校教育制度也建立起来。进入21世纪，与社会主义市场经济相适应的教育制度更加健全，特别是职业教育迅速发展、壮大，在学制体系中占有举足轻重的位置。一个与普通教育沟通，与九年制义务教育和高等教育上下衔接，成人教育不断丰富和充实，内部结构基本合理而又协调发展的职业教育体系基本形成（如图3-3）。

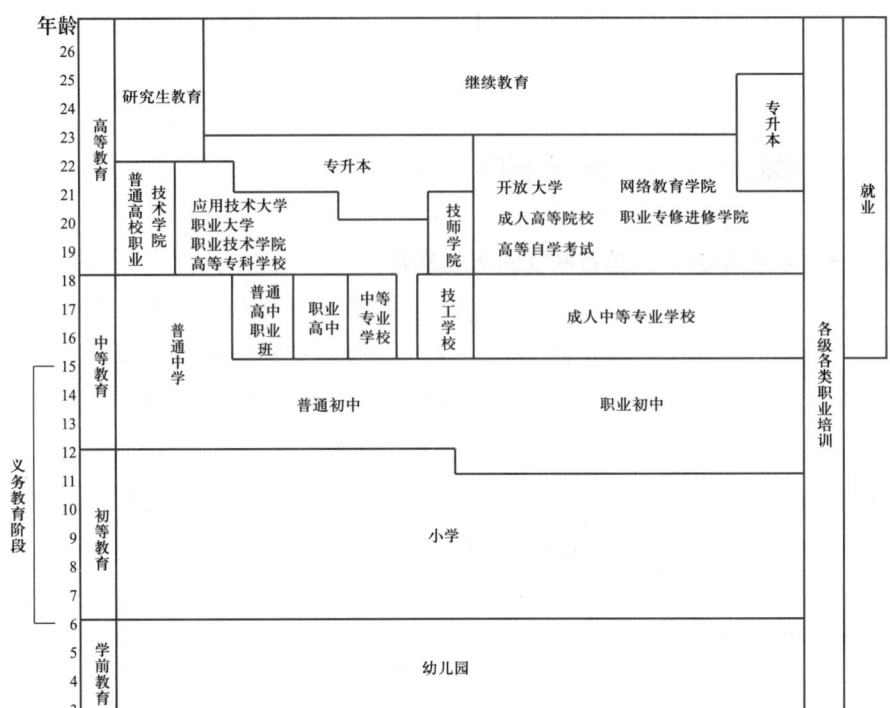

图3-3 我国现行职业教育学制示意图

（二）我国现行职业学校教育制度

1. 普通职业学校教育制度

（1）初等职业学校教育。初等职业学校主要设在一些边远地区、农村，如初等职业学校、职教中心训练班、技术推广中心等。有的地区普通初中采取3+1模式，即初中普通教育3年结束后，第4年主要进行职业技术教育和训练，为就业做准备。

（2）中等职业学校教育。中等职业学校是我国职业教育制度的主体和重点，主要的职业学校类型有中等专业学校、职业高中或职业中专、职业教育中心、技工学校或技术学校、成人中专等。习惯上，教育部门主管的中专、职业高中等统称为职业技术学校，人力资源和社会保障部门主管的技工学校、技术学校统称为技工学校。中等职业学校教育主要面向初中招生，学制一般为2~4年，以3年居多，在全面推行职业资格鉴定的背景下，职业学校实行弹性学制，允许分段完成学业，所以全日制连续完成学业时间只是作为学制的参照标准。在需求导向的办学过程中，各类中等职业学校的培养目标逐步打破原来的定位（如中专培养技术员、技校培养技术工人），开始趋同。

（3）高等职业学校教育。目前，我国高等职业学校教育机构包括独立设置的高职高专院校、普通本科院校内设的职业技术学院或高职学院以及职业技术师范院校，国家正在引导一批普通本科高校向应用技术型高校转型，成立应用技术大学。

在我国，独立设置的高职高专院校属于大专层次，招收应届高中毕业生或中等职业学校(中专、职高、技校)毕业生，俗称"三校生"，学制一般为2～3年。高职高专毕业生还可以通过"专升本"考试（普通教育由地方组织，成人教育由国家统一组织）进一步取得本科学历和学士学位。"专升本"全日制通常为2年，部分时间制为3年。独立设置的高职高专院校发轫于改革开放之初，并在世纪之交得到了快速发展。1980年，我国成立了7所职业大学。20世纪90年代末，伴随着高等教育大众化的历史进程，我国独立设置的高职高专院校迅速增加。2012年我国独立设置的高职高专院校达到1 297所，比普通本科高校还要多152所。

普通本科院校内设的职业技术学院或高职学院，通常是本科高校内部的一个二级学院，也是高等职业教育的重要组成部分，招收普通高中和中等职业学校毕业生，既有专科层次，学制3年，也有本科层次，学制4年，直接提升了高职培养人才的学历层次。有的高校还有职业教育研究方向的职业教育硕士点和博士点。

应用技术大学是培养本科层次应用技术型人才的高等学校。目前我国有一千余所非"211"地方本科院校，数量最多、招生规模最大、人才培养最多，是大众化高等教育的主力。这些高校在高等教育竞争中陷入发展困境，如办学定位趋同，盲目按照惯性思维发展；学科专业无特色，与地方产业结构脱节；师资队伍重学历、轻能力，教师专业实践能力低等，学生就业率低，专业对口率低，就业质量不高，新建本科院校及独立学院问题更加突出。地方本科院校的转型发展势在必行，国家计划引导一批地方新建本科院校转型为应用技术大学，成为高等职业教育的组成部分。

改革开放以来，特别是进入21世纪以后，我国高等职业教育发展迅速。在横向上，从招生数和在校生数看，高等职业教育的规模已经占据了整个高等教育的半壁江山。在纵向上，2011年高等职业教育招生数和在校生数分别是2002年的2倍和2.5倍。

2. 成人职业学校教育制度

成人教育具有鲜明的职业教育性质。成人教育也有初等、中等、高等之分，其重点是学校组织的成人教育。

（1）成人初等技术教育。成人初等技术教育主要包括基层的职工业余文化技术学校、乡镇农民技术学校以及各种技术推广、上岗前或再就业培训等，招收具有小学以上文化的社会人员，学制灵活，强调实用，培训结束后发给结业证书。它对于扫除青壮年文盲和提高其从业能力具有积极意义。

（2）成人中等职业学校教育。这类学校曾经对提高职工素质起到了积极作用，近些年由于高等教育的迅猛发展，有所萎缩。它包括职工中专、广播电视学校、函授中专、县级职业教育中心、干部学校等。这类学校一般招收初中文化程度的社会人员，学制1~3年，经考试合格后发给成人中专毕业证书。

（3）成人高等职业学校教育。这类学校包括职工大学、普通高校的成人(继续)教育学院、网络学院、广播电视大学、管理干部学院、高等教育自学考试、民办职业专修学院等，有全日制、业余、函授、网校等多种教育形式。现有专科、本科、专升本等层次和类型，招收高中阶段教育程度的应往届毕业生和社会人员，入学须参加全国统一组织的成人高考，全日制学习与普通高校一致，业余、函授学习延长1~2年，毕业合格颁发成人学历证书。本科毕业还可以参加学位考试，取得学士学位。

三、职业教育制度的发展趋势

这是一个变革的时代。在经济上，以新能源、新材料和互联网技术为标志的第三次工业革命方兴未艾，并引起社会和教育的巨大变革。在这种背景下，职业教育及其制度也必然随之发生变化。从一段时间以来职业教育的发展情况来看，职业教育制度呈现出如下明显的发展趋势：

（一）现代职业教育体系的建立

现代职业教育体系是指适应经济发展方式转变和产业结构调整要求，体现终身教育理念，中等和高等职业教育协调发展，满足人民群众接受职业教育的需求，满足经济社会对技术技能人才需求的职业教育系统。

根据国家《现代职业教育体系建设规划（2014—2020年）》，建立现代职业教育体系的总体目标是：牢固确立职业教育在国家人才培养体系中的重要位置，到2020年，形成适应发展需求、产教深度融合、中职高职衔接、职业教育与普通教育相互沟通，体现终身教育理念，具有中国特色、世界水平的现代职业教育体系，建立人才培养立交桥，形成合理教育结构，推动现代教育体系基本建立、教育现代化基本实现。

具体分两步走：

2015年，初步形成现代职业教育体系框架。现代职业教育的理念得到广泛宣传，职业教育体系建设的重大政策更加完备，人才培养层次更加完善，专业结构更加符合市场需求，中高等职业教育全面衔接，产教融合、校企合作的体制基本建立，现代职业院校制度基本形成，职业教育服务国家发展战略的能力进一步提升，职业教育的吸引力进一步增强。

2020年，基本建成中国特色现代职业教育体系。现代职业教育理念深入人心，行业企业和职业院校（中等职业学校和高等职业学校的统称）共同推进的技术技能积累创新机制基本形成，职业教育体系的层次、结构更加科学，院校布局和专业设置适应经济社会需求，现代职业教育的基本制度、运行机制、重大政策更加完善，社会力量广泛参与，建成一批高水平职业院校，各类职业人才培养水平大幅提升（如图3-4）。

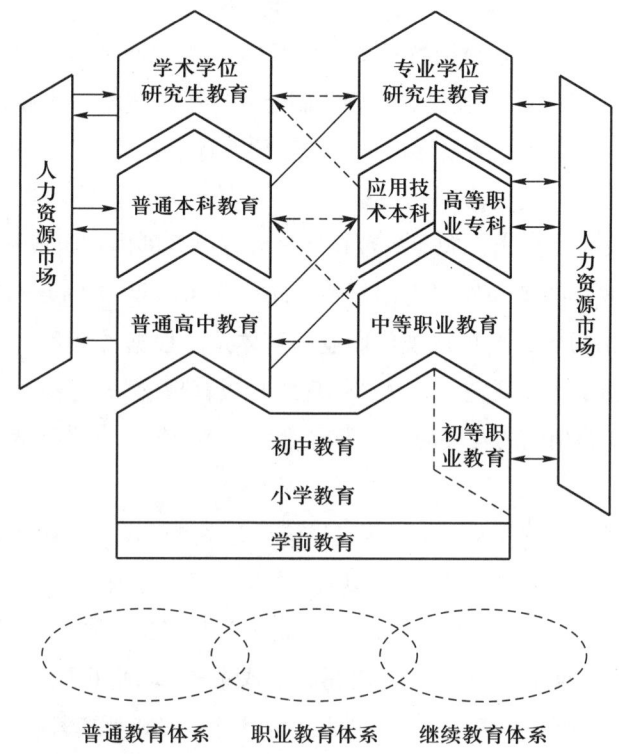

图3-4　未来教育体系基本框架示意图[①]

（二）职业教育的终身化

第二次世界大战以后，现代科学技术迅猛发展。科学技术的进步和发展使得生产技术、生产组织、劳动力市场结构和劳动的性质以及社会生活发生了急剧变化，加速了劳动的变换和职业的流动性。传统的学校教育已不能适应这种变化的需要。在这种背景下，20世纪60年代，终身教育、终身学习和学习型社会三种具有内在一致性的理念先后诞生，并共同构成了20世纪70年代以来世界各国推动社会和教育改革的基本指导思想。中国也不例外。1993年颁布的《中国教育改革和发展纲要》就提出了"终生教育"的概念。1995年，《中华人民共和国教育法》第11条第1款明确规定，国家要建立和完善终身教育体系。进入21世纪，中国共产党十六大报告提出，要"形成全民学习、终身学习的学习型社会，促进

---

① 《现代职业教育体系建设规划（2014—2020年）》。

人的全面发展"。十七大报告也要求"建设全民学习、终身学习的学习型社会。"十八大报告又提出要"完善终身教育体系，建设学习型社会"。《国家中长期教育改革和发展规划纲要（2010—2020年）》更是明确提出，到2020年，要基本形成学习型社会。可以说，建立健全终身教育体系，促进终身学习，建设学习型社会已经成为包括中国在内的世界各国社会建设的重要目标。

在全民学习、终身学习、自主学习的学习型社会建设中，职业教育发挥着重要作用。早在1974年，联合国教科文组织第18届大会通过的《关于技术和职业教育的建议（修订方案）》就建议各国"制定一些改进技术和职业教育结构的政策，不要脱离以终身教育为指导原则的广泛的教育政策范围"。1999年，主题为"终身学习与培训：通向未来的桥梁"的第二届国际职业技术教育大会在韩国汉城举行。会议明确指出，职业教育是终身教育体系的内在组成部分。在我国，《国家中长期教育改革和发展规划纲要（2010—2020年）》（以下简称《纲要》）明确指出，到2020年，要形成现代职业教育体系。根据《纲要》的界定，现代职业教育体系的基本特征之一就是"体现终身教育理念"。这些都说明，中国和国际职业教育有着相同的发展趋势，即向着适应终身教育、终身学习和构建学习型社会的目标发展。

职业教育终身化发展的根本原因是经济社会发展的需要。伴随着生产现代化和经济全球化的深入发展，人们选择职业的自由度和范围在扩大。由于新知识、新技术的不断涌现并投入应用，掌握新技术的人员与需要这种人员的岗位在不断地重新组合，一劳永逸的就业观念已经变得越来越陈旧。职业世界的变化要求把职前技术教育与职后的继续教育纳入统一的教育系统中，冲破职前教育终结性的藩篱，实施职业终身教育。正是在这样的要求下，各国相继出现了各种与高等教育、成人教育互相渗透、联系、合作的职业继续教育机构，如开设工商管理硕士（MBA）课程的机构、行政学院、培训公司、企业培训中心等，使职业教育与人的整个职业生涯发展相伴随，纳入"工读"交替、结合、互动的终身教育体系之中。

（三）职业教育与普通教育的融合与沟通

传统教育制度的特点是职业教育与普通教育的相互分离，但近年来世界各国把教育制度改革的重点放在调整职业教育与普通教育的关系上，职业教育与普通教育相互渗透、相互沟通、相互衔接。

1. 职业教育普通化，普通教育职业化

在普通学校加强职业教育，增设职业选修课；或在职业学校加强普通基础教育，延长学习年限，增加普通文化课；或进行综合中学试点，把普教、职教置于一校。在中学阶段，普通教育职业化、职业教育普通化的程度正在随着教育层次的高移不断延展。2008年，世界银行一份关于印度职业教育的报告中认为，国际经验显示，雇主希望雇用具有较强交流、问题解决和团队协作能力的人，而不是具有狭窄职业技能的毕业生。因此，应该在职业教育体系中加强普通教育的因素。例如，向学生提供人文和科学领域的基础知识，教会学生学会解决问题，鼓励学生继续学习等。20世纪七八十年代以来，伴随着社会的变迁，美国也掀起了一股整合学术课程与职业课程的潮流。1984年，美国颁布了《珀金斯职业教育法》。该法案认为，为了提高毕业生适应变化中的工作世界的能力，应通过传授基本的数学和科学原理课程等方式，增强职业教育的学术基础。后来，美国又在1990年、1998年和2006年分别公布了新的珀金斯法案。虽然具体的规定有所不同，但是强调整合职业教育与普通教育的基本精神一直存在并得到进一步加强。

2. 职业教育与普通教育两个系统的融通

20世纪后期以来，澳大利亚、爱尔兰等国家普遍以国家资格框架为工具，实现了职业教育与普通教育两个系统的无障碍沟通。在我国，伴随着终身学习理念的深入人心，构建开放立交、内外衔接的人才成长立交桥也成为教育和职业教育改革的重要任务。《纲要》明确指出，要"构建终身学习'立交桥'。促进各级各类教育纵向衔接、横向沟通，提供多次选择机会，满足个人多样化的学习和发展需要"。根据这一精神，一些地方还开展了终身教育体制机制建设试点，试图建立健全区域内普通教育、职业教育、继续教育之间的沟通机制。

（四）不同级别职业学校教育的相互衔接

在高等教育发达的国家，如美国和日本，只要职业学校的毕业生学习年限和文化课达到普通高中的水平，就可以升入高等学校或进入专业对口的高等学校。德国也通过一定的文化补习教育，使中等职业学校、技术高中、中等专业学校与高等专科学校、短期技术大学衔接与沟通，为接受职业教育的学生提供向高层次发展的机会。在瑞士，中等职业教育分为两年制、三年制和四年制。两年制毕业生既可以在相应职业领域获得联邦职业教育和培训证书，也可以继续学习三、四年制的课程。三、四年制毕业生可获得联邦职业教育和培训文凭，并直接进入高等职业教育课程的学习。在通过联邦职业教育会考之后，三、四年制毕业生还可进入应用科技大学学习。在韩国，专科学院是高等职业教育的主力军。高等职业教育主要由专科学院承担。在专科学院的新生中，50%~60%来源于职业高中毕业生、通过国家技能鉴定的技术人员和具有一定工作经验的人员。可以说，不同级别职业学校教育之间相互衔接是国际上职业教育发达国家的普遍做法。在我国，相当长一段时期内，职业教育呈现出"死胡同、终结性"的格局。一般来说，中职学校毕业生很难有进一步深造的机会。但近几年来，特别是《国家中长期教育改革和发展规划纲要（2010—2020年）》发布以来，天津、江苏、广东等省市都开始了不同级别职业学校教育相互衔接的改革试点，并取得了显著进展。例如，江苏开展了中高职"3+2"分段培养、中高职"4+2"分段培养、中高职"3+3"分段培养、中职与应用本科"3+4"分段培养、五年制高职与应用本科"5+2"分段培养、高职与应用本科五年分段培养、高职与应用本科联合培养等多种类型的改革试点。可以说，建设不同级别职业教育彼此衔接的职业教育制度正呈"燎原之火"。

（五）职业学校教育与职业培训并举、交融，学校与企业紧密合作

职业教育从劳动现场转入学校实施，是现代化大生产发展的要求，现在职业学校教育已形成完整的体系。由于职业学校教育学程连贯，知识内容在理论上有一致性，课程的顺序安排合乎教学法，知识的传授有系统性，因而有利于受教育者系统地掌握生产技术知识和技能。但是，学校教育的不足是缺乏针对性，学生在学校习得的知识技能与生产岗位的要求之间存在一定的差距。

传统的师傅带徒弟的培训制度已发展成现代的职业培训制度。以劳动现场为中心的职业培训针对特定工种和岗位，贴近职业实践，越来越受到人们的重视，现在有远见的企业主已开始把对员工的培训当作一种生产性投资。但是，职业培训传授的知识缺乏系统性和完整性。

正是因为职业学校教育和职业培训各有优缺点，而且彼此的优缺点恰好具有互补性。因此，强调职业学校教育与职业培训的结合已成为现代社会职业教育发展的一大特点。从职业教育实践来看，世界各国在重视发展职业学校教育的同时，十分重视各种职业培训，积极推动学校与企业联合办学、工学或产学合作，实现学校职业教育与企业职业培训的优势互补。例如，德国"双元制"职业教育就是职业学校与企业合作办学的一种模式。在"双元制"模式中，职业学校主要承担普通文化知识和专业理论教育的任务，企业提供职业技能培训。在德国，"双元制"职业教育不仅在中等职业教育阶段居于主导地位，而且正在向高等职业教育阶段延伸。近些年来，我国政府大力推进职业教育的校企合作，并把校企合作确定为职业教育的基本制度。

1. 黄济、王策三：《现代教育论》，人民教育出版社1996年版，第208～300页。
2. 袁振国：《教育原理》，华东师范大学出版社2001年版，第43～98页。
3. 全国12所重点师范大学：《教育学基础》，教育科学出版社2002年版，第55～110页。
4. 熊川武：《实践教育学》，上海教育出版社2001年版，第28～55页。
5. 刘春生、徐长发：《职业教育学》，教育科学出版社2002年版，第69～111页。
6. 《美国加利福尼亚州高等教育总体规划》，教育部国家教育发展研究中心译，人民教育出版社2005年版。

7. 董仁忠：《职业教育制度变革研究》，湖南教育出版社2012年版。
8. 崔岩：《高等职业教育集团化办学研究》，高等教育出版社2012年版。
9. 《国务院关于加快发展现代职业教育的决定》(2014)。
10. 《现代职业教育体系建设规划（2014-2020年）》。
11. 查吉德：《改革开放30年来职业教育培养目标的政策分析》，载《中国职业技育》，2013第3期，第20～24页。
12. 朱红春、闫智勇：《现代职业教育体系的内涵探究》，载《中国职业技术教育》，2013第18期，第48～51页。

简答题

1. 什么是教育目的？
2. 制定职业教育目的的依据是什么？
3. 马克思主义关于人的全面发展理论的主要观点是什么？
4. 什么是学校教育制度？
5. 简述现代职业教育制度及其发展趋势。

拓展思考题

1. 怎样办好本科、研究生等层次的职业教育？
2. 试设计职业教育与普通教育融合的可行性分析。

第四章 职业学校教师

学习目标

- 了解教师职业的产生与发展以及教师成长历程,理解教师职业特别是职业学校教师的特点。
- 掌握职业学校教师的职业道德要求和职业道德形成规律。
- 领会并初步掌握职业学校教师的职业技能要求。
- 理解教师专业化的基本含义。

"教师是履行教育教学职责的专业人员,承担教书育人工作,培养社会主义事业建设者和接班人,提高民族素质的使命。"[1] 教师是传播文明,推动社会发展的重要力量。作为教师或准备从事教师职业的学生,应该对这一职业的价值、特点、道德要求等内容有所了解和认识。

请扫描二维码
学习本章视频

---

[1] 《中华人民共和国教师法》第3条。

第一节 教师职业概述

一、教师职业的产生和发展

（一）产生教师职业的历史必然性

自然界任何动物都需要具备一定本领才能维持生存，繁衍生息。这种本领包括多个方面，如获取食物的本领、逃避敌人的本领，适应或改造环境的本领等。如何获得这些本领？人与动物存在显著区别，动物从脱胎降生时起，它们的许多行为方式就已经通过遗传基因固定在体内，学习是一种生存本能。它们在外界环境影响下所获得的发展、所习得的行为以及可塑性都极为有限。因此我国学者认为除人之外，动物不需要也不存在人类所称的教育。

人与动物不同，人获得后天生存本领的主要途径不是先天的遗传，而是后天的学习。人的语言、行走、劳动知识和技能以及价值标准、世界观、社会行为等都需要专门学习。教师职业是人类生存和发展的需要，没有教育，没有教师，人的社会化进程就无法实现。

教师在人类发展中发挥着重要作用。进入现代社会后，各职业对从业者的知识、技能、劳动效率的要求普遍提高，不学习这些知识技能，就无法适应职业生活的需要，自身也就不具备立足社会维持生存的本领。另外，人的发展不能单纯从生存和经济学角度来考虑，人除了作为劳动力之外，还应该是活生生的社会的人，他除了生存的需要之外，还有丰富的精神生活需要，以及完善自身发展的追求。教师的劳动促进了全体社会成员在德、智、体、美、劳各方面的协调发展，使人变得更加完美高尚。

在人的成长历程中，影响人发展的因素很多，教师不是唯一的影响因素，但是最重要的因素之一。教师按照预定的教育目的和严密的计划，遵循科学的教育教学原则和方法，通过一定的组织，针对学生的不同年龄特征和个性特点，充分调动学生自身的积极因素，对学生进行系统的影响和引导。因此，由教师直接进行的教育活动，在学生成长发展中起主导作用。有人认为，随着信息技术的普及，人们可以通过网络等其他方式学习，不必到学校中学习，教师职业也会逐渐消亡。其实，教师的作用不仅是传递信息，更重要的是培养学生态度和塑造学生人格，在社会化的情境下培养学生适应社会的能力，这离不开学校创设的环境和师生之间的直接交流，所以，教师职业必将伴随人类的存在而永恒存在。

（二）教师职业的发展历程

职业的出现是社会劳动分化的结果。一般来说，当一部分人以完成特定的社会工作为谋生手段，这一职业就出现了。任何事物的产生都不是突然出现的，它必然有一个萌芽、发育和成熟的过程。只有弄清教师职业的产生过程，才能对其工作性质和特点有一个正确认识。从教师职业的产生与发展来看，经历了一个从兼职到专职，从普通职业到专门职业的发展过程。随着社会和学校教育的发展，教师职业的社会功能、性质特点、素质要求、职业地位等均在不断变化与发展。

1. 教师职业的萌芽

广义的教育活动是伴随人类出现而出现的社会现象。为种族延续和生存斗争的需要，原始人需要把生存技能和行为规范传播给他人。我国古籍中有燧人氏教人用火、伏羲氏教人狩猎、神农氏教人农耕等传说。当时教育活动并不是由专人进行的，氏族首领和经验丰富的年长者担当传播知识技能和教育儿童的责任。原始社会的教育与社会活动融为一体，儿童在跟随成年人生产、祭祀和游戏中学习生产知识技能和社会行为规范。这一时期，有人履行教育教学职责，但不存在教师职业。首领为师，成员为生；长者为师，幼者为生；能者为师，庸者为生。随着生产力的发展，社会分工逐渐细化，学校出现以后，才逐渐有了专门传授知识的教师。

奴隶社会出现了进行教育的专门场所——学校，当时实行"政教合一""学在官府""官师一体"的教育制度，官吏是社会生产的组织者、文化知识的占有者和未来接班人的培养者。只有奴隶主的子女才有在学校接受教育的权利，由天子、诸侯和官吏都可以为学生传道授业。奴隶的子女只能在生产活动中跟随父辈学习劳动技能。父子相传和学徒制是职业教育的早期形式。学徒制的具体起始时间无法考证，但在古巴比伦《汉谟拉比法典》中就有关于学徒的记载，规定师傅必须把自己全部技艺传递给徒弟，否则师傅要受到惩罚。《史记·扁鹊仓公列传》中记载了医术高明的长桑君收扁鹊为徒的经过，扁鹊又有弟子子阳、子豹二人跟随四方行医。此时无论是在官学中讲学的官吏，还是传授劳动技能的父辈、师傅，他们在承担教育职责的同时也是生产者，还不是职业意义上的"教师"。

2. 教师职业的出现

奴隶社会末期，社会急剧变革，旧的社会制度受到冲击，使一些奴隶主阶层的人士失去了原先的政治地位和经济地位，他们利用自己掌握的文化科学知识教化民众，春秋战国时期出现了"天下失官，学在四夷"的现象。官学衰败，典籍扩散，文化下移，私学兴起，奴隶主垄断教育的局面被打破，诸子百家竞相设学收徒，宣传自己的思想和政治主张。孔子是这一时期的杰出代表之一，他从事教育工作40余年，有3000学生，并以收取学费（束脩）获得生活来源。墨子是一位重视教授实用知识技术的大师和教育家，他的弟子有300多人，多出身于下层庶民。他的教学内容包括自然科学知识、生产技术知识、军事知识和论辩技能，开创了我国科技教育的先河。这些私学大师作为专门从事教育活动，无疑便是职业意义上的教师。

进入封建社会，教师职业逐渐丰富和规范化。封建社会的教育形式有四种：一是国家官学，二是个人私学，三是国家资助的书院，四是家庭教育、学徒制教育等非正规教育。其中以国家官学中的教师为代表，他们的社会地位很高，要求也非常严格。《后汉书·朱浮传注》中的教师保举状曰："生事爱敬、丧没如礼。通《易》《尚书》《孝经》《论语》，兼综载籍，穷微阐奥。隐居乐道，不求闻达。身无金痍痼疾，卅六属不与妖恶交通、王侯赏赐，行应四科，经任博士。"[①] "务选天下学明行修望重、海内所向、士大夫所依归、足以师表一代、名盖一时者。"[②]汉朝太学中的教师有博士、助教的层次区分。古代学徒制教育中，各行业协会也有关于师傅任职资格的规定。

班级授课制以及现代学校的出现，使教师的职责、任职资格和职业活动内容更加规范化。我国职业教育创办初期，部分学校曾聘请外国人担任教师。例如，1866年建立的福建船政学堂，聘请法国人和英国人执教，学生需要先学习法、英语言继而学习专业知识技术。

3. 教师职业专业化

教师职业专业化是以师范教育的出现为标志。1681年拉萨尔（Lasalle）在法国创立的世界上第一所师资培训学校，标志着师范教育的诞生。1897年盛宣怀在上海创办的南洋公学是我国最早的高等师范学堂，后来南通师范学校、京师大学堂师范馆等相继出现。教师在社会发展中的地位越来越重要，从事教师职业必须接受专门的职业训练，教师职业逐渐走向专业化发展轨道。1979年国务院批准建立天津技工师范学院等学校，这是我国最早建立的专门为职业学校培养师资的高等师范学校。目前我国正在进行的教师教育改革，对师资培养和教师职业资格提出了新要求，是教师专业化发展中的又一座里程碑。

总之，教师职业在不同的历史阶段有不同的存在形式，原始社会以长者为师，奴隶社会实行官师合一的制度，奴隶社会末期产生了教师职业，封建社会对教师提出专门要求，近代社会的教师职业逐渐向专业化方向发展。这一发展趋势不仅是社会进步和教育发展的需要，也是教师职业社会地位和价值越来越重要的标志。

---

① 《后汉书·朱浮传注》。
② 《明经世文编》卷三十六。

二、教师职业的优越性

教师职业的内涵非常丰富，个人的体悟不同，对教师职业优越性的认识也会有差异，但教师职业越来越成为人们羡慕的职业，是多数人的共识。

（一）教师是神圣的职业

教师职业对社会发展有巨大促进作用。一方面，教师为社会物质文明建设培养造就了掌握现代科学技术知识和劳动技能的劳动者，是社会物质文明建设的重要力量。现代社会对劳动者自身素质的要求越来越高，物质生产中的竞争实际上是科技和劳动技能的竞争，而科技和劳动技能的竞争归根到底是教育的竞争。职业教育虽然不是直接的物质生产，但它的"产品"是掌握生产理论和劳动技能，并且能够高效率进行生产劳动的人。职业学校教师把生产实践中积累的生产知识和经验、技能以及新材料、新工艺、新技术浓缩提炼后，传递给学生，开发学生的智力，培养学生的创造能力。学生就业后在生产劳动中转化为现实生产力，提高劳动效率，促进社会物质文明建设的发展。

另一方面，教师是塑造未来一代灵魂的工程师，是社会精神文明建设的重要力量。社会精神文明包括文化建设和思想建设两个方面，这两个方面都同教师的劳动直接联系在一起。首先，教师使全人类从古至今创造的文化突破时间、空间的阻隔，实现时间上的纵向传递和空间上的横向传播，使人类新生一代能够继承祖先和外域的文化成就，并不断发扬光大。其次，教师根据教育目的的要求，针对学生的成长规律和不同特点，将其培养塑造成有思想、有道德、有文化、有纪律、热爱社会主义祖国和社会主义事业的一代新人，是社会思想建设的重要组成部分。

教师对社会发展的巨大贡献受到社会普遍尊重和认同。古代教育家荀子把教师同天、地、君、亲并列在一起，认为"天地者，生之本也；先祖者，类之本也；君师者，治之本也"。[①] 即天地是人类生存环境的本源，先祖指的是父母，是个体产生的本源，君师则是能否好好生存的本源。直到如今，民间百姓还把写有天、地、君、亲、师的牌位供奉于厅堂中。夸美纽斯说："我们对于国家的贡献，哪里还有比教导青年和教育青年更好、更伟大的呢？"[②] 列宁指出："应当把我国国民教师的地位提到资产阶级社会里从来没有、也不可能有的高度。这是用不着证明的真理。"[③] 人们用"人梯""春蚕""红烛""园丁"等词语赞美教师，为保障教师的权益，我国颁布了《中华人民共和国教师法》等一系列法律文件，并规定每年9月10日为教师节。

---

① 《荀子·礼论》。
② 夸美纽斯：《大教学论》，人民教育出版社1979年版，第7页。
③ 《列宁选集》第4卷，人民出版社1995年版，第764页。

（二） 教师是相对稳定的职业

职业是一种社会劳动的分工，一个职业也是发展变化的。影响职业产生和发展的因素很多，主要是社会政治、经济、文化和科技水平。职业教育是否会消亡，主要取决于社会是否需要产品制造人员、社会服务人员和其他生产一线劳动者。不言而喻，职业教育是国家大力发展的事业。2002年召开的全国职业教育工作会议指出，职业教育是我国教育体系的重要组成部分，是国民经济和社会发展的重要基础，是加快人力资源开发、提高我国国际竞争力的重要途径，也是提高劳动者就业能力、促进劳动就业的重要举措，要继续坚持大力发展职业教育的方针。我国职业教育正处于上升发展时期。

各职业的从业者人员流动频率不同。教师职业面对复杂的育人问题，需要从业者具有丰富的经验，老年教师更受到人们的尊重。从业者因体力下降等原因而被淘汰的可能性较小。

当然，我们所说的教师职业稳定，其含义是教师职业从总体和相对来说失业风险较小，并不是说从事这一职业的人不会失业。优胜劣汰是市场经济的法则，职业教育与市场紧密相连，教师职业同样存在竞争和淘汰，只有不断进取，与时俱进，才能使自己的职业获得稳定。职业学校实行教师聘任制，学校与教师要在平等自愿、协商一致的基础上，签订聘用合同，明确双方责任、权利和义务，确立双方受法律保护的契约关系。实行告诫制度，对聘任期内不能履行聘任合同的人员首先进行告诫，要求限期改正，告诫期满仍不能达到合同要求的予以解聘。

（三） 教师是优美的职业

职业学校教师的职业美体现在环境美和劳动美两个方面，其中环境包括自然环境和人文环境。教师工作在优美的自然环境和和谐的人文环境中。职业学校需要通过校园环境发挥育人功能，绿化、美化校园是学校的重要工作内容，几乎所有的职业学校都是当地的绿化先进单位，有些校园甚至可以和公园媲美。学校是文化、文明的场所，教师、学生和其他人员都有相对较高的个人修养，形成体现学校特色的人文环境。教师职业从形式到内容都体现了劳动美，教师必须以美的姿态、美的心灵、美的语言、美的仪表、美的方法、美的内容教育学生成长，寓教于美，以美育人。

（四） 教师职业是自主的职业

教师是专业性劳动，独立负责一项工作任务，领导一般只对工作内容和目标提出要求，不干涉具体的工作过程，教师工作自主性较强，可以充分发挥个人才华，按照自己的风格完成教育教学任务。

我国实行新的劳动制度以来，延长了各行各业劳动者的休假时间。据统计，目前我国法律规定的每年全民休息日是115天。除了这些休息日之外，教师还有寒、暑两个假期可以自主支配。除特别艰苦和较高危险的职业外，教师是拥有自主时间最长的职业。

（五）教师职业是幸福的职业

获得幸福感是教师职业的最高境界，优秀教师能够从工作中享受到愉快、兴奋和成就感。教师的幸福感来自多个方面，首先是学生的成长进步，体现了教师的工作成就。教师的报酬实际上不止于物质，学生学业进步、道德成长、为社会做出贡献，都是教师工作价值和人生意义的体现。其次是与学生的情感互动，教师关心爱护学生，也得到学生的尊重。教师是培养和教育人的职业，其工作中除知识技能的交流互动外，还有与学生的情感交流过程，来自学生的期待、信赖、问候、协助，能够进一步激发起教师对工作、对学生的热爱之情。再次是教师在其职业活动中能够满足求知欲、探究欲、创造欲。克服困难，解决一个技术问题是幸福；设计教案，完成一节精彩课是幸福；观察琢磨，转化一个后进学生是幸福。孟子曰："君子有三乐"，即"父母俱存，兄弟无故，一乐也；仰不愧于天，俯不怍于人，二乐也；得天下英才而教育之，三乐也。"[①]

人人都向往和追求幸福，但并非人人都能获得幸福。感受教师职业幸福是一种需要学习的能力，获得这种能力至少需要具备以下四方面条件：一是必须有一个与教师使命一致的人生目的，职业活动和人生追求相矛盾，幸福感就无从获得；二是必须亲身实践，不做教师的人，无法体会教师的职业感受；三是必须创造性地完成任务，习惯重复劳动的"教书匠"，只能体验到苦闷、烦躁和乏味，只有不断创造才有幸福；四是具有高尚的道德情操，无私奉献，把本职工作看成是为之奋斗的事业，而不仅仅是谋生的职业。

第二节 职业学校教师素质要求

素质是指个体完成一定活动与任务所具备的基本条件和基本特点。对人的素质要求可以从不同角度划分，依据完成任务的普遍性和特殊性可以分为公民素质和职业素质。公民素质是社会成员进行所有社会活动时需要具备的基本素质，如智力正常、身体健康、基本文化常识、交流沟通能力等。职业素质是在公民素质之上更严格的要求，是职业活动中完成特定职业任务所需要的素质。探讨职业学校教师的素质要求，就是要揭示其职业素质要求。

---

① 《孟子·尽心上》。

2013年9月，教育部颁布实施了《中等职业学校教师专业标准（试行）》，明确了国家对合格中等职业学校教师专业的基本要求，提出"师德为先、学生为本、能力为重、终身学习"的中职学校教师专业发展四大理念，并对职校教师在专业理念与师德、专业知识、专业能力三个维度提出具体要求，细化为15个领域，60个条目，着重体现中等职业学校教师工作特点。本节从职业学校教师职业道德、专业技能和知识结构三方面，叙述职业学校教师素质要求。

一、职业学校教师职业道德要求

职业学校教师的职业道德是指教师在职业教育工作中应当遵守的行为规范和准则，是每一位教师对社会和受教育者所承担的道德责任和义务。教师职业道德水平是影响学生发展的重要因素，制约着教育目标的实现和教育事业的发展，因此世界各国普遍重视教师职业道德的养成。

教师的职业道德主要表现在教师如何对待职业教育事业、如何对待学生、如何对待教师集体、如何对待自身四个方面：

（一）对待职业教育事业的道德要求

要求职业学校教师忠诚于人民的教育事业，热爱职业教育；懂得教育规律，爱岗敬业。

教育工作是一项长期的、复杂的创造性劳动，它需要从事这项职业的人员倾注全部精力和心血。教师的教育态度影响着教育教学活动的方向和力量，热爱职业教育事业是教师工作的动力源泉，它不仅可以激发教师工作的责任感和对事业的忠诚，而且可以使教师对教育工作产生高涨的热情和浓厚的兴趣。这里所说的忠诚，并不是禁止教师转岗，但要求在从事教师职业期间一心一意，把全部精力投入到教育教学工作中。

教师的工作是要把自己的所知所能转化为学生的所知所能，培养学生的学习和创新能力。这种转化过程有自身的规律和方法，只有学习职业教育理论和职业心理理论，才能形成正确的教育教学观念，掌握教育教学的规律、原则和方法，了解学生的身心特点，从学生实际出发，将抽象理论和复杂的技术转化为易于学生接受的知识和技能，减少工作失误，提高工作效率。如果说学生或许会原谅教师的严厉、刻板，甚至吹毛求疵，但却不能原谅他的无知和无能。

"敬业"在我国古代《礼记·学记》中就以"敬业乐群"明确提了出来。宋朝朱熹说，"敬业"就是"专心致志以事其业"。即用一种恭敬严肃的态度对待自己的工作，认真负责，一心一意，任劳任怨，精益求精。敬业总是和"爱岗"联系在一起的。爱岗是敬业的前提，敬业是爱岗情感的进一步升华，是对职业责任、职业荣誉的进一步深刻理解和认识。一个不爱岗的人，很难做到敬业；一个不敬业的人，很难说是真正的爱岗。

（二）对待学生的道德要求

要求职业学校教师热爱、关心全体学生；尊重学生，信任学生；学会激励每一名学生，严格要求学生。

没有爱就没有教育。苏霍姆林斯基说："教育技巧的全部奥妙也就在于如何爱护儿童，不热爱学生的教师绝不是好教师。"教师热爱、关心学生，首先表现在热爱关心全体学生，而不是仅仅热爱、关心好学生。后进生更需要教师的关心和爱护，教师不能让一个不合格的学生流向社会。其次，表现在热爱、关心学生的学习、生活、思想等各方面。中等职业学校的学生已经进入青年初期，他们的身体发育很快，具有强烈的成人意识。由于心理发育尚未成熟，缺乏社会生活的经验，因此他们在生活中会遇到许多困难。教师应成为他们可以信赖的朋友，为学生出主意想办法。

学生是独立的人，他们有自己的头脑，对外界事物加工、改造后才能决定取舍，绝不是教师可以随意支配的。如果教师把教育学生的权力凌驾于学生人格之上，必然会采用命令、斥责、讽刺、挖苦，甚至辱骂和体罚等错误手段对待学生。学生的人格受到侮辱，也会采取对抗、反驳、逃避等多种不合作手段。一旦学生产生逆反心理，造成师生关系紧张，不仅不能达到培养目标，反而会使学生背道而驰。实际上"顺耳"的忠言和"爽口"的良药更容易被对方接受。教育者要时刻尊重教育对象的权利，尊重他们的看法和建议。

学生只有始终处于被激励的气氛中，才能激发他们的求知欲和上进心，主动参与教学活动。面对学生的劳动成果，教师应喜出望外，赞叹不已。"科学的发现总是属于孜孜不倦、顽强探索的人。"面对学生的创新想法，教师应不耻下问："这么新奇的想法你是怎么想出来的，能告诉老师吗？"面对学生的暂时失败，教师应热情引导："换个角度想想，说不定会柳暗花明。"教师应该用一颗爱心去发现学生的闪光点，看到学生的进步和成长，并及时鼓励表扬。

爱是教育工作的指导思想和基本原则，爱的目的是促进学生全面发展，加快实现培养目标的进程，但并非对学生娇惯、姑息、放任。在学习、思想、行为、生活等各方面，教师根据培养目标的要求，严格要求学生，是爱学生的表现，对学生的错误行为不闻不问，反而害了学生。

（三）对待教师集体的道德要求

要求教师团结协作，尊重他人，处理好个人利益与集体利益的关系。

职业学校中，实现培养目标是由多位教师互相配合、互相协作、共同完成的。这些教师担任不同的工作任务，他们在认识、能力、情趣、个性、经验、年龄、教育观点和教学方法等多方面存在着差别，加之学校管理中存在的不合理、不公允的做法，可能导致教师之间人际关系失衡，产生矛盾冲突。而教师要想使自己的工作发挥应有的作用，必须和全体教师心往一处想，劲往一处使，形成坚强的教师集体，集体中的每一个成员不仅要对自己的本职工作负责，而且要对整个"事业"负责。课程的综合化趋势需要教师相互合作、相互配合、齐心合力地培养学生。所以，每个教师不仅要教好自己的学科，还要主动关心和积极配合其他教师的教学，从而使各学科、各年级的教学有机融合、相互促进。

尊重他人是做人的基本要求。人格和声誉是教师的教育生命，每一个教师不仅应珍惜自己的人格和声誉，也应尊重和爱护他人的人格和声誉。坚决抛弃由私人恩怨引起的互相损毁的行为，尤其应注意在学生面前不能用贬低他人的做法抬高自己。中等职业学校的学生，已经具备了一定的辨别真伪、区分是非的能力，在学生面前指责其他教师，实际上是害人害己。教师应善于肯定同事的成绩，善于向同事学习，克服"文人相轻""忌贤妒能"的行为，树立起相互尊重、相互信任的道德风尚。

教育事业是集体事业，团结互助是做好教育工作的必要条件，也是影响学生思想品德的重要因素。教师之间的团结互助是多方面的，有文化课教师、专业课教师与实习课教师在教学内容上的配合；有行政管理人员、后勤人员与教师的配合。当然，也有工作之外日常生活的互帮互助。良好的人际关系能使教师保持愉快的精神状态投入工作，提高工作效率，这也是学校顺利开展各项工作的基础。

从整体和长远角度讲，职业学校中个人利益与集体利益是一致的。学校规模的扩大，办学质量的提高，毕业生在社会生产中发挥作用，是每一个教师的共同愿望和追求。学校的发展壮大是个人发展的前提和基础，损害集体利益而获得个人利益，不可能长久。每位教师必须把个人的利益置于集体之中才有价值，个人利益必须服从集体利益，"假如学校里有这样的教师集体，在这个集体里的每个教师看来，全校的成功占第一位，而班上的成功占第二位，至于每个教师的成功只放在第三位，那么在这样的集体里才会有真正的教育工作"。[1]

（四）对待自身的道德要求

要求教师以身作则，为人师表；勤奋学习，进取向上，提高职业素质，不断反思。

职业学校的学生模仿性和可塑性都很强，教师的思想、行为、作风和品德每

---

[1] 马卡连柯：《论共产主义教育》，人民教育出版社1980年版，第371页。

时每刻都在感染、熏陶和影响着学生。我国古代教育家孔子说："其身正，不令而行；其身不正，虽令不从。""不能正其身，如正人何？"[1]因此，凡是要求学生做到的，教师应该首先做到，以身立教，为人师表，才能树立自己在学生中的威信。

合格的教师必须精通所教学科的基础知识和基本理论，具有扎实的基本功，对教学内容的体系、重点、难点、历史、现状、发展趋势，以及与邻近教学内容的关系、在生产生活中的应用情况等了如指掌，并有所研究。只有深入才能浅出，只有居高才能临下，只有资深才能左右逢源。如果教师所掌握的只是教材上的那点知识，最多只有"招架之功"而无"还手之力"。只知其然，不知其所以然，根本不可能教好学生。

职业教育与社会生产力关系密切，随着社会经济的发展，社会生产中应用的新知识、新技术、新设备、新工艺层出不穷，发展迅速。发达国家中每20年职业岗位和岗位所需的技能就有50%发生变化。教师要想保持教学内容的先进性，必须像海绵一样不断汲取知识，不断学习。"半亩方塘一鉴开，天光云影共徘徊。问渠那得清如许，为有源头活水来。"[2]在科学技术迅猛发展的时代，教师只有不断学习，才能获得知识的源泉和源头活水。靠吃老本，教不好学生。

职业素质除了指任职岗位直接要求的知识、能力，以及行业眼光、知觉能力、思维方式和行为方式外，还要求从业者具有较好的专业智能和创新潜能，适应高技术含量的工作，了解相关专业高新技术的发展趋势。

反思是教师以自己的职业活动为思考对象，对自己在工作中做出的行为以及由此所产生的结果进行审视、分析和评价的过程。反思能使教学成为一种自觉的实践；反思能提高教学质量和效率；反思能使教学经验理论化。反思是教师专业发展和自我成长的核心因素。

二、职业学校教师职业技能要求

教师职业技能是教师必须掌握和运用的，从事教育和教学的基本技巧、方法和能力。它包括讲普通话和口语表达技能、书写规范汉字和书面表达技能、教学工作技能、教育和管理学生技能等。教师的职业技能是教师高效完成教育教学任务的保证，也是成为合格教师的基本要求。

---

[1] 《论语·子路》。
[2] 朱熹：《观书有感》。

（一）讲普通话和口语表达技能

1. 普通话的要求

普通话是以北京语音为标准音，以北方话为基础方言，以典范的现代白话文著作为语法规范的现代汉民族共同语。它是中华人民共和国全国通用的官方语言。我国是多民族、多语言、多方言的人口大国，使用语言约80种，其中仅汉语就有北方方言、吴方言、湘方言、赣方言、客家方言、闽方言、粤方言七大方言区，每种方言又包含若干种次方言和土语。社会交际中的语言障碍和方言隔阂十分严重，已成为改革开放和现代化建设的不利因素。因此，推广普及普通话是维护祖国统一、增强民族凝聚力、提高全民族科学文化素质、促进改革开放和现代化建设的基础工程。

推广普通话，教育系统是重点，学校用语一律使用普通话，是推广普通话工作的近期目标。《普通话水平测试等级标准》将普通话水平分为三级六等，要求教师的普通话水平不能低于二级乙等。

2. 口语表达技能

口语即口头语言。它是人类在各种活动中最基本最重要的信息传递工具，也是教师传递科学文化知识、技术理论知识和生产技能，表达思想情感，启发学生思维，塑造学生心灵的最常用手段。教师口语表达技能的高低直接影响着学生的学习效果。教师职业的目的就是实现自身掌握知识技能向学生掌握知识技能的转化，发展学生的各项能力，使之成为社会发展中的有用之才。因此，需要教师具有高超的口语表达技能，才能被学生理解并接受。

口头语言广泛使用在教育教学的各方面、各环节，它有多种表现形式，如复述、描述、概述、评论、辩论、朗读、说服、指导等。只有掌握这些，才能提高口语表达水平。

（二）书写规范汉字和书面表达技能

1. 书写规范汉字的技能

"二字一话"即钢笔字、粉笔字和普通话，是教师的重要职业技能，教师传递科学文化知识，培养学生的职业活动能力，都离不开说和写，书写规范汉字是教师口头语言的必要补充。教师书写规范汉字包括两方面内容：一是用字规范，即使用规范汉字；二是书写规范，即笔画、结构和笔顺规范。

2. 书面表达技能

教师在编写教案、作业批语、指导学生写作、课程设计、试卷分析、教学总结、科研论文以及文体活动和日常生活中都离不开书面写作，教师应掌握教育应用写作的基本格式和书写要求，提高自身的书面表达能力。

书面表达是一种复杂的脑力劳动，无论写什么内容，都是教师在教育实践活动中将客观事物通过自己的头脑加工成所要反映的产物。一般需经过感知—内化—外化的过程。

（1）感知。是对材料的占有，材料是书面表达的基础和所要表达的主要成分。毛泽东说："无数客观外界的现象通过人的眼、耳、鼻、舌、身这五个感官能反映到自己的头脑中来，开始是感性认识。这种感性认识的材料积累多了，就会产生一个飞跃，变成理性认识，这就是思想。"教师书面表达技能的提高，要求教师利用一切感官和机会，充分感知事物，多方收集材料，建立富有的材料"仓库"。

（2）内化。是对材料内容鉴别、选择、概括、升华后确定主题。鉴别是教师对材料真伪、价值的判定，它反映了教师对材料的认识和自身的才、学、胆、识。选材是教师根据主题的需要，选择真实、准确、典型、新颖、生动的材料。主题是教师书面语言表达的主要思想，是对材料所持的观点和评价。实践过程中要求深刻、新颖、集中。

（3）外化。是用文字符号的形式，实现孕育在教师头脑里的内在形态向外在形态转化。要求层次清楚、过渡自然、语言流畅、交代明白、描写传神、论证严密、字斟句酌，同时注意语言的美感和写作技法。

（三）教学工作技能

教学工作技能是在教学行为过程中，教师运用教学理论、专业知识等为促进学生学习，实现教学目标而采取的特定的教学行为方式。教学工作技能包括使用课堂教学技能、现代化教学手段的技能、指导课外活动技能、教学设计技能、教学研究技能等，其中以课堂教学技能为主体。课堂教学是一种复杂的教学行为。为了有效地对课堂教学技能加以研究和训练，我们可以将其分解成各种类型。课堂教学技能的分类，与研究者的观察角度、教育学、心理学理论基础和现有课堂教学一般模式有关，因此不同的学者有不同的分类结果。下面，以首都师范大学的教学工作技能分类为例进行介绍：

（1）导入技能。参阅第八章"导入新课技巧"部分。

（2）教学语言技能。参阅第八章"教学语言技巧"部分。

（3）板书技能。要求教师书写的板书形式优美，重点突出，层次分明，高度概括教学内容。

（4）变化技能。包括教态的变化、教学手段的变化和师生相互作用方式的变化。要求教师通过对学生刺激的变化来吸引学生注意，活跃气氛，促进学生学习。

（5）演示技能。包括直观教学手段的运用和操作动作的示范。参阅第八章"教学动作技巧"部分。

（6）讲解技能。要求教师提供材料，揭示事物本质和必然联系，培养学生的逻辑思维能力。

（7）提问技能。参阅第八章"提问技巧"部分。

（8）反馈强化技能。要求教师善于获取教学反馈信息，及时调整教学，并对学生的行为实施强化。

（9）结束技能。要求教师具有总结概括能力，而且通过对知识的整理，使学生对知识的领会向更高一级升华。

（10）教学组织技能。要求教师了解学生的特点，能够持久地维持学生注意，控制学生的行为，创造良好的课堂气氛。

现代化教学手段是传递和再现教育信息的现代化工具，主要由硬件(机器设备)和软件(记录储存信息的载体)组成。随着教学条件的改善，一些现代化的教学设备走进课堂，教师应了解这些现代化教学手段的基本组成、功能和工作原理，掌握正确的操作方法，并能设计、制作简单的教学软件。

指导课外活动技能是指教师参与组织学生课余生活的工作技能。学生校内课堂教学时间有限，放假后，教育工作并未结束。实施素质教育，促进学生全面发展，仅靠课内教学还不够，必须重视对学生课外活动的指导。主要内容包括：指导学科课外活动、指导文体小组活动、指导学生日常生活等。教师应了解学生的兴趣、爱好、特长，充分调动学生的积极性，掌握指导课外活动的特点和一般规律，具有设计课外活动方案、组织实施、业务指导和控制活动过程的能力。

教学设计技能是指在教学备课过程中，选择、运用教学手段和教学方法，设计课堂教学的结构和过程，合理展现教学内容的技能。要求教师善于分析教学目标和教学内容，了解学生的现有基础知识结构和能力水平，确定教学策略和教学手段以及教学方法的运用方式，使学生高效地完成学习任务。

教学研究技能是总结教学经验、探索教学规律和开展教育科学研究的工作技能。教师应具备选择科研课题、制订教学研究计划、设计调查问卷、进行科学观察、统计分析资料和撰写科研论文的能力。

（四）教育和管理学生的技能

无论是文化理论课教师还是生产实习课教师，完成教育教学任务，都需要把几十名学生组织起来进行管理，班主任和学生管理干部更需要掌握较强的教育和管理学生的技能。教育和管理学生的技能涉及学生工作的各个方面，此处只着重介绍其中的一部分内容，还可参阅第五章职业学校学生及其管理。

1. 了解和研究学生的技能

学生管理不同于其他管理，它的目的是通过管理促进学生健康成长。因此，学生管理的前提条件是对学生情况进行深入、细致、全面的了解和认真的分析、综合、归纳。只有这样学生管理才能符合学生实际，才能有的放矢、因材施教，实现管理和育人相结合。成功的教育工作者无一不是对学生情况了如指掌，他们是学生的知心朋友，学生也喜欢把自己的心里话对他们说，愿意听从教诲和接受管理。职业学校的学生在生产实习和社会实践中，提高了自身的社会化水平，教师和学生管理干部如果对学生情况知之甚少，就主观武断地管理学生，必然会使学生产生对立情绪，增加了管理难度，更达不到培养和教育的目的。

了解和研究学生的内容包括个体和集体两方面。学生个体情况主要包括：① 学习情况，指各门课程的学习成绩及成绩变化趋势、学习态度、学习目的、学习动力、学习方法等；② 思想情况，指政治倾向、集体观念、成长经历、职业理想、人生追求、道德品质、崇拜人物等；③ 心理情况，指兴趣爱好、个性特点、智力及非智力因素状况等；④ 家庭情况，指家庭成员、经济收入、与家庭成员的关系等；⑤ 课余生活情况，指如何安排课余生活、交往范围、作息时间、生活习惯等；⑥ 身体健康情况。

学生集体情况主要包括：① 学习风气；② 舆论导向；③ 班干部；④ 班级后进成员；⑤ 集体兴趣爱好；⑥ 与其他班级的关系；⑦ 学生的一般身心特点；⑧ 存在的主要问题。

了解和研究学生的方法主要有：① 观察法。观察学生在自然状态下的行为表现，获得学生多方面的真实情况。要求教师在日常的学习、劳动、课外活动和课余生活中，应时时注意，处处留心，并做好观察记录。② 谈话法。交谈是了解学生思想的重要方法之一，有多种方式。例如，单独交谈，集体交谈；有目的交谈，无目的交谈；校内交谈，校外交谈等。教师与学生谈话时，态度要亲切、和蔼、真诚，鼓励学生敞开思想并注意教师自身语言的教育意义。③ 书面材料分析法。学生的书面材料大致有三类：一是学生档案，如入学登记表、入学成绩、学习成绩及操行评定、有关奖惩的记载等。二是班级记录资料，如班级日志、班会和团会记录、班主任评价等。三是个人资料，如个人完成的作业、试卷、总结等。书面材料是对学生过去的记载，教师要用联系和发展的眼光，认真分析书面材料。④ 调查问卷法。调查问卷是了解和研究学生的新兴方法，通过问卷调查，可以在短时间内大信息量地了解学生情况，并应用现代统计原理加以分析，在了解学生的思想、态度、意愿和心理品质时广泛应用，如测量学生的智商、性格、气质等。教师运用调查问卷法了解和研究学生情况时，应注意问卷题目的全面性和客观性，以教育学、心理学、统计学等理论为依据，从学生实际情况出发，充分考虑学生回答问题时的心理活动。目前，适用于职业学校的成套、完整、成熟的问卷还不多见，需要教师大胆创新，不断总结和积累经验，找出带有规律性的东西。

2. 组织班会技能

班会是教师与学生、学生与学生之间公开交流思想，培养学生的组织和表现能力，进行教育与自我教育的有效方式，也是培养集体舆论的重要阵地。班会活动按其性质大致可分为主题性班会、活动性班会、知识性班会、教育性班会、节日性班会以及学生自己组织的班会等六种形式。主题性班会是根据学生思想观念中存在的问题，确定班会主题，并围绕该主题开展班会活动。活动性班会是以游玩和娱乐活动形式开展的班会活动。让学生接触社会生活，在亲身参与的活动中得到锻炼。知识性班会是以开阔学生眼界和增长知识为目的，围绕新知识开展的班会，如专题讲座、设计制作竞赛、参观访问等。教育性班会是针对学生中存在的问题，如纪律问题、学习态度问题、体育活动问题等，以及为帮助个别同学而举行的班会，也可以是教师对学生进行爱国主义教育、理想教育、人生观教育、青春期教育的班会。节日性班会是以节日为主题和主要内容的班会，一般在喜悦、热闹、轻松、愉快的气氛下自由地进行。它能够放松学生情绪，增强学生间的团结，丰富学生生活，如国庆节、中秋节、元旦节等。学生自己组织的班会是学生自己设计、主持召开的班会，目的是培养学生的组织和管理能力。

组织班会要求教师做到以下几点：① 做好计划。一个学期的班会活动要有一个总的计划，包括一学期开班会的时间、主题、形式等。每一次班会也要有一个具体的工作计划，包括班会的主持、程序、内容、准备工作等。② 注意形式的变化。班会有多种形式，实践过程中应注意经常变换形式，吸引学生注意，调动学生参加班会活动的积极性。③ 引导学生参与。班会是学生的班会，教师要引导学生参加班会的设计、主持与发言，不能唱独角戏，只有这样才能发挥学生的聪明才智，达到教育、锻炼和提高的目的。

3. 处理偶发事件的技能

偶发事件是偶然发生的意外事件，指日常学习生活中预料之外发生的矛盾冲突。常见的偶发事件有课堂纠纷、同学之间争吵与斗殴、钱物失窃、损坏公物、意外受伤、师生矛盾冲突等。正确处理偶发事件，对维护正常教学和生活秩序、树立正确舆论导向和教育肇事人员都关系重大。处理偶发事件时，要求教师做到：① 冷静、沉着、慎重。情绪急躁，大动肝火，不仅无助于解决问题，反到会扩大事态，越弄越糟。② 调查研究，弄清真相，实事求是，公平公正地解决问题。教师不可偏听偏信，更不能主观武断，一切结论必须产生于调查研究之后，处理问题不能"偏心眼"。③ 启发引导学生进行自我检查、自我反思、自我教育。批评和惩罚是教育的手段而非目的，运用这种手段，学生容易产生逆反心理，比较而言，教师帮助学生分析事情发生的原因、后果和危害，引导学生自我检查、自我反思、自我教育会更加有效。④ 分析事件中的消极因素和积极因素，善于挖掘积极因素，促使消极因素向积极因素转化，把坏事变成好事。

4. 考核评定技能

教育教学活动进行到一个阶段以后，就要对学生的表现进行考核评定，其目的是使学生看到取得的成绩和存在的不足。教师对学生的考核评定对学生的成长发展具有重要意义。要求考核评定：① 具有全面性。人是复杂的，由多种侧面组合而成，不能将学生简单地分成优生、差生。对于处在成长、发展和不断变化阶段的职业学校学生来说，更不能和评定商品一样打上优、劣的标签，主观片面的评定往往导致优生骄傲自满、不求上进，后进生垂头丧气、自暴自弃。考核评定应包括培养目标要求的德、智、体、美、劳等方面，而且不仅看现在取得的成绩，还要看取得成绩的基础、态度、方法以及今后发展的方向和潜力。② 具有激励性。考核评定应成为所有学生上一阶段的总结回顾和下一阶段的"加油站"，教师的评定必须冷静客观、实事求是。对存在较多缺点的学生来说，既要看到他们的不足之处，提出改进措施，也要看到他们存在的特长和闪光点，鼓励其奋起直追。③ 具有针对性。每个学生都有其鲜明的个性特征，对他们的评价应该体现出被评价对象的特点，不能千篇一律，千人一面，应付了事。

三、职业学校教师知识结构要求

教师知识结构是国外教师研究中开始较早的研究领域之一，但至今为止，专业教师到底应该从哪些方面去构建知识结构尚没有一致的认识。20世纪80年代以后，随着教师教育研究的深入与发展，教育界开始关注教师知识的构成，而这种构成是以一个个整体的系统的结构或维度来展现的。关于教师的知识结构，中外学者各自提出了自己的看法。目前较有代表性的教师知识分类和结构观点见表4-1所示。

表4-1 代表性的教师知识结构分类[①]

作者	观点
舒尔曼	教材内容知识、一般教学法知识、课程知识、学科教学法知识、有关学习者的知识、情境（教育目的）的知识、其他课程的知识
泰默	课程的知识、学生的知识、教学的知识、评价的知识
玛科斯	学科教学目的的知识、学生理解学科的知识、学科教学媒体的知识、学科教学过程的知识
格罗斯曼	学科内容知识、学习者和学习的知识、一般教学法知识、课程知识、情境知识、自我的知识
博科、帕特南、伯利纳	教材内容知识、学科教学法知识、一般教学法知识

---

① 叶澜：《教师角色与教师发展新探》，教育科学出版社2001年版，第236页。

续表

作者	观点
考尔德黑德	学科知识、机智性知识、个人实践知识、个案知识、理论性知识、隐喻和映像
斯滕伯格	内容知识、教学法知识、实践知识
林崇德	本体性知识、文化知识、实践知识、条件性知识
叶澜	分三层：第一层是有关当代科学和人文两方面的基本知识；第二层是具备1~2门学科的专门性知识；第三层是教育科学类知识

上述教师知识结构分类可以看出教师知识类别的多样化和分类体系的多样化。基于上述多种观点，结合职业学校教师的实际工作特点，从"知识"方面的素质构成来看，职业学校教师应具备如下"知识"结构：

（一）通识性知识

通识性知识是指教师要具有相应的自然科学和人文社会科学知识；要了解中国经济、社会及教育发展的基本情况；要具有一定的艺术欣赏与表现知识；要具有适应教育现代化的信息技术知识等。

（二）课程教学知识

课程教学知识包括：教师要熟悉所教课程在专业人才培养中的地位和作用；要掌握所教课程的理论体系、实践体系及课程标准；要掌握学生专业学习认知特点和技术技能形成的过程及特点；要掌握所教课程的教学方法与策略等。

（三）教育知识

教育知识主要包括：教师要熟悉技术技能人才成长的规律，掌握学生的身心发展规律与特点；要了解学生思想品德和职业道德形成的过程及其教育方法；要了解学生不同教育阶段以及从学校到工作岗位过渡阶段的心理特点和学习特点，并掌握相关教育方法；要了解学生集体活动的特点和组织管理方式等。

（四）职业背景知识

职业背景知识包括：教师要了解所在区域的经济发展情况、相关行业现状趋势与人才需求、世界技术技能前沿水平等基本情况；要了解所教专业与相关职业的关系；要掌握所教专业涉及的职业资格及其标准；要了解学校毕业生对口单位的用人标准、岗位职责等情况；要掌握所教专业的知识体系和基本规律等。

第三节 "双师型"教师

"双师型"教师是一个颇具中国特色的概念，是基于中国特定情境下催生的一个颇具"情境性"特征的概念。[①] "双师型"教师这一概念最早出现于20世纪80年代中后期的我国教育实践领域。1990年12月，《中国教育报》刊发上海冶金专业专科学校仪电系主任王义澄的文章《建设"双师型"专科教师队伍》，自此，"双师型"教师这一概念开始进入研究者的视野。1995年国家教委颁布的《关于开展建设示范性职业大学工作的通知》中明确提出：申请试点建设示范性职业大学的基本条件之一就是要"有一支专兼职结合、结构合理、素质较高的师资队伍。专业课教师和实习指导教师具有一定的专业实践能力，其中有1/3以上的'双师型'教师。"[②]

一、"双师型"教师内涵

目前，学界对"双师型"教师的认识尚未达成共识，主要有如下几种：

（1）"双证书一体化"说。天津职业技术师范大学独创的这一概念是从培养未来适应职业学校教学需要出发而形成的，"双证书一体化"教师是既能从事专业理论教学，又能指导专业技能训练的教师。通常，在职业学校具体标准是大学本科以上学历，具有中级及以上专业技术职称，具有高级工及以上职业资格，接受过系统教学理论的培养和培训。"一体化"是"双师型"能力要求的直观表述，"双师型"要求有专业实践经历，但不一定必须具备承担实践教学特别是技能训练的能力。

（2）"双证"说。持此观点的学者认为，凡是持有"双证"（教师资格证和职业资格证）的教师就是"双师型"教师，该界定从"形式上"、能力结构上强调了"双师型"教师应具备的基本特征。

（3）"双能"说（"双素质"说）。持此观点的论者认为，"双师型"教师是既具有作为教师的职业素质和能力，又具有技师（或其他高级专业人员）的职业素质和能力的专业教师，与"双证"说内涵一致，更强调能力。

（4）"叠加"说。该观点强调"双证+双能"，既要有证，又要有能力。"双

[①] 孙翠香、卢双盈：《"双师型"教师政策变迁：过程、特点及未来态势》，载《职业技术教育》2013第28期。
[②] 国家教委.关于开展建设示范型职业大学工作的通知[EB/OL].http://cherd.pku.edu.cn/manage/texts/100161.pdf.2013-1-30。

证"是"双师型"教师的形式或外延,而"双能"是"双师型"教师的内容或内涵,两者相辅相成,缺一不可。

(5)"双职称"说。该观点既要求"双师型"教师具有讲师的职称,又具有工程师(农艺师、会计师)的职称。该观点也是从形式上强调了"双师型"教师应具有的"两栖"功能。

(6)"双层次"说。该观点认为,职业院校教师就是各级各类大中专职业院校中既能讲授专业知识,又能开展专业实践;既能引导学生人格价值,又能指导学生获得与个人个性相匹配的职业的一种复合型教师。"双层次"型教师的第一层次为能力之师,即经师(经典专业知识)+技师(精湛专业技术);第二层次为素质之师,即人师(价值引导)+事师(职业指导)。

(7)"理论+实践"说。该观点认为"双师型"教师是既能讲授理论知识,又能指导学生实践的、融独特专业知识、专业能力和专业精神于一体的教师。

(8)"多师"说。该观点统整了多种说法,认为"双师型"教师是指"经师+人师+匠师+艺师+教师+技师"。

(9)"双来源"说。该观点基于教师队伍结构而言,认为"双师型"教师是指专职教师+兼职教师。

(10)"特定说"。这一观点没有对"双师型"教师给出具体的操作定义,只是指出"双师型"的提法只有在职业教育重理论、轻实践的特定背景下才有意义。离开了这一特定的教育背景,"双师"的提法就没有现实意义,因为普通教育同样要求教师要理论联系实际,要重视实践教学。

尽管上述观点从不同侧面反映了"双师型"教师的特征,但是不能用"双证书"或"双职称"等标准简单化,也不能用难以实现的标准神秘化。实际上"双师型"教师是在教学工作中能够把专业理论与生产实践有机结合起来的教师。他们一般具有在专业生产一线工作的经验,能够胜任专业理论和专业实践教学任务。

"双师型"教师最显著的特征是把专业理论与生产实践结合起来,高效地教会学生。这不是获得几个证书或几个职称就能解决的问题,证书或职称只表明具备某种单项职业的资格或能力水平,"双师型"教师追求的是各单项知识、能力、经验的结合和综合表现,证书或职称是"双师型"教师的必要条件,但不能说具备几个证书或几个职称就是"双师型"教师。例如,某人取得教师资格证和律师资格证书,在职业学校担任语文教学任务,其教学活动中不能把专业理论与工作实践结合起来,就不能说他是"双师型"教师;某人既是讲师又是会计师,如果他在教学实践中不能把专业理论与工作实践结合起来,也不能说他是"双师型"教师。判定"双师型"教师的核心标准是看其工作表现,而不是他获得了哪些资格。这种工作表现也很难用"双素质"或"多素质"来描述,因为单项素质的简单相加,并不一定能完成综合性任务。

总之,"双师型"教师是职业学校对教师的特殊要求,他们除了要符合《中华人民共和国教师法》规定的一般要求外,还应满足以下要求:

首先,具有一定的操作能力。操作能力是指履行生产岗位职责的实践能力,是任职顶岗所必需的实用性职业技能、专业技术和技术应用能力,包括熟悉技术工作的内容要求和操作流程,掌握职业技术规范,熟练的专业技术操作能力、基本实验能力和设计能力等。

其次,具有综合职业能力,能解决生产中的实际问题。综合职业能力不仅是操作技能或动手能力,还包括知识、技能、经验、态度等为完成职业任务所需的全部内容。职业教育通常采用以横向为主的模块式课程体系,要求教师具有知识、技能的横向联系和综合运用能力。"双师型"教师既能在教学岗位完成教学任务,又能在生产岗位完成生产任务。他们是教学行家,也是生产好手,能将各种知识、技能、技术相互渗透、融合和转化。

再次,具有本专业生产一线工作经历。真实的生产过程和理论上的生产过程存在许多区别,理论上的生产过程是在理想状态下的生产,而真实的生产过程却复杂得多,受多种因素影响和制约。本专业生产一线工作经历是获得实践经验的唯一渠道,成长为"双师型"教师应该具备这样的工作经历。

最后,具有一定的组织生产经营、创业和科技推广能力。"双师型"教师除了能讲会做之外,还要具备班级管理、生产管理的知识,有较强的组织领导能力。职业教育是与产业联系最为紧密的教育类型,教师应成为沟通教育与产业的纽带,成熟的"双师型"教师要集"班主任"与"车间主任"于一身,使教学、管理与科技推广一体化。

二、"双师型"教师培养

(一)师范生的"双证书"教育

为职业学校培养师资的职业技术师范学院和其他相关院校应提供"双证书"教育,即学生获得学术性证书和职业技能性证书。许多国家都重视职教师资的学术性和职业技能性教育。日本的职业能力开发大学是一所专门培养职教师资的四年制本科大学,其办学理念是要求学生不仅要学完与普通工科大学相同的课程,而且要学习职业教育类课程,还要进行技能训练,并达到二级技能士水平。德国职教师资的培养是由教育科学(含社会科学)、职业科学(专业工作)以及专业科学三部分组成。其中职业科学约占50%;教育科学与专业科学占50%;教育科学与专业科学比例约为5:3。学生毕业前需要参加至少一年的实习工作,毕业后还要做两年的实习教师,并通过国家考试后才能成为正式的职校教师。

（二）在职教师的针对性培训的提高

目前，职业学校教师分为文化课教师、专业理论课教师和实习课教师，这种教师的分类方法从本质上把理论和实践割裂开来，造成专业理论课教师缺乏实践经验，"能说不能做"，实习课教师缺乏理论知识，"能做不能说"，不利于职业学校开展"一体化"教学，也不利于"双师型"教师的成长。因此，对在职教师的培训应根据每个人的实际情况，缺什么补什么，为"双师型"教师的成长创造条件。

（三）校企人才交流与岗位互换

职业学校应有一定比例的兼职教师，要与相关专业的工厂、农村、科研院所建立密切合作关系，定期进行岗位互换和人员交流，这是快速培养"双师型"教师的有效措施。从事教育教学的教师定期到生产、科研一线进行专业技能的学习和实践，提高专业技术水平；生产、科研一线的高水平专业技术人员定期到学校的教学岗位从事教学工作，提高专业理论水平。岗位互换，人才交流，"双师"知识和能力的交叉，可以使教师和一线专业技术人员的职业素质都能得到全面提高。

第四节 教师专业化

进入21世纪以后，我国职业教育的工作重心开始从增加职业学校招生数量向提高办学质量转移。培养一支教育观念新、创新意识强、学识渊博、技能高超、师德高尚、有较强教育教学能力和实践工作能力的"双师型"教师队伍成为越来越紧迫的任务。早在1966年联合国教科文组织和国际劳工组织就提出《关于教师地位的建议》，认为"应当把教师工作视为专门的职业，这种职业要求教师应经过严格的、持续的学习，获得并保持专门的知识和特别的技术"。教师专业化是提高教师地位和教师质量的有效途径。1996年，联合国教科文组织第45届国际教育大会指出：在提高教师地位和质量的整体政策中，专业化是最有前途的中长期策略。

一、教师专业化的含义

教师专业化是指教师职业具有自己独特的职业要求和职业条件，有专门的培养制度、管理制度和成长路径。具体包括教师教育多元化、任职资格明确化、教育教学艺术化、专业活动自由化、劳动报酬合理化五个方面的含义。

教师教育多元化是指构建多元化的教师培养体系和模式，提供多途径、多形式的在职进修机会，给教师创造参加社会实践、教学研究的条件。当前我国职业学校的教师主要依靠十几所职业技术师范学院和普通师范大学培养，随着市场经济的发展和全面推进素质教育的需要，这种定向型师范教育体系的弊端和问题越来越突出。中共中央、国务院《关于深化教育改革全面推进素质教育的决定》中提出："调整师范学校的层次和布局，鼓励综合性高等学校和非师范类高等学校参与培养培训中小学教师的工作，探索在有条件的综合性高等学校中试办师范学院。"这一决定确立了开放性的"一主多元"型教师教育体系，即拓宽了教师来源渠道。

任职资格明确化是指建立教师资格证书和教师资格认证制度，国家颁布教师职业资格标准，经考核合格者具有从事教师工作的任职资格。实现教师管理、教师资格审定、学历认可、教师标准、教师考核等管理制度化。目前，我国教师职业资格分类为幼儿园教师资格、小学教师资格、初级中学教师资格、高级中学教师资格、中等职业学校教师资格、中等职业学校实习指导教师资格、高等学校教师资格七种。教师资格条件包括中国公民身份、思想品德条件、学历条件和教育教学能力条件四个方面。申请教师资格的人员必须同时符合上述几种条件，经过法定程序申请，才能获得教师职业资格证书，这是公民获得教师岗位的法定前提条件。

教育教学艺术化是指掌握教育教学规律，高效率、高质量完成教育教学任务。教师是教育教学的专业人员，并不是只拥有学科知识就能当教师。教师职业有自己的理想追求，有自身的理论武装，有自觉的职业规范和高度成熟的技能技巧，具有不可替代的独立特征。教师不仅是知识的传递者，而且是道德的引导者，思想的启迪者，心灵世界的开拓者，情感、意志、信念的塑造者；教师不仅需要知道传授什么知识，而且需要知道怎样传授知识，知道针对不同的学生采取不同的教学策略，知道教育的宗旨是促进人的发展。

专业活动自主化是教师专业权力的体现。联合国教科文组织《关于教师地位的建议》中规定：① 教师的职业自由包括：教师在履行职责上享有学术自由，有资格对最适合于学生的教具及教法做出判断，在选择和使用教材、选择教科书以及运用教育方法方面起主要作用；教师及教师专业组织应参加新的课程、教科书及教具的开发工作；任何领导监督制度都不得损害教师的自由、创造性和责任；教师有权利对自认为不恰当的工作评定提出申诉；教师可以自由采用自认为有助于评价学生进步的成绩评定技术等。② 教师的权利包括：教师参加社会生活及公共生活应受到鼓励；教师可自由行使市民所普遍享有的一切权利，并有担任公职的资格；当其公职任期终了后，可以重返以前或与此相等的地位等。《中华人民共和国教育法》《中华人民共和国教师法》对现阶段教师的权利做了较为详细的规定，主要包括教育教学权、科学研究权、管理学生权、获取报酬待遇权、民主管理权、进修培训权等。一个国家的教师在哪些方面以及在多大程度上享有专业自主权，是由国家政治体制、社会开放程度、国民文化基础、教师专业化水平等多方面因素决定的，专业活动自主并非教育自由，不能否定和排斥国家、社会对教育的控制。

劳动报酬合理化是指教师职业具有较高的社会地位，受到人们的尊重，成为人们向往的职业。当代教育家顾明远教授指出，社会职业有一条铁的规律，即只有专业化才有社会地位，才能受到社会的尊重。如果一种职业是人人可以担任的，则在社会上是没有地位的。教师如果没有社会地位，教师的职业不被社会尊重，那么这个社会的教育大厦就会倒塌，这个社会也不会进步。

二、教师的成长历程

教师的成长是一个教师的职业理想、职业道德、职业情感、社会责任感不断成熟、不断提升、不断创新的过程，其核心是教师专业化成长历程，也是作为社会职业人的教师从接受教育的学生，到初任教师，到有经验的教师，再到实践教育家的持续过程。人们认识问题的角度不同，对教师成长阶段的划分也不相同，较有代表性的有以下几种：傅乐（Fuller，1969）提出教师发展三阶段说，认为教师在成长发展过程中，所关注的事物依次为关注自身生存阶段、关注教学内容和效果阶段、关注学生发展阶段；美国学者卡茨（Katz，1972）提出教师发展经历四阶段说，分别为求生存时期、巩固时期、更新时期、成熟时期；伯利纳（Berliner，1988）认为教师发展经历五个阶段，分别为新手教师、熟练新手教师、胜任型教师、业务精干型教师、专家型教师；费斯勒（Fessler，1985）提出教师发展经历八阶段说，分别为职前教育阶段、引导阶段、能力建立阶段、热心和成长阶段、生涯挫折阶段、稳定和停滞阶段、生涯低落阶段、生涯退出阶段。在借鉴国外研究基础上，结合我国职业学校教师发展实际，我们认为职业学校教师成长过程可以分为入门、探索、合格、优秀四个阶段，把握每个阶段的发展特点，认识和克服缺点，能够加快教师成长步伐。

（一）入门阶段

这一阶段大致包括理论学习和实践锻炼两部分，是为获得教师资格的准备时期。理论学习是指学习教师岗位所需要的教育科学理论知识，主要包括职业教育学、职业教育心理学、课程教学法等内容；实践锻炼是指运用教育科学理论，在教师岗位上进行教育实践锻炼，形成一定的教育教学能力。从时间角度看，这一时期包括职前接受教师教育和一年左右的教育教学实践。

入门阶段的主要特点：需要从学生或其他社会角色转变成教师角色，对教师职业有许多幻想并逐渐了解；教学过程中以知识教学为主，对教学内容理解不深入，常感觉教学内容简单，课堂教学时无话可说；掌握了一些教育科学知识，进行了教师职业技能初步训练，但停留在机械记忆和简单模仿层次上，没有形成灵活运用能力，教学方法贫乏，缺乏控制和管理学生的方法；在浅层次上理解并掌握了教科书中的全部内容，能够完成教科书中的习题。

入门阶段的发展建议：深入了解和掌握教师职责，增强教师角色意识；了解并遵守师德、教学、管理等常规；注意观察优秀教师的行为，多听课、多请教、多思考。

（二）探索阶段

探索阶段的主要特点：对教学工作非常认真，富有责任心和同情心，服从安排，勤奋肯干；重视教书，忽视育人；缺乏教学经验，教学中局限于教科书的内容，教学策略单一，应变能力较差，不能有效地处理偶发事件；工作的主要时间和经历用在熟悉教学内容上，关注重点集中在教学内容的科学性、丰富性、条理性上；能够从多渠道获得信息，丰富教学内容并加深理解，不能有效把握重点、难点，常常觉得许多事情都需要讲解，有话说不完；对教学内容的理解加深，不仅懂得知识原理，还知道其由来变化的始末和在实习教学、生产实践中的应用情况，并能熟练运用原理解决实际问题。

探索阶段的发展建议：结合自身特点学习优秀教师的教学经验和做法，形成自己的教学风格；经常了解生产实际情况；掌握观察和了解学生科学的方法。

（三）合格阶段

每个人的成长发展速度不同，进入合格阶段的时间也有差异，一般情况下，需要实际工作5年以上才能进入该阶段。

合格阶段的主要特点：对教育教学工作有了深入理解，只要和学生在一起，就精神振奋，不知疲倦，浑身充满朝气；能够自觉结合教学内容进行思想品德教育，能够针对学生特点因材施教，能够将书本知识和别人的经验灵活运用、变化自如，并把自己的思想感情凝聚进去，通俗易懂地表达科学知识；能够有效吸引学生注意力，教学方法恰当，灵活多样，能够根据要求在规定时间内完成任务。

合格阶段的发展建议：加强教学研究，总结工作经验并使其系统化、理论化。

（四）优秀阶段

成长为一名优秀教师，一般需要十几年的时间，需要付出艰苦的努力。

优秀阶段的主要特点：将教育工作看成是神圣的事业，在长期工作中将教育经验升华为教育理论，以促进每个学生全面发展作为教学的根本任务；形成自己独特的教学风格；关注学生的个别差异并有针对性采取措施，引导学生确定职业生涯规划，充分挖掘每个学生的潜能；能"纵向"和"横向"拓宽教学内容，懂理论，会实践，变死知识为活学问，变难为易，变抽象为具体；不再严守传统教学方法，而是根据教学实践的需要，灵活、创造性地解决问题；把课堂还给学生，像"导演"一样退到"幕后"，启发、引导、点拨学生进行学习；课堂上精讲精炼，教学效率高，教学效果好。

优秀阶段的发展建议：随着社会和科学技术的发展，职业教育教学内容变化很快，此时教师需要跟上时代发展步伐，掌握发展动态，不断完善知识结构（见表4-2）。

表4-2　教师成长阶段比较

项目	入门阶段	探索阶段	合格阶段	优秀阶段
职业角色	学习者	教书匠	教师	教育家
认识职业	就业渠道，谋生手段	社会分工的职业	为之奋斗的事业，快乐的职业	神圣事业，自我实现，创造和美的职业
教学任务	传授知识	培养能力	教书育人	促进每个学生全面发展
关注问题	其他人对自己的评价，教学活动细节	教学内容的科学性、丰富性、条理性	学生的基础、习惯和发展	学生的差异、职业生涯规划、潜能开发
教学内容	懂	透	化	深
教学方法	凭借本能教学，简单展示内容	开始进行教学设计，方法单一，讲授为主	能有效吸引学生注意力，方法恰当，灵活多样	创新方法，启发引导，创造性地处理问题
课堂行为	认为内容简单，无内容可讲	感觉内容太多，讲不完	根据要求完成任务	语言精练，以组织学生活动为主

应该注意的是，影响教师成长的因素是多方面的，教师职业生涯中并非总是正向积极的成长过程，有停滞、有低潮，甚至表现出职业倦怠、不思进取、得过且过、抗拒变革等现象。这说明教师的成长是一个复杂的、动态的、变化的过程，是教师个体回应各种影响因素的互动过程。只有依据教师成长规律和特点，给予教师适当、适时的协助、教育和自我教育，才能发掘教师的潜能，促进教师的成长。

认知心理学把知识分为两类：一是回答"是什么"的陈述性知识，它可以通过书本或教师传授获得；二是回答"怎么办"的程序性知识，这种知识又可以分为应用于经常出现的熟悉情境的技能和应用于陌生情境需要创造性的认知策略，它们必须通过教学实践和个人体验才能获得。在教师教育中学习教育理论和优秀教师经验是必须和必要的，它能使一名入门者迅速成长为一名合格教师，但想成为优秀教师，离不开自身的领悟和追求。

1. 谷群广、宋新书：《论"双师型"教师的意义、内涵和特征》，载《邢台职业技术学院学报》第18卷第4期。
2. 李向东：《中等职业学校教师职业道德研究》，载《天津职业技术师范学院学报》2000年第3期。
3. 王坍：《论教师职业的内在价值》，载《教育研究》2000年第9期。
4. 阅读有关教师管理的文件，如《中华人民共和国教师法》《关于"十五"期间加强中等职业学校教师队伍建设的意见》《中等职业学校教师专业标准（试行）》《教师资格条例》以及各类职业学校教师职务条例等。
5. 袁振国：《当代教育学》，教育科学出版社1999年第2版，第77～100页。
6. 傅道春：《教育学：情境与原理》，教育科学出版社1999年版，第68～123页。
7. 贺文瑾：《"双师型"职教教师的概念解读》，载《江苏职业技术师范学院学报（职教通讯）》2008年第7～8期。
8. 王继平：《"双师型"教师与教师专业化》，载《职业技术教育》，2008年第27期。
9. 姜大源：《职业教育必须有跨界思考》，载《人民政协报》2011年1月26日C03版。
10. 朱孝平：《"双师型"概念：过去、现在与将来》，载《职教论坛》2008年第7期下。
11. 孙建波：《"双师型"教师研究的六个特点》，载《职教论坛》2013年第4期。

简答题

1. 职业学校教师有哪些职业道德要求？
2. 职业学校教师有哪些职业技能要求？
3. 分析"双师型"教师的含义。
4. 如何理解"教师专业化"？
5. 教师的成长历程需经历哪些阶段？

拓展思考题

1. 联系社会实际，谈谈你对教师职业的认识。
2. 比较职业学校教师与普通学校教师素质要求的区别。
3. 你在哪些方面还不能达到职业学校教师的素质要求？计划如何弥补？
4. 自古就有"棍棒之下出孝子"，有人认为体罚学生也是必要的。请谈谈你的看法。
5. 你认为自己和"双师型"教师素质要求有哪些差距？

第五章 职业学校学生及其管理

学习目标

- 正确认识职业学校学生,理解其特点。
- 了解职业学生学习的特点,初步掌握激发学生学习动机、培养学生学习意志和指导学生学习的方法。
- 识记学生管理的概念,了解职业学校学生管理的基本内容,懂得如何处理学生管理中的常见问题。

职业学校学生是一个具有鲜明特点的学习群体,是现代教育活动的重要组成部分,其教育的复杂性和难度更大,只有了解学生,研究学生的活动规律,处理好教师与学生的关系,让学生健康成长,才能提高教育影响力和人才培养效益。

请扫描二维码
学习本章视频

第一节　职业学校学生分析

一、正确的学生观

学生观是对学生的基本看法，怎样认识学生就会用怎样的态度和办法对待学生，必然会影响学生的发展方向和程度。例如，有人把学生看成是被教育者加工改造的对象，教育工作中就以权威自居，常常训斥、命令学生；有人把学生看成是学习怎样生存、怎样生活的人，是学习如何了解生命、珍惜生命和怎样使生命有意义的人，其教育工作中就会尊重学生的主体地位，引导、鼓励学生发展，为学生获得成功创造条件。

结合职业教育实际中存在的问题，我们认为职业学校教师应这样认识和看待学生：

（一）技术技能人才是国家建设不可缺少的一类人才

我国经济发展不仅需要大批的高级科学技术专家，而且迫切需要千百万受到良好职业教育的中初级技术人员、管理人员、技术工人和其他各类型的城乡劳动者。劳动分工理论表明，社会人才结构是由不同层次、不同类型的人才组成，缺乏某一层次或类型的人才，就会造成人才结构比例失调，阻碍社会发展。现代教育观强调人才的多样性，原国家教委副主任柳斌指出："人才就应该是多种多样的，多种类型，多种规格，多种层次。"

我们是一个人口众多、资源贫乏的大国，在一个相当长的时期里，中国经济发展还得靠制造业牵引。但技术技能人才不足，制造能力不强阻碍了制造业发展。我国目前制造技术技能人才严重缺乏，特别是高级技工和技师等高级技术技能型人才。

（二）职校生有巨大的发展潜能

传统智力观认为人的智力以言语和数理逻辑能力为核心。20世纪八九十年代出现了多元智力理论，认为人至少有七种智力中心，即言语、语言智力；音乐、节奏智力；逻辑、数理智力；视觉、空间智力；身体、运动智力；自知、自省智力；交往、交流智力。每个人作为个体都同时拥有这七种智力，只是每项智力的发展程度和组合方式有所不同，使得每个人的发展各具特点。一般人只能在一种智力方面取得突出成就，不可能所有方面都取得成功。学生某一方面有超常表现，并不意味他在其他领域都超常，在某一方面处于劣势，也不表明他在其他方面必然差。职业学校学生和普通学校学生的差异主要在于发展类型不同，而不是智力的层次高低。职业学校学生在学术领域较弱，但并不表示他们的人生成就比普通学校学生差，职业学校学生不缺乏开拓精神和创新能力，不缺乏成功成才的必要条件，他们完全可以有辉煌的人生。或许他们在学术研究领域不能取得成功，不能成为科学家和大学教授，但是他们很可能是成功的企业家、能工巧匠、管理者……加拿大有个穷孩子叫琼尼，因为传统意义上的智商低，学校的功课总是跟不上，学校只好劝他退学。为了安慰他，学校请了一位心理学家和他谈了一次话。心理学家告诉他：工程师可能不识乐谱，医生不一定会绘画，你被劝退学了，但不等于没出息。这番话对他产生了巨大影响。后来，他常年给人家整建苗圃，修剪花草。20年后，他成为闻名全国、受人尊敬的风景园艺家。

每个人都有独特的天赋，关键在于教育者能否发现这些天赋并创造适合其发展的条件。教师应承认每一个学生都有巨大的内在潜能，要正视学生的个别差异，不要按统一标准和尺度去衡量学生，创造适合每一个学生的教育。一个学生在某一方面差，并不意味他什么都不行，重视学生的特点并以此出发进行教育，恰恰是教育的一项重要任务。教师应该用积极乐观的眼光和态度来欣赏和预见学生的天性，每一个学生都是一片有待开发或进一步开垦的土地，教育者应视之为教育的资源和财富，并加以挖掘和利用，把学生存在着的多种潜能变成现实。"头脑不是一个要被填满的容器，而是一支需要被点燃的火炬"。

（三）学生渴望得到教师的关心

受现今的升学选拔制度和人们的思想观念影响，在学术水平和考试成绩方面，职业学校的学生一般不是最优秀的毕业生，他们常有一种挫折感、自卑感，认为自己失去了上大学的机会，成"名"成"家"的愿望破灭了，前途渺茫，因此，更需要教师的关心和理解。在学生看来，教师代表了一种权威，教师的关心、理解和帮助能点燃起他们心灵中希望的火焰，唤起他们奋发向上的勇气和力量。不要轻视教师的关心。例如，能叫出新同学的名字，能说出学生的长处，能关心地询问学生亲属的情况，甚至是课堂上的短短注视，都会像一股暖流传遍学生全身。

（四）学生有受到尊重和重视的需要

传统学生观把学生看成是无知、不成熟和需要管教的个体，因此教师常采用一种居高临下的态度对待学生，要求学生尊敬和服从自己。有些教师把学生当成可以任意摆布的工具，甚至训斥、讽刺挖苦、惩罚学生，以为采用高压政策就能制服、管住学生。这种学生观带来的只能是师生关系紧张甚至完全对立，学生自尊、自信、自强的独立人格，开拓进取的意识，主动探索的精神，好奇心和创造性思维能力等，是难以得到健康发展的。

学生是独立的人，具有独立的人格和个性。每一个学生都是一个具有能动性的独立的个体，并不是教师可以随意支配的，他们有自己的头脑，对外界事物加工、改造后才能决定取舍。苏霍姆林斯基曾说："有300名学生就会有300种不同的兴趣和爱好"。尊重学生才能得到学生的尊重。

（五）职业学校学生具有较大可塑性

职业学校的学生正处于人生观、世界观形成时期，各项生理指标和心理指标迅速发展，自我控制能力较低，容易冲动。要树立正确的学生观，必须要用发展的眼光看学生。这意味着要对学生充满期待，坚信每一个学生都是社会有用之才；要认识到人在发展过程中出现一些问题是正常的，对于那些暂时落后的学生，要用符合其个性的方法教育引导他们，给他们创造成功的机会，帮助他们回到正确的发展轨道上；要认识到学生是需要帮助的，教师的责任是引导和帮助学生解决问题，不能简单地以罚代教。

二、职业学校学生特点

（一）年龄因素表现出的特点

人的发展是一个由低级到高级、由量变到质变的发展过程，具有一定的阶段性，不同年龄阶段的学生表现出特定的生理特点、心理特点和行为特点。中等职业学校学生年龄处在15~19岁，身体发育处在快速增长的第二个高峰期，各种生理机能逐步成熟。这一年龄阶段的学生充满活力，朝气蓬勃，但同时也暴露出成长过程中的许多不足，是人生中急剧变化的时期，也是确立人生发展方向的主要阶段。他们具有强烈的求知欲望、好奇心和探索精神，喜欢标新立异，敢于表现自我，容易被新奇事物吸引，时髦、追星、莽撞。由于认识水平和社会阅历的限制，他们对新事物的识别能力较差，往往凭借一时冲动决定取舍，极易被人利用。他们的义务感、责任感、友谊感、主人翁意识得到稳定发展，成人意识、独立意识、自主性逐渐增强。接受能力强，容易吸取各种知识，模仿成年人的举动。可塑性强，容易按照各种模式进行塑造。随着身体的发育成长，在心理和生理的成熟过程中，这些特点会起到很大的作用，在这一时期创新能力的发展往往为一生的事业打下了基础。许多发挥了创造才能的人，往往在儿童时期已显端倪，到青年时期就锋芒毕露了。由于对事物认识较粗浅，常常出现偏激观点和行为，情绪多变，情感不定，对反感的事情深恶痛绝，取得成绩时兴高采烈，极易出现高度兴奋，缺乏自制。

（二）教育性质表现出的特点

职业教育是一种特殊教育类型，由于培养目标、教学内容、就业前景、社会舆论等因素的影响，职业学校学生与普通学校学生有许多不同点。

1. 存在自卑心理，渴望理解尊重

当前，受传统文化的影响，社会上存在鄙薄职业教育的倾向，认为职业学校

学生低人一等。我国还处在社会主义发展的初级阶段，市场经济体制还在建设之中，各项制度还不健全，在升学、就业、收入和社会地位等方面存在一些不合理现象，生产一线劳动者常常得不到与其贡献相符的待遇。人们不是根据自身的兴趣、爱好和特长选择适合自己发展的学校，而是以考试分数为唯一标准，职业学校学生是这种升学竞争的失败者。以上这些因素使部分职业学校学生对前途无望，产生自卑和比人低一等的心理。有人对山东某市职业学校应届毕业生的抽样调查显示，有29%的人认为上职业高中没出息，打算另考高中或提前就业；31%的人认为上职业高中没前途。对淮阴高级职业技术学校的调查中，67.5%的学生把学习成绩差的原因归结为"基础差""智力差"；在回答"对于顺利完成职中学习并成为目前所学专业的行家里手"这一问题时，选择"信心不足"或"毫无信心"的同学高达73%。[①] 职业学校学生中存在自卑心理，并不等同于消沉，越是自卑，越渴望得到理解和尊重，不能容忍他人的轻视，并可能用外表的傲慢掩盖内心的自卑。

2. 学习的自觉性两极分化明显

职业学校学生内部动机的激励作用较小，学习行为依靠外因驱使比较明显。学习自觉性两极分化，部分学生开始规划自己的未来，升学、就业和成才的压力促使其反思自己的不足，他们希望通过各种途径提高自己的生存本领。职业学校中利用业余时间自觉参加各类技能培训、自学考试、成人大专、第二专业等学习的人越来越多。对另一部分学生来说，没有升学的可能性，通过父母的人际关系能够解决就业问题，也就失去了主动学习的动力。虽然学生进入职业学校存在多方面动机，但本质和主流是积极的，多数学生都能认识到前途和未来取决于自身的本领，希望通过学习增强生存本领。

3. 认识模式具有职业化倾向

职业教育是一种定向教育，从学生跨入校门那天起，其各方面的发展就无不打上未来职业的烙印，职业活动中需要的心理品质得到有针对性的培养。职业教育的目的之一就是要使学生形成职业心理品质。职业学校学生具有一定的从事某种职业活动的知识技能，并形成了与职业活动相关的认识模式，包括观察事物的角度、记忆的类型、思维与解决问题的方式、劳动与操作习惯等。心理学的理论和实践证明，人的知觉具有选择性，人们会优先知觉到自己较为熟悉的信息，优先用自己熟悉的方式知觉信息。职业学校学生具有较强的与专业特点相符的感知能力。例如，一个熟练的驾驶员可以捕捉到常人难以觉察的发动机微小的声音变化；纺织专业学生有敏锐的观察能力，能够迅速发现线结、断线和织物上的小孔，并能依靠触觉辨别织物的粗糙度。与职业活动相符的记忆类型获得发展。例

---

① 王善飞等：《职中生学习的心理障碍》，载《教育与职业》2000年第2期，第33~35页。

如，烹饪专业的学生具备较强的嗅觉、味觉记忆能力。职业学校学生的思维模式也具有职业化特点。认识模式的职业化使学生关心与本职业有关的事物，思考解决与本职业相关的问题，并渴望获得职业成就。

4. 学习态度具有实用性

职业学校学生多持有实用主义学习态度，即对学习内容的选择注重实用性，为用而学。主观认为有用的就肯学、苦学、多学，认为关系不大的就少学或不学，容易出现重实习教学、轻专业理论、放弃文化课等不良现象。重视实用知识和技能的学习符合职业教育的特点，但这里的"用"应包括当今"用"、以后"用"和未来"用"。忽视文化理论学习，不利于学生在职提高和转换职业的需要，也不符合素质教育的思想。

第二节 职业学校学生学习

学习是人类生存发展的基本手段，是贯穿人们一生的活动。学习一直是教育心理学研究中最为核心的课题。在教学活动过程中，引导学生学会学习也成为教学改革最为重要的出发点和落脚点。

一、学习的含义

"学习"这个词在日常生活中使用得很普遍，其含义也非常广泛、丰富。在经典的心理学中，动物学习也是重要的研究对象。因此，学习的概念有广义和狭义之分。作为有机体普遍存在的适应环境的手段之一的学习是广义的学习。一般定义为：学习是指人和动物在生活过程中，凭借经验而产生的行为或行为潜能的相对持久的变化。在理解学习一般定义时应注意以下几个特征：

1. 主体自身必须产生某种变化

主体自身的变化是学习是否发生的依据，只有当主体在行为上或行为倾向、潜能上产生变化，学习才发生。例如，学生从不懂勾股定理到懂得运用勾股定理解题。又如，个体从不会骑自行车到会骑自行车。

2. 一种活动过程

学习是行为功能产生变化的过程而非结果。学习是通过刺激导致学习者的内在变化，又由这种内部变化引起反应的活动。活动的结果并不是学习，活动的过程才是学习。例如，从不会开车到会开车的过程中，个体的行为和活动的变化过程是学习，但会开车只是学开车的结果，就不是学习。

3. 主体变化是相对持久的

主体变化有的是暂时性的，有的是相对持久的。暂时性变化是指一旦变化原因消失，主体就会恢复原始状态。例如，疲劳、疾病等会影响或引起主体发生变化，当休息或用药后，这种变化就会消失，这不能称作学习。

4. 变化是后天习得的

学习所导致的主体变化是后天习得的，是由主体与环境的相互作用过程产生的。那些由先天倾向或发育成熟所导致的变化则不是学习。例如，口渴喝水的行为就是先天反应，少年比儿童跑得快也不是学习。

狭义的学习主要是指人类的学习。人类的学习除了具有广义学习的一般特点外，还与动物学习存在本质的区别。第一，人的学习除了要获得个体的行为经验外，还要掌握人类世世代代积累起来的社会历史经验和科学文化知识；第二，人的学习是在改造客观世界的生活实践中，在与他人的交往过程中，通过语言的中介作用而进行的；第三，人的学习是一种有目的、自觉地、积极主动的过程。

学生的学习是在教育情境中进行的，与日常情境下的学习不完全相同，它是人类学习的一种特殊形式。学生的学习是指在教育情境中和在老师指导下，凭借掌握间接经验而产生的比较持久的能力或倾向的变化过程。其主要特点体现在：第一，学生的学习是在教育情境中，在教师有目的、有计划、有组织的系统指导下进行的；第二，学生的学习是以系统掌握间接经验为主要任务的过程；第三，学生的学习是在相对集中的期限内发展认知能力和培养品德的过程。

二、职业学校学生学习特点

（一）学习目标的职业性

由于职业学校开设的专业贴近社会已有或预测的职业，职业学校学生在入学时就已选择了自己未来的职业，学习的目的就是为将来更好地就业做充分准备。他们希望通过在职业学校的学习能掌握一定的专业知识和专业技能，从而为就业打下基础。职业学校要促进学生职业道德、职业意识、职业基础知识、职业技能、职业纪律及职业习惯等方面的发展。职业学校的教学计划、教学过程、教学方式方法、教学组织形式与生产实习等都要以就业为导向。

（二）学习过程的实践性

职业学校学生学习的目的是为将来就业做准备，也就是说在将来的职业中能够运用所学解决职业中的问题。职业学校要根据培养目标，按照不同专业的特点，组织学生参与大量的社会生产实践活动，培养学生的动手操作能力和实践应用能力。职校生既要学习基础理论知识，更要具有熟练的实践操作技能，以便解决社会生产活动实践中的问题。

（三）学习内容的专业性

中等职业学校与普通高中的明显区别就是专业性，它强调在一定的文化基础上侧重实施专业技术教育，要求职校生能够熟练地掌握本专业的基本操作技能。职业学校的教学过程主要围绕职校生专业知识的获得和专业技能的形成进行。在教学活动的整个过程中，专业知识和专业技能表现得非常突出。

（四）学习环境的多元性

职业教育的跨界性要求职业教育教学要打破单纯的学校课堂教学，跨入企事业生产生活实践。由于学生学习目的的职业性、学习过程的实践性和学习内容的专业性，决定了职业学校学生在学习期间必须通过"工学结合"，一边学习，一边实践，必须利用专业知识和专业技能参与社会实践。

（五）学习动力不足

中职学校的生源主要来自初中毕业没能考取普通高中的学生。这些学生不仅在学科学习方面落后于整体水平，而且相当一部分处于一种自卑、不自信的心理状态（自己认为比普通高中生差），这种心理极其严重，持久地影响着学生学习的精神状态和目标动力。学生产生强烈的厌学情绪，自觉或不自觉地离开学习的主流状态。他们的学习目标不明确，学习动机不充分，学习精神不饱满；敏感而自卑；自以为是却不自信；表面自主，内心却缺乏独立能力，也有雄心和抱负，却显得懒惰。

三、促进职业学校学生学习的策略

（一）学习动机的激发

动机是由人的生理需要和社会需要所引起的心理状态，是激励人去行动以达到一定目的的内在原因。学习动机引发学习行为的心理过程如图5-1所示。

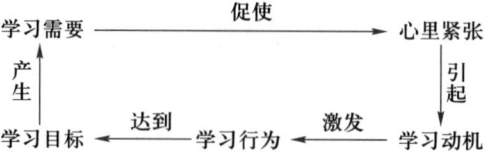

图5-1　学习动机与学习行为的心理关系

学习活动是人的行为活动，它的出现和维持同样遵循这一模式。动机是引起行为的直接因素，培养、激发学习动机的途径主要有两条：一是利用外部条件。例如，获奖、得到老师的表扬、同伴的赏识、成为"三好学生"等，称为外因性动机。一般情况下，外因性动机的驱动力较小，维持时间也不长，激发起某种动机的外在条件一旦"消失"，被激发起来的外因性动机就很难维持下去。二是培养某些心理品质，使之转化为学习活动动机，称为内因性动机。例如，学习兴趣、好奇心、自我实现、自尊心、好胜心、上进心、责任感、义务感、荣誉感、理想等。内因性动机驱动力较大，维持时间也较长。由内因性动机所引发的活动本身可以使人们获得满足，而且活动本身就是对自己的一种奖励和报酬，无需外力推动。可见，内因性动机比外因性动机更富有积极作用。

如何培养和激发学生的学习动机呢？首先，应在班级工作中对学生进行学习目的教育，使学生把专业培养目标内化为自己的学习需要，并使长远的、宏观的目标与近期的、具体的目标相结合，成为推动学生学习的内在动因，提高学习的自觉性、积极性。其次，应注意学生专业兴趣的培养。著名的物理学家爱因斯坦指出：热爱是最好的老师。学习兴趣不仅能直接促进学生主动学习，而且能使他们在学习活动中获得乐趣，产生好学乐学得积极情绪，从而进一步产生学习愿望。班级工作应围绕学生所学专业开展活动，培养学生的学习兴趣。例如，某电专业班为学生举办了电学科普讲座，向学生介绍电学史话、今日电子、电脑与机器人，学生通过生动有趣的电学故事，拓宽了知识范围，了解了电学常识及其在生产、生活中的广泛应用，端正了专业思想，增强了学习专业课程的兴趣。最后，组织学生深入生产一线，参加实践活动。书到用时方恨少，学生在实践中碰到挫折，才会感到自身知识、技能与实际需要的差距。班主任和科任教师通过组织学生参观访问、生产实习、科技咨询、社会服务等实践活动，发挥学生已有知识技能的作用，让学生体会到为社会做出贡献后的喜悦，同时发现自身的不足，激发起进一步学习的愿望。例如，让农校学生参加农村星火计划、科技咨询或每班单独负责一块实验田的实验任务，给学生应用与检验知识的机会，必将强化学生的学习动机。

（二）学习意志的培养

意志就是人自觉地确定目的，并根据目的的支配，调节行动，克服困难，实现目的的心理过程。学习是由经验或练习引起的个体在能力或倾向方面的相对持久性的变化。这些变化是内部的，不能直接观察，但是可以根据外部行为加以检测。

学习中会遇到遗忘、倦怠、不能理解等情况，学生需要根据学习目的去调节自己的行为，用意志去克服学习中所遇到的困难。学习过程中的意志是人们为了实现某种学习动机支配自己的行动，并克服内外障碍的心理活动。其作用，一方面表现为学习动机经常战胜不愿学习的动机；另一方面表现为排除障碍，坚持学习动机所引起的决定，并积极、努力地行动，实现学习的目的。例如，有的学生有了学习目的，也有实现这种目的的愿望，但由于意志薄弱，不能做出相应的行动，有的虽然有好的开始，但由于缺乏毅力，不能坚持到底。只有当学生确定一种比较稳定的有关学习方面的意志之后，他才能不以外部环境的影响为转移，而以内部的意志来调节和控制学习过程。这时学生的意志力就达到了一个较高的水平。

学习与意志有紧密的联系，能维持高效率学习的意志具有以下特征：

1. 自觉性

自觉性是指对自己的行动目的有清楚而深刻的认识，并能按照目的调节和控制行动，以达到既定的目的。有自觉性的人能积极主动地去学习并完成任务，能够把自己的热情和力量都投入到学习中去，即使遇到困难，也不气馁。有自觉性的人，同时也具有独立自主性。他既能倾听和接受合理建议，又能坚持真理，不怕困难。

2. 果断性

果断性是指善于在遇到困难时辨别事物的真相，并迅速做出正确的决定和采取积极行动的意志品质。缺乏果断性的人，表现为优柔寡断。

3. 自制性

自制性是善于控制和协调自己行动的意志品质。也就是既能克制自己的情绪和冲动，表现出应有的忍耐性，又能使自己排除干扰及时坚决地执行决定。有的学生学习时常常心不在焉，不能专心学习下去。不能控制自己的激情与冲动，对自己的行为不加约束，是意志薄弱的一种表现。

4. 坚持性

不屈不挠地把决定贯彻始终的意志品质称为坚持性。具有这种品质的人，在学习过程中能够长时间地保持充沛的精力和毅力，实现既定的学习目标。特别是在挫折面前，能否排除困难和阻力，坚持到底，就看他有没有韧性即坚持性。对真理的不断追求，是从事任何创造工作不可缺的品质。

意志的各种品质在一个人身上往往是相互渗透、相互结合，形成不同的类型，对学习的影响或在学习过程中表现出来的行为就不同。例如，有些人缺乏远大的志向，学习不努力，得过且过，只求能拿到一张文凭；有的人自制力较差，不善于控制和约束自己的行为，主要表现为学习精力不集中、纪律性不强、害怕艰苦等。这些都说明学生的意志品质有待于锻炼。在学习的过程中，学生应分析自己的意志类型及特点，善于看到并发现自己的优点，积极地指导自己的学习。同时，也要发现自己的不足之处，克服自己的缺点，自觉锻炼坚强的意志品质，以提高学习成绩。学习中应具有很强的开拓性和进取精神。意志与学习之间关系密切。有了坚强的意志，我们的学习就有了目的性，我们就有坚强的毅力与勇气去克服学习中所遇到的困难。每一个人在学习上都不可能一帆风顺，每一个人都应当自觉与困难做斗争锻炼自己，使自己战胜"痛苦"的学习，成为生活的强者。

（三）学习方法的掌握

古人就有"工欲善其事，必先利其器"的说法，这里所提到的"器"，除了指工具外，还包括工作的手段、途径、工作方案、工作计划、安排等方法性的条件。

学习方法是指学习者为了达到学习目的而采取的手段、方法、途径和策略等。有效的学习方法应该具备六个方面的特征：科学性、目的性、程序性、功效性、实践性和独立性。科学性是指学习方法的选取和制定要有一定的科学依据，确切地讲，任何科学的学习方法都要根据学习活动的内容、形式、环境以及学习者自身的身心特点来制定或选择。学习方法的选取要符合学习的规律和学习者的特点。目的性是指学习方法要有所指向。其实，学习方法的目的就是学习活动的目的。程序性是指学习方法的操作性。科学的学习方法应该是具有可操作性的。功效性就是学习方法的有效性和效率问题。科学的学习方法应该是行之有效的。如果方法没有效果，只能说明方法不科学或至少是不适合。实践性是指科学的学习方法应该是在具体实践中总结得来，接受过实践的检验。独立性是指对于不同个体的不同学习任务，学习方法应该是多样性的，彼此之间表现出一定的独立性。

学生升入职业学校后，学习内容、要求、进度以及教师的教学方法都发生了很大变化，学生需要调整以前的学习方法，适应新的需要。在教学活动中，教师常常思考自己如何教，而忽视了学生如何学。往往由于缺乏正确有效的方法，而使学生的学习效率低，跟不上教学进程。我国学者在对学生厌学行为的归因研究中，把"不会学习，没有学习习惯"排在导致学生厌学的15种因素之首。指导学生掌握学习方法是和教师教法同等重要的问题，应引起学校领导、班主任和科任教师的高度重视。陶行知指出："我认为好的先生不是教书，不是教学生，乃是教学生学。"开展学习方法指导，是现代教育思想的贯彻，学生掌握了学习方法，能够提高学习效率，把学生引到"会学习→学的好→爱学习→学得更好"的良性循环轨道上来。学校和教师可安排一定时间为学生举办学习方法讲座，向学生系统传授学习的理论和技巧，也可以组织学生相互交流学习经验，取长补短，更主要的途径是教师结合教学内容有意识地传授学习方法等。

第三节 职业学校学生管理

一、学生管理的含义

（一）管理与学生管理

管理是人类社会最古老、最普遍的现象之一，自从有了人类社会，就有管理活动。一群人在一起劳动、生活，就需要一定的行动规则，需要有人制定、执行、监督这种规则，这样才能保证群体有稳定的生活秩序和高效率的生产劳动。我国古代典籍《周礼》中出现过关于行政管理制度和责任制度的具体叙述，《管子·弟子职》是春秋时期稷下学宫关于学生的管理规定，是我国历史上最早的学生守则。其他古代文明中，如古巴比伦、古希腊、古埃及等，也有许多人类管理活动的记载。

关于什么是管理，有不同的解释：管理是"这样的一种活动，即它发挥某些职能，以便有效地获取、分配和利用人的努力和物质资源，来实现某个目标"；[1] 管理是"为在集体中工作的人员谋划和保持一个能使他们完成预定目标和任务的工作环境"；[2] 管理是"以最少的时间、金钱、原材料或最少的代价"[3] 来达到目标。《教育大辞典》（1990年）认为，管理是对一定系统的人、财、物、事等进行计划、组织、指挥、协调、控制的过程，即组织共同劳动，协调个人行为，执行群体职能的活动。

管理有多种类型，学生管理是从管理对象角度分类的一种管理类型，是对学生的管理活动，即为高效率地实现学校培养目标，对学生的活动进行计划、组织、指挥、协调、控制的过程。

学生管理是学校管理的重要内容。职业学校的办学目的就是培养教育学生，使之成为生产一线的合格劳动者。学生是学校的"产品"，学校全部工作都是围绕培养学生展开，学生管理是对"产品"的质量控制。事实表明，优秀班主任能使一个乱班转化为优秀班集体，为学生成长创造良好条件，学校管理中不能忽视对学生的管理。

学生管理是学校教育教学正常开展的保证。缺乏秩序的群体，任何事情都无法高效率完成。学生是教育教学活动的参与者，管理好学生，课堂教学才能保证质量，实习劳动才能顺利开展，日常生活才能正常进行。

管理也是一种教育，管理是影响学生成长的重要因素。学校教育不仅要传授

---

[1] 丹尼尔·A.雷恩：《管理思想的演变》，孙耀君等译，中国社会科学出版社1986年版，第2页。
[2][3] 哈罗德·孔茨：《管理学》，黄砥石等译，中国社会科学出版社1987年版，第11、13页。

科学文化知识和生产技能，还需要注意学生思想观念和行为习惯的养成。管理是育人的重要手段，一所好学校，除了要具备良好的硬件设施，还要具备包括学生管理在内的软件环境。学生在接受管理、参与管理和自我管理中得到教育和锻炼，形成符合职业活动需要的品质和习惯。

（二）学生管理中的误区

1. 谁来管，学生管理的主体问题

回答这一问题时，有些人把学生管理主体单一化，错误地认为管理学生是学校领导、学生科人员和班主任的事，普通教师教好课就行了，不需要管理学生。有些教师一出现课堂秩序混乱，就去请班主任来管理的事例。其实学生管理的主体是多元的，有学校外部的教育行政部门、接收学生实习的企事业单位、家长、社区等；有学校内部的领导、学生管理专职干部、业务管理部门、班主任等具有明确管理学生职责的人员；还有学校每一个教职员工以及学生自身。当然各个主体的职责和任务是不同的，普通教师应根据学校的培养目标和对学生的管理要求，在自己的工作过程中组织管理好学生，完成自己的工作任务。只有每一个教职员工承担起学生管理的职责，做好专职管理人员的助手，才能弥补专职管理人员在管理时间和空间上的不足。

2. 管什么，如何处理管理内容问题

学生管理涉及学生校内、校外、学习、生活的方方面面，可以说包括与学生有关的一切内容。有些人错误地认为对学生管得越多、越细、越具体，表明自己工作越认真，对学生发展越负责任。职业学校学生已经具有一定自我管理能力，将一部分内容交给学生自己管理或自我约束，是培养和锻炼学生的有效方式。职业学校学生走向社会后，将独立生活和独自处理问题，领导和教师必须做到有所为有所不为，管得越多学生的依赖性就越强，不利于学生成长。好的管理不需要管，所有事情都能自动完成，职业学校学生管理工作应逐步从低级的教师管理，到学生自我管理，教师指导监督，再到高级的学生自治过渡。陶行知先生十分重视学生自我教育与自我管理问题，他强调"德育注重自治，智育注重自学，体育注重自强"，并主张"为学生预备种种机会，使学生能够大家组织起来，养成他们自己管理自己的能力"。[1] 学校是社会的雏形，其中存在着基本的人际交往和社会联系，学生在集体生活中进行着社会角色的学习。学校应根据职业学校学生的身心特点和具体情况，为每一个成员的发展提供锻炼机会。

3. 怎样管，学生管理方法问题

有人错误地认为，管理就是"限制"，管理的方法就是"违者严惩"。学生管

---

[1]《陶行知文集》，江苏人民出版社1981年，第18页。

理不同于社会管理、职工管理等其他管理形式，它的目的是通过管理最终使学生得到教育。对于学生管理来说，管理就是"疏导"，关键是解决学生的思想认识问题，把握发展方向，知道行为边界。职业学校学生处于生理和心理的快速发育期，容易冲动和产生逆反心理，学生管理中要坚持正面管理为主，应说服而不能压服，应疏导而不能强制，应正面教育而不能简单粗暴。

二、学生管理的主要内容

（一）思想管理

思想管理本质上是思想教育，即培养学生树立正确世界观、人生观、价值观，端正职业思想的教育过程，主要包括理想教育、道德教育、遵纪守法教育、心理健康教育等方面。

1. 理想教育

职业学校学生的理想按其内容可分为人生理想、职业理想、道德理想等多种。职业学校的理想教育侧重点是人生理想和职业理想的教育。

人生理想是关于人生目的、意义和追求的看法、态度和行为趋向。它在人生过程中逐渐形成，并有相对稳定性，主要内容包括：人为什么活着？人活着有什么意义？应该做一个什么样的人？什么样的人生才有价值？等等，也就是人生观。职业学校的学生正处于人生理想逐步形成和确立的阶段，教师、班主任应抓住这一关键时期，运用多种手段使每一个学生形成正确的人生理想。

职业理想是学生对未来职业的期望。职业学校的学生已经具有明确的职业方向，班级管理中应加强职业定向教育，帮助学生了解社会需求，并使之认识到职业只体现社会分工的不同，没有高低贵贱的差别。只要干得好，无论从事什么职业都会受到社会尊重。当前，部分职业学校学生的专业思想不稳定。例如，有人在对天津市职业学校在校生职业观的调查中发现，只有12.4%的学生认为自己理想的职业和现在所学专业完全一致，42.9%的学生认为基本一致，认为不一致的占44.6%。[①]可见稳定学生的专业思想，加强爱岗敬业教育，应成为现今学生思想教育的重点。

2. 道德教育

职业学校的道德教育重点包括公民道德教育和职业道德教育两部分。

公民道德教育是培养学生遵守当今社会生活中的道德准则和道德要求，其内容涉及爱国主义、集体主义、革命理想、唯物主义世界观、文明行为习惯、劳动

---

① 《中国教育报》1997年4月2日。

观念、民族传统等。职业道德是在特定职业范围内的特殊的道德要求，是公民道德在职业活动中的具体体现。三百六十行，行行都有自己的职业道德。职业学校的教师应结合专业课、实习课教学，向学生传授特定职业的道德规范，促使学生养成正确的职业道德认识、道德情感、道德意志、道德行为、道德信仰和道德习惯，全面提高学生的职业活动素质。

3. 遵纪守法教育

纪律是一个集体为维护其利益，保证工作的正常进行而制定的规则、条文。法律是为维护社会关系和社会秩序，通过一定程序制定的规范社会活动的行为规则。纪律和法律都具有强制性，要求被约束对象必须依此规则行事。俗话说，没有规矩不成方圆，社会的稳定，事业的成功，离不开法律和纪律的保证。加强遵纪守法教育，必须使学生正确认识民主与法制、自由与纪律、权利与义务、法律与道德间的关系，养成自觉遵守纪律和依法办事的习惯。

4. 心理健康教育

现代医学认为，健康的含义包括生理健康和心理健康两方面。我国学校长期以来忽视学生的心理健康问题，对学生常见的生理、心理、学习障碍等问题缺乏有效的指导。据抽样调查，发现当代中等学校学生中30%左右的人存在不同程度的心理问题，其中初中生13.76%，高中生18.79%有严重心理障碍。主要表现为喜怒无常，情绪不稳，自我失控，心理承受能力低；意志薄弱，缺乏自信；学习困难，考试焦虑，记忆力衰退，注意力不集中，思维贫乏，学习成绩不稳；存在偏执人格和反社会人格等。另外，还有相当一部分学生存在应付挫折、人际交往、青春期心理适应、休闲与消费等方面的困扰，并表现出种种不良行为，如打架、骂人、说谎、吸烟、喝酒、赌博、考试舞弊、厌学、逃学，严重的甚至出现自伤或伤人现象。心理健康教育的目的是提高学生的心理品质，增进学生的心理健康，开发学生的心理潜能，培养学生的健全人格。心理健康教育手段有多种，如主题班会、专题讲座、组织活动、心理测试、心理晤谈等。心理健康教育涉及心理学、行为科学、社会学、教育学等多种学科理论和技能，它不同于一般的科学文化知识、生产技能和思想品德教育。在实施心理健康教育的过程中必须注意：心理健康教育不是说教，是聆听；不是训诫，是接纳；不是教导，是引导；不是控制，是参与；不是侦讯，是了解；不是抑制，是疏导；不是作秀，是真诚；不是表面服从，是内心转化。

（二）日常行为管理

行为管理是对学生外在行为表现进行控制的过程。思想是行为的基础，怎样想才会怎样做，行为管理和思想管理有密切联系和一致性。实践活动中两者常常融为一体，管思想就是管行为，管行为必须管思想，晓之以理，导之以行。但两者的工作着眼点和工作方法又有区别，行为管理是对学生外在行为表现进行控制，常采用惩戒的办法进行管理；思想管理是对学生内在心理活动的控制，常采用说服教育的办法。

职业学校学生行为管理的主要内容是使学生养成文明行为习惯。文明行为不仅反映一个人的精神面貌，而且也反映一个民族的文化素养和一个国家的社会风尚。文明行为主要包括讲究卫生、仪表整洁、举止文雅、大方得体、礼貌待人、爱护公物、关心他人、遵守秩序等。加强文明管理是社会主义精神文明建设的重要内容，也是塑造产业工人和其他劳动者形象的重要手段。

（三）组织管理

组织管理包括建立组织、制定规章和选拔干部三项内容。根据系统论的观点，结构决定功能。学生管理组织机构的设置是否合理，以及各机构是否能正常履行其职能，决定了学生工作质量的优劣。职业学校学生管理的组织有三种，一是由教务处（科）和学生处（科）负责，通过班主任管理的学生班级组织；二是由团委管理的学生会组织；三是由团委、学生会和其他专业部门管理的学生社团组织。

在学校、班级、学生会、团队组织或其他学生团体中担任一定职务的学生称作学生干部。学生干部是学生群体中涌现出来的具有代表性的人物，他们最积极、最活跃、最具有主动精神，是开展学生工作的得力助手。因此，做好学生干部的选拔培养工作是组织管理的重中之重，也是做好组织工作的关键。

（四）学习管理

学习管理是指通过学校各级管理工作，维护正常学习秩序，激发学生学习动力，促使学生更好地完成学习任务。职业学校学生学习管理较复杂，按学习地点分有校内学习和校外学习；按学习内容分有理论学习和实践学习；按学习场所分有在教室的学习和在实习工厂的学习；按教育者分有本校教师和实习单位师傅。搞好学习管理的核心和重点是营造学习氛围，形成良好学风。学风是衡量一所学校校风好坏的主要尺度，优良的学风能使学生在耳濡目染中接受良好的教育和影响，并潜在地影响学生的当前行为和日后发展。

（五）技术推广管理

技术推广管理是指组织学生利用所学的知识和技能，传播新技术、服务社会的活动。主要包括宣传、示范、咨询、服务等。主要目的是使学生将理论知识与实际应用相结合，加深对所学内容的理解，并把科学技术转化为直接生产力，使学生看到知识的价值，稳定专业思想，调动学习积极性。技术推广是学生面向社会，综合运用所学知识解决实际问题的过程，也是检验办学质量，提高学校知名度的重要手段。要管理好这项工作，首先应做好学校内部的组织协调和技术准备工作，向社会展示学校最佳的整体形象和最强的技术实力。其次，应做好学校外部的组织协调工作，结合社会需要，找准合适项目，争取各方支持。最后，要做好人员的选派、组织、教育以及物资保障等工作。

（六）生产劳动管理

生产劳动管理是指学生管理者通过各种形式的生产活动、劳动教育和劳动锻炼，使学生树立劳动观念，养成劳动习惯。例如，社会的各种义务劳动、校园建设劳动、班级内部的打扫卫生劳动等。搞好劳动管理需对学生做好劳动目的、劳动安全、劳动纪律教育，并做好劳动工具管理。

三、学生管理中的常见问题

（一）正式群体与非正式群体问题

正式群体是根据一定的章程组织起来的，由上级组织明确承认的群体。班级正式群体是在学校行政部门、班主任和有关教师的领导下，按一定制度组织起来的学生群体。它有固定的成员，群体成员有规定的权利和义务，有明确的职责分工，有一定的组织纪律，其活动直接联系着班级工作目标，如班集体、共青团、板报小组、文体小组、学科小组等。

非正式群体又称自然群体，是自发形成的群体。其成员之间的相互关系带有明显的情绪色彩，以个人之间的好感、情趣为基础。例如，情感的融洽，观点的一致，某种兴趣的相近，活动配合的需要，发展的互补等，都可能产生非正式群体。这种群体成员也有一定的相互关系结构和规范，但没有明文规定，群体会自然产生领袖人物，他们的行为由群体中自然形成的规范进行调节。

学校中的非正式群体从不同角度可以划分为不同类型。就其结合点的性质来划分，有四种类型：① 利益型。其成员以共同利益、得失为基点结合在一起。② 兴趣型。其成员以相同的兴趣为基点结合在一起。③ 信仰型。其成员以对外界某种事物或人物的崇拜依托结合在一起。④ 相似型。其成员以某些相似因素结合在一起。就班级非正式群体与正式群体的关系来划分，有三种类型：① 亲班级型。他们赞同班群体的目标和规范，有的非正式群体中的核心人员同时也是班集体的骨干力量，这种非正式群体对班集体的凝聚力和舆论的形成会产生积极影响。② 偏离班级型，他们不关心班级群体，只关心自己的小群体，班级活动适合自己需要就积极参加，反之，则貌合神离，接受班级规范的约束是勉强，容易出现不守纪律行为。③ 反班级型。他们与班集体在感情上处于对立状态，他们的结合点往往是在班集体生活中受到某些挫折和歧视。

（二）学习态度问题

学习态度是指学生对学习对象和学习活动所持有的一种持久而稳定的心理倾向。包括认知、情感和意向三方面因素。认知因素是指学生对学习活动所具有的社会意义的认识、理解和评价，其中包括组成学习活动的对象，如教师、课程设置、教材与教法、学习环境和设备等。情感因素是指学生对学习活动的情绪反应和对专业学科的喜爱或厌恶，对教师的尊敬或轻视，对生产实习的热情或冷漠。意向因素是指学生对学习活动的意欲所表现出来的行为，即他将怎样去学习这门学科。

学习态度在学习活动中起重要作用。学习态度一经形成便对学习对象产生某种固定看法和情感体验，影响着学生的职业定向和学习内容。学习态度不同，学习中遇到困难和挫折后的表现也不同。学习态度是维持学习行为的重要因素。学习态度积极与否会直接影响学习效率。当学习材料与学习态度相吻合时，就容易吸收、同化、记忆，学习效率也随之提高。

学生管理要为学生形成良好的学习态度和改变不良态度创造条件。首先，应大力提倡，积极引导，形成良好的外部环境。学习态度一旦形成就具有相对稳定性，改变学习态度非常困难。因此，从学生入校开始，就要注意学生的学习态度问题，在教育、教学、班级管理中优化外界环境，引导学生形成良好的学习态度。其次，要做好思想政治工作，发现问题，及时扭转。最后，要运用学校和班级的规章制度、公约和守则，规范学生行为，并通过思想教育，逐步内化为学生自己的态度。

（三）学业不良学生的转化问题

学业不良学生是指达不到教学目标要求，完不成学习任务的学生。一个班级中常常会有几个学业不良的学生，有些教师认为他们天生"蠢笨""朽木不可雕"，放松了对他们的教育，甚至斥责、挖苦他们。这更加重了这些学生的心理负担，导致他们不求上进，破罐子破摔。做好学业不良学生的转化工作关系到班级的整体形象，是班级工作的重要内容。

学业不良学生的成因非常复杂，既有自身的智力因素、非智力因素，以及生理因素，也有外界的教育因素、家庭因素、社会因素。日本学者北尾伦彦认为，造成学生学业不良的最直接原因是学习活动失败、基础学习欠缺以及不正确的学习态度和学习习惯，这些都是由于教学内容和教学方法不当造成的。苏联教育家巴班斯基曾对3 000名学业不良学生进行过调查，发现其成因是多方面的，其中70%与教育因素有关。可见，学生学业不良是教育的失败，学校和教师有不可推卸的责任。

转化学业不良学生是一项复杂的系统工程，需要班主任配合科任教师共同开展，协调好学生与学校管理部门、家庭、社会之间的相互关系，为学生的成长创造良好的外部条件。在班级内部工作中应做到：分析成因，找出问题，对症下药，耐心帮助；注意非智力因素培养，指导学生学习方法；自我反省，改进教学。

(四)后进生问题

所谓后进生,主要是指那些思想品德也即言行表现比较落后的学生。这种学生虽然为数较少,但对学生管理工作的成效影响很大,做好他们的转化工作对个人、集体、家庭以及社会都具有重要意义。

第一,分析原因,对症下药。后进生的形成,原因是多方面的,既有外部的原因,也有内部的原因,有的是单一因素影响,有的是综合因素影响。主要来自于社会、家庭、学校教育和个体的自身因素。后进生在心理上存在着这样一些矛盾:有强烈的自尊心而得不到尊重的矛盾,有好胜心而品尝不到成功喜悦的矛盾,有个人的某些合理需要而得不到满足的矛盾,要求上进与意志薄弱的矛盾。学生管理者只有找准了原因,对症下药,才能收到较好的教育效果。

第二,以关心、爱护的态度对待后进生。如何对待后进生,在实际工作中存在两种不同的态度。一种态度是视后进生为"祸害"和累赘,因而对他们反感、歧视、嘲讽、放任自流。另一种态度是不反感,不嫌弃,真诚、耐心、持久地帮助他们。对待后进生要做到以帮助取代厌弃,以接近取代疏远,以信任取代怀疑,以关心取代埋怨。

第三,要善于发现其"闪光点"。要运用矛盾转化的规律,发扬积极因素,克服消极因素,化消极因素为积极因素。要注意发现后进生身上积极的因素,找出"闪光点",因势利导地加以教育。

第四,要持之以恒,正确对待反复。反复是后进生思想转化过程中带有普遍性的现象。后进学生思想上的反复,并不是简单的重复,不是退回到原地。在出现反复以后,他们也不是心安理得的。管理者要树立信心,保持耐心,深入研究出现反复的原因,激励他们克制自己,做到少反复或不反复。

1. 崔景贵:《职业教育心理学导论》,科学技术出版社2008年版,第102~195页。
2. 曾玲娟:《职业教育心理学》,北京师范大学出版社2010年版,第72~116页。
3. 齐学红、马建富:《职业学校班主任》,南京师范大学出版社2007年版,第19~52页。

简答题

1. 学习的特征有哪些?
2. 概述职业学校学生的学习特点?
3. 学生管理的内容有哪些?

4. 如何区分正式群体和非正式群体？

5. 后进生转化的主要策略有哪些？

拓展思考题

1. 职业学校教师应树立什么样的学生观？
2. 职业学校学生有哪些改进学习的措施？
3. 分析某一后进生的成因并探讨转化的方法。
4. 针对职业学校学生特点，你认为职业学校、家庭、企业、社会应如何形成培养合力？
5. 案例[①]：

王老师上课时，发现男生周某与女生韩某有对视现象，经过几次观察，发现这两个学生确有早恋现象。于是王老师决定先找男生周某谈谈，经过耐心的询问诱导，周某对此事"供认不讳"。王老师与他谈了早恋的危害，说明求学期间应以学习为主，应该正确处理与异性同学的交往，等等，情辞恳切，期待殷殷，周某非常感激老师，表示一定要好好学习，听老师的话。

可没过几天。周某发现班上所有同学都用异样的眼光看着他，有的还对他指手画脚，个别调皮的甚至朝他喊，"哥们，了不起呀"，周某气冲冲地去找王老师反映。刚到门口，就听到王老师正在和其他几位教师谈论此事。周某气愤地推开门，和王老师吵了起来。

从此，周某情绪低落，和其他同学渐渐疏远，王老师几次找他谈话，他都置之不理。

问题：你怎样看待学生恋爱问题？如何评价王老师的做法？

---

① 贾敬海：《正确看待学生早恋问题，尊重学生隐私》，载《天津教育》2002年1期，第32页。

第六章　职业学校专业与课程

学习目标

- 了解专业的含义。
- 掌握专业设置的基本原则。
- 识记课程的概念与特点。
- 掌握职业学校课程开发的理论基础。
- 了解职业学校课程开发的一般程序。
- 了解职业学校课程改革趋势。

职业教育适应社会发展的需要，表现在学校数量、办学层次、学生质量等多方面，其核心和根本问题是专业设置与课程建设。合理的专业设置和课程安排，直接关系到职业院校能否有效发挥职业教育的功能，以及学校的办学特色与办学效益。专业设置是教学工作的逻辑起点，它影响着学校培养方案和课程标准的制定、师资及资源的配置、教学设备以及其他教学条件。专业设置和课程建设是发挥学校功能的承载性因素，事关学校的生存、兴衰、发展和声誉。

请扫描二维码
学习本章视频

第一节 职业学校专业设置

一、专业设置概述

（一）职业和专业

职业一般泛指用以谋生、有金钱酬劳的工作，具有较大的包容性。而专业是指一群人从事一种专门技术的职业，这种职业需要特殊的智力完成，具有较强的技术性。例如，工程师、审计师、会计师、医生等。可以说，专业首先是一种职业，但与职业不同的是基于一种专门技术的职业。因此，职业是在学习培训的基础上，通过反复操作获得经验和技巧并具有从业资格的工作。而专业是在接受高等教育的基础上，通过心智和判断力的发展获得专业知识和技术并需经专门机构严格控制从业资格的专门性职业，充分成熟的职业是经过国家特许的专业人员才能从事的职业。

职业与专业是两个既相互联系又相互区别的概念。专业不同于职业，那么，如何区分职业与专业的不同点呢？1948年美国的教育协会提出了专业的8条标准[①]：

1. 含有基本的心智活动；
2. 拥有一套专门化的知识体系；
3. 需要长时间的专门训练；
4. 需要持续的在职成长；
5. 提供终身从事职业的生涯或永久的成员资格；
6. 建立自身的专业化标准；
7. 置服务于个人利益之上；
8. 拥有强大的、严密的专业团体。

但是，专业与职业还是具有密切联系和对应关系的，职业活动中需要的知识与技能常常通过专业教育取得，专业的培养目标和职业对从业者的职业资格要求具有一致性；专业的教学实施尤其是实践性教学的实施与职业的劳动过程、工作环境和职业情境方面具有一致性；专业的社会声望与职业的社会地位具有一致性。但专业不等同于职业，两者区别表现为：

1. 一个专业常常可以覆盖多个职业

学校教育要满足社会对不同类型人才的需求，是不是每一种职业都要设立一个专业呢？实际上职业和职业之间有许多共同性，专业的数量远远少于职业的数量。世界各国职业和专业的数量不尽相同，职业的数量一般在几千到上万个，

---

① 教育部师范教育司：《教师专业化的理论和实践》，人民教育出版社2010年版，第33~34页。

职业教育设置专业的数量一般在200~300个，不会超过千个。一个专业可以覆盖几个职业，我们把覆盖职业较多的专业称为"宽专业"，把覆盖职业较少的称为"窄专业"。教育部2000年颁布的《中等职业学校专业目录》，将专业分为农林类、资源与环境类、能源类、土木水利工程类、加工制造类、交通运输类、信息技术类、医药卫生类、商贸旅游类、财经类、文化艺术类、社会公共事物类和其他类等13大类，470个专业。根据劳动部1999年颁布的《中华人民共和国职业分类大典》，我国职业分为8大类，66个中类，413个小类，1 838个细类（职业）。随着社会发展劳动部以后又增加了一些职业。比较两者，发现职业教育专业粗略看可以覆盖职业分类8大类中第二、三、四、五、六类。

2. 专业常常和学术问题相联系，职业常常和劳动问题相联系

人们在谈论专业时，常涉及学科、知识体系、能力等，在谈论职业时常涉及工作对象、工作地点、劳动手段、岗位等。

为满足社会对各类人才的需求和学生就业需要，我国职业教育划分专业培养人才。我国学校有众多专业名称，分类角度不同，其含义也有差异。依据技术构成划分专业，如电子工程、机械制造等，一个专业相当于一项在生产中独立应用的技术类型；依据职业岗位划分专业，如护士、会计等，一个专业相当于一个职业活动。

（二）学科和专业

专业的最初用法，源于社会上与一般的职业相对应的"专业性职业"(professional occupation)一词，社会上从事专业性职业的人被称为专业人员。在教育上，"专业"一词是"指高等学校或中等专业学校根据社会专业分工的需要设立的学业类别"。学科是指一定的科学领域或一门科学的分支，具有比较系统、完整、独立的理论体系。学科门类是对具有一定关联学科的归类，是授予学位的学科类别。2011年3月，国务院学位委员会和教育部颁布修订的《学位授予和人才培养学科目录（2011年）》，规定我国分为哲学、经济学、法学、教育学、文学、历史学、理学、工学、农学、医学、军事学、管理学、艺术13个学科门类。为了传授这些专业性的文化科学技术知识，高等学校以学科为依托，根据社会职业分工的需要，分门别类地设置专业来进行教育教学。这也就是我们所说当代学科、专业、课程间的内在逻辑关系，其核心是知识和技术。

首先，从学科的角度看，学科是构成专业的基础，专业依托学科而产生。在教育上，专业是指高等学校或中等专业学校根据社会分工的需要设立的学业类别。而事实上，正如德国物理学家马克斯·普朗克（Max Planck）指出的："科学乃是同一整体，将科学划分为若干不同领域，与其说是由事物本身的性质决定的，还不如说是由人类认识能力的局限性造成的。其实，从物理学和化

学，通过生物学和人类学直到社会科学，这中间存在着连续不断的环节。这些环节无论在哪一处都不可能扯断。"即人类知识被按照一定的标准(尽管各自的标准恐怕不一)划分成学科门类，而职业院校的专业设置和课程内容不仅基于学科门类的划分，更是依据社会分工所划分的专业领域而确定，同时，专业还会因为职业性要求而强调实践性强的技术性知识的习得和专业技能的掌握。其次，专业以学科为依托，有时某个专业需要若干学科支撑，有时某个学科下设若干专业。这是因为学科是知识体系，专业是课程体系。为此，专业学习需要来自多个学科课程知识的学习，表现为一般的各专业课程结构：通识课程、专业基础课、专业课程等的基本构成。如机械类职教师资专业人才的培养，需要学生学习许多课程，包括来自工科的机械类学科课程，专业实践类课程，心理学、教育学课程以及通识课程等。因此，区分学科和专业的概念，对于科学合理地开设课程具有重要意义。

《辞海》中解释学科为："① 学术的分类。指一定科学领域或一门科学的分支，如自然科学中的物理学、生物学；社会科学中的史学、教育学等。② '教学科目'简称'学科''科目'，亦称'课程'。"专业以学科为依托，有时某个专业需要若干学科支撑，有时某个学科下设若干专业。如数学专业，如果以为数学专业从上到下都应该开设数学类课程，哲学、大学语文、外语都不开，就是把数学学科和数学专业混为一谈，将直接影响人才培养的质量。事实上，一个专业是需要许多不同的学科搭建起来的。因此，二者不能混同使用，其区别表现在：

1. 学科与专业的构成不同

一般来说，一门独立的学科至少需要具备两个要素，一是有独特的研究对象，二是有基本完整的理论体系。专业的构成主要有专业培养目标、课程体系和专业中的人。

2. 设置专业与划分学科的原则不同

学科的划分，遵循知识体系自身的逻辑，有相对稳定性。专业是按照社会对不同领域和岗位的专门人才的需要来设置。

3. 学科与专业追求的目标不同

学科发展的核心是知识的发现和创新，向社会提供科研成果。专业的核心是培养人才，满足社会对不同类型人才的需求。

二、专业设置原则

专业设置是职业教育服务于经济和社会发展的切入点，职业院校在专业设置上必须瞄准市场，与当地的产业结构、人才结构和经济发展水平相适应。(通过市场调研、专业调研、毕业生就业调研等方法，及时掌握区域经济发展、产业结构、技术结构、就业结构的现状与发展趋势，分析人才市场需求与变化。通过数据调查、情况分析论证，预测未来几年所需人才的层次规格和数量。）为此，以服务为宗旨，以就业为导向，是职业教育发展的生命力所在。由于各地域经济社会发展状况和水平的差异，以及当地人才需求和教育水平的差异，本章仅就职业院校专业设置的一般原则进行探讨。职业学校专业设置原则指职业学校工作者在专业设置中所依据的基本要求，是专业设置工作的指导思想。

职业学校专业设置原则的主要观点如下：

1. 1998年，王义智等提出5条原则[①]

① 方向性原则；② 适应需求原则；③ 条件保障原则；④ 科学规范原则；⑤ 效益最大原则。

2. 2000年，贺文瑾等提出4条原则[②]

① 适应性与服务性；② 针对性与包容性；③ 技术性与层次性；④ 多变性与稳定性。

3. 2001年，王文郁提出7条原则[③]

① 适应性原则；② 特色性原则；③ 宽口径原则；④ 超前性原则；⑤ 稳定性原则；⑥ 灵活性原则；⑦ 相关性原则。

4. 2001年，王汤清提出9条原则[④]

① 超前性原则；② 地方性原则；③ 灵活性原则；④ 可行性原则；⑤ 统筹性原则；⑥ 开放性原则；⑦ 宽口径原则；⑧ 结构优化原则；⑨ 科学性原则。

5. 2001年，刘德发等提出5条原则[⑤]

① 宽窄并举，即宽口径专业和窄口径专业相互结合、灵活应用原则；② 灵活多样，即专业设置多种类、多规格原则；③ 中高衔接，即中、高职教育在培养目标、人才规格、专业设置、课程内容等方面相互承接、相对分工原则；④ 适度超前，即专业设置要在对市场发展前景预测基础上适度超前的原则；⑤ 保证重点，即确保学校重点专业稳定发展原则。

6. 2002年，曲衍芬等提出5条原则[⑥]

① 以当前需要和长远发展为前提，搞好人才需求预测；② 以现有和可利用

---

① 王义智，等：《职业学校管理》，天津科学技术出版社1988年版，第344～353页
② 贺文瑾，等：《中等职校专业设置与职业发展的关系》，载《职教通讯》2000年第12期，第6~8页。
③ 王文郁：《浅谈新颁〈中等职业学校专业目录〉》，载《中国职业技术教育》2001年第3期。
④ 王汤清：《试论专业设置的原则》，载《中国培训》2001年第4期，第45~46页。
⑤ 刘德发，等：《从社会发展谈高等职业教育专业的设置与优化》，载《鹭江职业大学学报》2002年第十卷第3期，第70~75页。
⑥ 曲衍芬：《试论高等职业技术教育中的专业设置与专业建设的问题》，载《黑龙江教育学院学报》2002年第5期，第32~33页。

资源为基础，创造条件发展专业；③ 以加强统筹管理为手段，搞好专业设置的合理布局；④ 以改革精神为指导，搞好专业设置的灵活性；⑤ 以加强中、高职相衔接为渠道，搞好中、高职教育的专业沟通工作。

综合上述的研究成果，我们认为职业学校设置专业一般要遵循以下原则：

1. 按需设置原则

按需设置原则是指职业学校的专业设置，要遵循市场经济的运行机制，根据产业岗位设置专业，主动适应区域产业需求，为经济社会发展服务。首先，专业的类型要适应经济部门产业的需求，根据区域产业岗位，优化专业结构，为经济部门产业结构变化服务。其次，专业内容满足生产技术发展需要。最后，招生数量满足社会需要。

2. 口径适度原则

由于社会要求快速变化，专业口径宜宽不宜窄。宽口径原则是指要注重课程内容的综合性以及相近专业之间、相近学科之间的相互渗透、联系和沟通。使专业覆盖尽量多的专业岗位。首先，防止专业过窄，培养复合型人才。其次，改革课程设置和教学模式。最后，专业口径要与具体情况相适应。

3. 技术难度原则

职业学校设置的专业应突出职业教育的特点和培养人才定位，具有一定的技术难度，毕业生应该有技术专长，能做比较复杂的技术性劳动。一方面，专业内容应主要是技术性的、操作性的；另一方面，专业目标应具有一定难度，是短期不能达到的。为此，专业课程设置上，通识文化课要为公民素质养成需要服务，要有实用性，与学生未来的社会生活相结合，为学生搭建一个普遍能够掌握的文化知识平台和为学生专业发展和升学需要服务的平台。专业课要构建以任务引领型课程为主体的课程框架，专业方向要服务于学生生涯发展的个性化学习，任务难度有拓展，任务常规有延伸，理论知识有深化。

4. 超前性原则

超前性原则是指专业设置和调整要充分考虑到人才培养的周期性，特别要注意现代产业发展趋势，用超前的意识，发展的眼光预测行业科技发展的趋势，适度超前，增设新专业。首先，专业设置要面向未来。其次，专业设置要面向21世纪。最后，要对人才进行预测，人才预测是确定专业设置的基础工作。

5. 稳中求活原则

设置专业必须处理好稳定性与灵活性的关系，社会需求稳定、需要人才数量较多、就业面宽广、培养难度大周期长的专业，对需求变化小的长线骨干专业要加大投入；对变化快的短线专业要整合资源，保证质量；避免盲目跟风，增设热门专业；应该把握好稳定设置专业和灵活调整方向之间的平衡。首先，职业学校要有自己的"拳头"专业。其次，职业学校要灵活适应市场变化。最后，提高文化基础和专业基础课程教学质量。

6. 特色性原则

特色性原则是指专业设置在目标定位、学生素质等方面有与众不同的独到之处。专业的特色即为学校的特色。经济增长方式的转变，产业结构的调整升级，一定会带来新的就业岗位和新的就业方向。职业院校要主动对接产业，把握专业设置的稳定性、灵活性和适度超前性，集中优势力量建设符合本校特征、紧贴市场脉搏、就业市场看好、学生质量上乘的重点骨干专业，并通过专业集群优势，形成特色品牌专业。为此，要做到知己知彼。既要明确本学校优势之所在，又要了解兄弟学校的状况及社会经济对人才需求态势。其次，大胆创新。在专业建设上走自己的路。最后，突出学校整体特色。应从整体和系统的角度考虑学校专业发展规划。

7. 校企对接原则

学校通过与校外实训基地等企业的深度合作，搭建学校教育教学改革实践平台。通过聘请企业专家技术骨干组成专业教学委员会和专业指导委员会，参与调整学校专业设置、教学计划、课程开发、校本教材等工作，实现学校与企业、专业设置与职业岗位、课程教材与职业标准、教学过程与生产过程的深度对接，增强专业建设能力。

第二节 职业学校课程的内涵与特点

一、课程的内涵

在中国，课程一词最早出现于唐朝。唐朝孔颖达等在《五经正义》里为《诗经·小雅·巧言》中"奕奕寝庙，君子作之"一句注疏："维护课程，必君子监之，乃依法制。"据考这是课程一词在汉语文献中的最早显露。《诗经》里的"奕奕寝庙，君子作之"，直解为"宏伟的殿堂，由君子主持建成"，"君子"指有德者。孔颖达用"课程"一词指"寝庙"及其喻义"伟业"，其含义十分广泛，远远超出了学校教育的范围。宋朝朱熹在《朱子全书·论学》中频频提及"课程"，如"宽着期限，紧着课程""小立课程，大作功夫"等。朱熹的"课程"主要指功课及其进程。前句意为时间要放得宽一点，但课业要抓得紧一点。也就是说，读书不能求速成，但必须抓紧时间，振作精神，不能疲疲沓沓，松松垮垮。后句的意思是说学习内容要精简，但却要下大功夫去钻研、思考，以求巩固。

在西方，课程一词为"currere"，"to run"；"curriculum"，"course"（race course）；指"跑的过程和经历"。英国著名哲学家、教育家斯宾塞(H.Spencer)在1859年发表的一篇著名文章《什么知识最有价值》(What Knowledge is of Most Worth)中最早提出"curriculum"（课程）一词，意指"教学内容的系统组织"，其表现形式就是学科。

据美国学者鲁尔统计，课程这一术语至少有119种定义。这诚如美国课程论学者斯考特(Scotter)所言："课程是一个用得最普遍但却定义得最差的教育术语。"坦纳夫妇(Daniel Tanner&Laurel N. Tanner)在《课程发展：从理论到实践》（1980年版）一书中，将美国课程论界提出的课程定义分为九大类，加上他们自己的课程定义，一共十种：① ① 有组织的知识积累；② 思想范型；③ 种族经验；④ 有指导的学习经验；⑤ 有计划的学习环境；⑥ 认知情感内容和过程；⑦ 教学计划；⑧ 学习目的或结果；⑨ 生产的技术系统；⑩ 知识和经验的重建。由于课程自身的复杂性及课程学者所处的时代、社会背景及研究视角和目的之不同，课程概念至今尚没有人们公认的结果，缺乏具有普遍性的科学定义。随着当前课程理论和实践的蓬勃发展，学者们对课程的理解日益多样化，提出了多种多样的课程本质观。通过对已有众说纷纭的本质观进行梳理，发现大致有以下几种典型代表：

1. 课程即教学科目

我国古代的"六艺"：礼、乐、射、御、书、数；欧洲中世纪的"七艺"：文法、修辞学、辩证法、算术、几何、天文、音乐；近代以来的百科全书式课程、实科课程、功利课程，从夸美纽斯(J. A. Comenius)到约翰·洛克(John Locke)、约翰·弗里德里希·赫尔巴特(Johann Friedrich Herbart)，再到永恒主义、要素主义，均把课程看作是所教授的学科，强调课程的知识累积与组织、保存功能。这种课程本质观把课程理解为教学科目，课程是由一系列学科化的知识领域所组成。其优点在于重视知识和学问的传授。

2. 课程即教学计划

这种观点认为，课程对象不是单一的，它涉及知识、经验、活动、目标等多个方面，强调课程实质是人们事先规划好的一套学习计划。塔巴（Taba. H）认为"课程是一种学习计划"。郝德永："课程是指在学校教育环境中，旨在使学生获得的、促进其迁移的、进而促使学生全面发展的、具有教育性的经验的计划。""课程即教学计划"，这种观点把教学的内容、序列和进程，

---

① 北京师联教育科学研究所：《各国（地区）课程理论与实践》，学苑音像出版社2004年版。

甚至把教学方法和教学设计都包含在内，把所有开展教学的计划视为课程。将课程视为教学计划，既注重了教学内容的安排，也强调教学活动过程的预设，课程涵盖的范围广阔了许多。但是这种观点值得反思的是：其一，过分注重了课程的计划性，就必然忽视课程活动中的"难以预测性"，排除了特定的教育情境和突发教育事件，教育或课程活动中总是存在一些难以预测的教育情境和事件，面对随机性的教育情境和事件，把课程简单界定为教学计划必然使得课程缺乏动态性和生成性。其二，把课程视为教学计划，往往把目光集中在了可预设的教学计划和可观察预料到的活动上，而对学生的个体体验关注甚少，忽视学生个体在课程中的主体地位和积极建构课程意义的作用，不利于学生发展。

3. 课程即预期的学习结果或目标

把"预期的学习结果或目标"视为课程，而把内容或经验看做是课程的手段。这一观点源于博比特(F.Bobbitt)，后经过查特斯(W.W.Charters)、拉尔夫·泰勒(Ralph Tyler)等人的进一步修改和完善。受此影响，当代一些著名的课程论学者旗帜鲜明地把课程界定为学习或教学的预期结果。波法姆(Popham)和贝克(Beck)："课程是学校所担负的所有预期的学习结果。"约翰逊(M.Johnson)："课程是预期学习结果的结构化序列。"这一课程本质观受心理学上的行为主义和管理学上的泰罗主义影响，强调目标预测、行为控制和工作效率。把课程看作预期的学习目标和结果，重视了目标和结果，是有一定意义的，有利于预设符合目标的课程。

4. 课程即学习经验

这一课程本质观最早起源于杜威的实用主义教育理论。杜威批判传统的学科课程，"认为教育是在经验中，通过经验，为了经验的一种发展过程。"卡斯威尔和坎倍尔（Caswell. H.& Campbell. D.）则在1935年明确提出："课程是儿童在教师指导下获得的所有经验。"福谢（Foshay. A. W.）也认为："课程是学生在学校指导下获得的一切经验。"我国课程专家靳玉乐认为课程是"学生通过学校教育环境获得的旨在促进其身心发展的教育性经验"[①]。课程即学习经验，超越了传统的只从学科层面和教师教的角度解释课程，而突出了经验和学生的地位，改变了传统"见物不见人"的倾向。这种课程概念源于杜威的实用主义教育理论，教育即经验的不断改造，课程应该与儿童的生活经验相沟通，课程就是学生的学习经验。每个学生都是一个独特的生命体，学生的学习需求和经验各不相同，所以课程取决于学生个体的学习经验，而不是由教师决定。课程是"具体存在的个体"的"活生生的经验"或"存在体验"。值得肯定的是这种课程本质观重视学

---

① 靳玉乐：《现代课程论》，西南师范大学出版社1995年版，第65页。

生的存在和经验，把学生纳入到课程当中来。但是不足的是：一是容易忽视系统知识的学习和掌握，容易抹杀教师的引导作用；二是经验是一种很广泛的概念，不能什么经验都能拿来做课程，未能指出学校提供什么样的经验和学生获得什么样的经验，比较模糊。

5. 课程即学习活动

这种观点力图超越传统的学科课程，强调应把活动纳入课程的组成部分。把活动视为课程起源于杜威的儿童中心论课程。杜威认为："使儿童认识到他的社会遗产的唯一方法是使他去实践"。这种观点认为课程不仅包括学科、经验，还应该包括活动。甚至有人认为课程是"学生在学校指导下各种活动的总和"。把课程视为教学科目，教师容易把握，但是导致"见物不见人"的问题，而把课程视为经验，突出了学生的地位，解决了"见物不见人"的问题，但是又因为经验的广泛导致模糊和难以操作的问题，有人试图折中二者，改变要么追求学习经验，要么追求教学科目的二元对立思维，于是提出课程即学习活动的概念，课程是学生自主的学习活动。

已有认识从多重视角对课程进行定义。从探讨课程的本质属性定义课程，如课程即经验，课程即学校指导的所有活动。从确定课程所具有的功能定义课程，如课程即社会文化的再生产，课程即社会改造。从课程存在的物质形态定义课程，如课程即科目，课程即教学计划、教学大纲和教材。从课程实施和管理的需要定义课程，如课程即学习计划，课程即学习者在学校里实际学习的东西等。

在此，综合上述观点，将课程理解为学校场域中生成的发展资源。首先课程是一种发展资源。"将课程理解为发展资源，主要强调：第一，从与发展关系的角度理解课程的本质。凡是对学生发展有价值、有影响的东西，不论是知识、经验、环境、活动，或其他什么东西，均有可能成为课程。这是建立广义课程概念的根本标准。这种广义的课程概念为在课程编制和开发中广泛利用生活中的各种资源，以促进学生的更好地发展，提供了理论依据。第二，对于实际的发展而言，课程只是一种'原材料'，是一种有待学习者加工、改造、作用的对象。课程作为发展资源只具有可能的发展价值，而不是现实的发展，其发展价值的实现还有赖于它对学习者已有知识经验及学习兴趣需要的适应性，以及学习者对其进行的能动作用。"[①] 其次，课程是在学校场域中生成的发展资源，此处强调学校场域。正是每一所学校所处的地区、文化背景的差异而决定了其存在的独特性，学校对学生产生的影响不仅仅是来自官方课程的统一性，而同样存在着每所学校带给学生的差异性。学校场域正是体现出一种个性的发展资源。另外是在学校场

---

① 陈佑清：《课程即发展资源：对课程本质理解的一个新视角》，载《课程·教材·教法》2003年第11期。

域中生成的，所强调的课程并不是完全由官方预设，而是基于学校情境的一种改造和创生。其实课程作为学校场域中生成的发展资源这一本质观，已经超越了原有课程本质观的不足，并赋予课程新的意义。

课程作为培养人的总体设计方案，它主要回答"教什么""学什么"的问题，为了解决这个问题，必然涉及"为什么教""怎样教""怎样学"等问题。具体说包括课程开发、课程实施、课程评价、课程管理等内容。课程开发是指课程的产生过程，包括确定课程目标和内容，编制教学计划、教学大纲和教材。课程实施是制定符合课程目标的教学策略，是把课程付诸实践的过程。它需要对旧的课程体系做相应变革，要求学校尤其是一线教师在个人习惯、行为方式、课程重点、教学思想、课程安排等方面进行一系列重新组织。课程评价是对课程效用性做出正确评判。根据评价对象的不同可分为：开发过程评价、实施过程评价、评价过程评价、课程观评价、课程方案评价、课程文件评价等多种。课程管理是对课程实施过程中人与人、人与课、人与物等关系的协调、监督、指导等活动。

二、职业学校课程的内涵

课程本质是一切课程改革活动的基点，对职业教育课程本质的认识是在实践中逐渐丰富深化的。正如有学者指出，"目前，我国职业教育课程正处于两种课程模式转换的重要阶段，即从传统的以学科课程为主体的课程模式，转向以任务引领型课程(或项目课程)为主体的课程模式阶段"。[①] 这实质上反映出我国职业教育课程本质观的一种变化和转型。

目前，对于职业教育课程本质的认识日益深刻和多元，逐渐打破重理论、轻实践，重知识、轻技能的传统学科课程本质观。形成了"能力本位说""工作过程说""实践导向说"等观点，超越了过去单一的学科（学术）体系的本质观。如徐国庆（2006,2007）把"实践"作为职业教育课程区别于普通教育课程的主要标志，提出实践课程观，认为职业教育课程不能狭隘地理解为以训练动作技能为任务的课程，而应理解为以发展人的实践智慧，形成人的实践能力为任务的课程。如邓泽民（2008）在摒弃职业教育课程知识本质观的基础上提出职业教育课程活动本质观，指出无论是实践导向的职业教育课程模式、过程导向的职业教育课程模式还是能力本位的职业教育课程模式的课程本质都是活动或者说是职业活动。

---

① 徐国庆:《上海中等职业教育课程改革的理论框架》，载《教育发展研究》2007年第4A期.

还有的观点将职业教育课程按照完成一项任务或者工作所需要的能力来描述，把职业教育课程视作为一个职业岗位上的工作过程，突出中职课程的实践属性。在具体的课程操作领域，重视职业教育课程与行业、企业、职业和工作的密切联系，按照工作逻辑组织课程，将最新技术工艺融入课程，采取工作流程实施课程。

三、职业学校课程的特点

（一）"为什么教"——职业教育课程目标的特点

课程目标是受教育者的质量规格标准，是教育目的和培养目标的具体化。职业教育培养目标的特殊性，决定了职业教育课程目标区别于普通教育，具有自己的特殊性。

首先，职业教育课程目标具有明确的职业针对性。职业教育分专业工种教学，受教育者具有明确的职业方向，培养学生掌握特定职业的知识、技能、态度，满足职业活动的要求，各门具体学科，都应体现职业活动特色。普通教育的课程目标强调科学文化基本素质的培养，不针对特定职业。其次，职业教育课程目标强调技能教学的重要性。普通高等教育也分专业教学，也面向一定职业就业，但他们从事的是设计、规划、决策、研究等工作。而无论是初等、中等还是高等职业教育，均是为生产一线培养直接从事生产的操作人员、技术人员和以执行为主的管理人员，一线人员的性质，决定职业教育课程目标要突出技能教学的重要性。最后，职业教育的课程目标，兼顾就业与发展的双重需要。在生产活动中应用的知识技术日趋综合化、劳动者转岗日趋频繁和素质教育思想影响下，职业教育的课程目标，不仅要满足学生当今就业的需求，还应重视学生文化知识和职业群的基本知识技能教育，满足他们一生发展必需的基本知识技能。

（二）"教什么"——职业教育课程内容的特点

课程目标决定课程内容。首先，职业教育教学围绕"用"组织内容，这里所说的"用"包括供学生职业生涯中当今就业、以后转岗和未来提高三个发展阶段所需的各种本领。职业教育是与职业活动密切结合的教育形式，满足受教育者自身发展需要，为职业活动服务是职业教育的出发点。课程内容必须讲求实用性。其次，实践性教学内容占较大比例。职业教育要为生产一线培养各类人才，他们的总体特征是理论知识与操作技术相结合，而以操作技术为主，因而职业教育的课程内容必须突出应用能力。2014年6月颁布的《国务院关于加快发展现代职业教育的决定》中指出，"专业课程内容与职业标准相衔接"，"按照科技发展水平和职业资格标准设计课程结构和内容。通过用人单位直接参与课程设计、评价和国际先进课程的引进，提高职业教育对技术进步的反应速度。到2020年，基本形成对接紧密、特色鲜明、动态调整的职业教育课程体系"。世界其他国家也非常重视职业教育中的实践教学，德国双元制职业教育中，学生在职业学校学习文化理论的时间，每周是一天到一天半，另外三天到三天半是在企业的实践教学。再次，教学内容是一种以横向为主的模块式课程体系，围绕生产中需要解决的问题组织教学内容，强调的是知识、技能的横向联系和综合运用。普通教育是一种以纵向为主的框架式课程体系，强调学科知识结构的完整性、系统性和理论性。最后，课程内容具有时代性，反映生产中使用的最新科技成果。

（三）"怎样教"——职业教育课程实施的特点

首先，职业教育课程的实施条件较苛刻，运行成本昂贵。运行职业教育课程需要具备一定的设备、场地、材料、人员、资金等条件，虽然普通教育中也需要这些条件，但两者具体要求相差很大。职业教育课程运行中要求的设备数量多、价格贵，如工业职业教育中有些设备需要几万、几十万、几百万元，有时需要每个实习学生一台；除了和普通教育一样需要教室外，还需要实习厂（场）；实习教学需要消耗一定的材料；需要既会讲理论，又能指导学生实践的"双师型"教师；需要的运行资金也远多于普通教育。其次，课程标准是统一制定的，但各地区、各行业、各用人单位千差万别，职业教育课程实施必须满足"用户"的需求，结合实际情况，办出特色。有了特色就有了特殊的价值，就会在市场竞争中占有一席之地。

第三节 职业学校课程开发的理论基础

一、工作过程课程理论

工作过程是指在企业里为完成一件工作任务并获得工作成果而进行的一个完整的工作程序。工作过程不是一个具体的工作环节，而是在一个复杂的职业活动情境中具有结构完整的工作过程，包括计划、实施和工作成果检查评价等步骤，能反映该职业的主要工作内容和典型工作形式，并在从业人员的职业生涯发展中具有重要的意义，在整个企业的工作(或经营)流程里具有重要的功能。与之相对应的基于工作过程的课程开发是一个综合性的过程，它应当建立在整体化的、过程导向的职业分析基础之上，将职业分析、工作任务分析、企业生产(或经营)过程分析、个人发展目标和教学分析设计等结合在一起。按照工作过程来序化知识，重建内容结构，以工作过程为参照系，将理论知识与实践知识整合，课程不再片面地强调建立在静态的学科体系之上的对显性理论知识的复制与再现，而是着眼于动态的行动体系的隐性实践知识的生成与构建，是以从业中实际应用的过程性知识为主，以适度够用的陈述性知识为辅；以经验和策略性的知识为主，以"事实、概念"和"理解、原理"的知识为辅。

工作过程课程理论提出了课程开发的步骤：① 通过对职业岗位分析找出其中的典型工作任务。② 对典型工作任务进行归纳，得出行动领域，行动领域是工作任务的职业情境，是与本职业紧密相关的职业、生计和社会行动情境中构成职业能力的工作任务的总和。这个过程是归纳的过程，是量变的过程，其本质特征没有发生改变。③ 将行动领域进行转换，导出学习领域，也就是说行动领域是学习领域的基础，从行动领域到学习领域是转化的过程，是提炼和升华的过程，是按照教学论要求对职业行动领域进行归纳后用于职业学校的教学行动领域。④ 通过学习领域设计学习情境，学习情境是学习领域的具体化，是与本职业紧密相关的职业、生计和社会行动情境中构成职业能力的工作任务在教学过程中的具体反映。

二、项目课程理论

项目课程可追溯到17和18世纪，项目的雏形来自于18世纪意大利的一所艺术学院（Akademie Royale d'Architecture），学生要定期完成"项目"——要求合作、原创和独立自主。1918年，基尔帕特里克(William H. Kilpatrick) 对项目进行了明确的界定：项目是一个"在特定的社会环境中所发生的、需要参与者全身心投入的、有计划的行动"。他认为每一种学生明显是有意进行的行为，都可以称为一个项目，而项目的流程通常包括目标、计划、实施、评价四个阶段。项目教学是随着中外职业教育合作项目被引进的，职业院校大规模和自主试验推广项目课程起始于21世纪初期。以华东师范大学徐国庆教授为代表的职业教育界学者对项目课程的发展与推广做出了重要贡献，他在《职业教育项目课程开发指南》一书和《职业教育项目课程的几个关键问题》《职业教育项目课程的内涵、原理与开发》等文章中对项目课程做了基本界定。项目课程是以基于典型产品或服务所设计的以项目为载体让学生学会完成工作任务的课程模式。其中"项目"指的是具有相对独立性的客观存在的活动模块，在这一活动中，要求通过完成工作任务，制作出符合特定标准的产品。项目可理解为一件产品的设计与制作，一个故障的排除，一项服务的提供等。项目是综合的、完整的、基于产品的，强调应用技能获得产品。

项目课程特点：① 用职业能力表述课程目标。重点关注学生能做什么，而不是知道什么。② 以工作任务为内容。重点是教会学生如何完成工作任务，知识、技能学习结合任务完成过程来进行。③ 以典型产品或服务为载体。教学顺序按照项目编排来展开，学习项目设计是跨工作任务的，只要能服务于工作任务的学习就行，不必拘泥于工作任务的逻辑顺序。

项目活动的产品形式：实物类产品，如模型、工件、玩具、服装、菜肴；语言类演示，如企业考察报告、申请报告、广播报道、网页；图片展示，如技术制图、绘画、电路图、摄影摄像；表演，如角色游戏、戏剧、舞蹈、操作表演。

三、一体化课程理论

为贯彻落实《关于开展技工院校一体化课程教学改革试点工作的通知》精神，推动技工院校一体化课程教学改革试点工作，加快技能人才培养。人力资源和社会保障部组织制定了《一体化课程教学标准开发技术规程》，明确了技工院校一体化课程教学标准开发的指导思想、基本原则、结构内容和开发程序（如图6-1）。

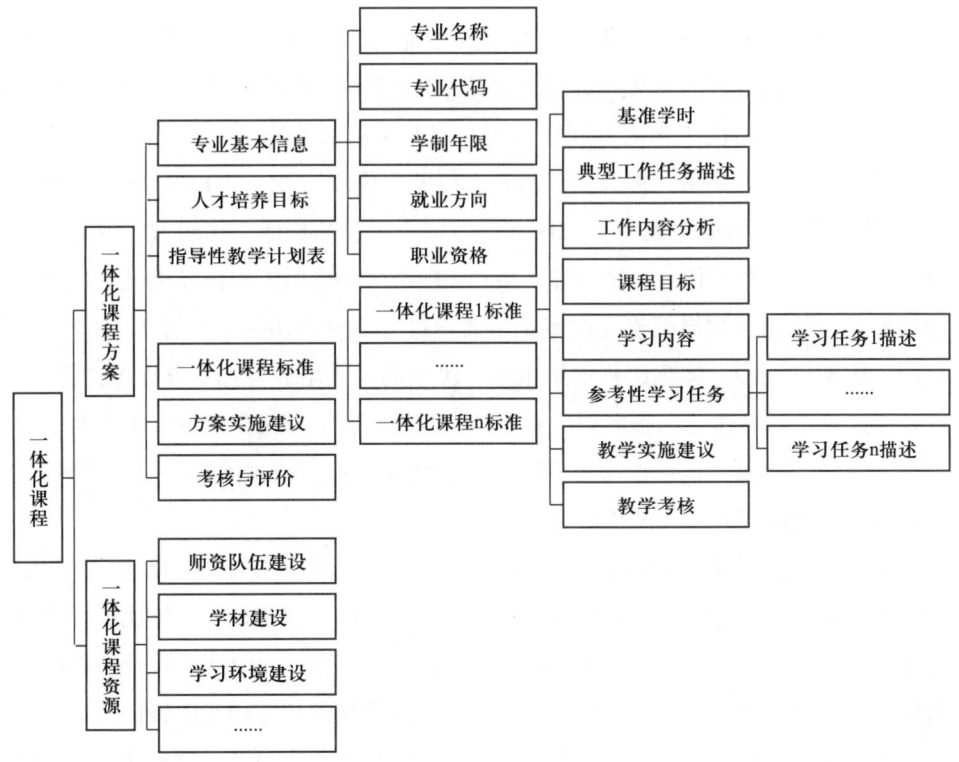

图6-1　一体化课程内容与结构示意图

一体化课程是按照经济社会发展需要和技能人才培养规律，根据国家职业标准，以综合职业能力为培养目标，通过典型工作任务分析，构建课程体系，并以具体工作任务为学习载体，按照工作过程和学习者自主学习要求设计和安排教学活动的课程。一体化课程体现了理论教学和实践教学融通合一，专业学习和工作实践学做合一，能力培养和工作岗位对接合一的特征。

一体化课程的指导思想：① 以促进就业为导向，突出能力培养。学生的培养要以就业为导向，以能力为本位，注重培养学生的专业能力、方法能力和社会能力，教育学生养成良好的职业行为、职业道德、职业精神、职业素养和社会责任。② 以职业生涯发展为目标，明确专业定位。专业定位要立足于学生职业生涯发展，突出学以致用，并给学生提供多种选择方向，使学生个性发展与工作岗位需要相一致，为学生的职业生涯和全面发展奠定基础。③ 以职业活动为核心，确定课程设置。课程设置与职业活动密切联系，打破"三段式"与"学科本位"的课程模式，围绕职业活动中的工作任务技能和知识点来设置构建课程体系。④ 以工作任务为载体，设计课程内容。课程内容要按照工作任务和工作过程的逻辑关系进行设计，体现综合职业能力的培养。要依据职业能力，整合相应的知识、技能及素养，实现理论与实践的有机融合。注重在职业情境中能力的养成，培养学生分析问题、解决问题的综合能力。

一体化课程开发分三个阶段（如图6-2）。

第一阶段：确立一体化课程框架。① 职业与工作调研分析。职业与工作调研分析要了解行业、企业发展现状与趋势，调研本专业的技能人才数量、等级需求状况，以及岗位工作内容和职责等。对照国家职业标准，分析各等级技能人才综合职业能力要求，撰写调研报告，以此定位本专业人才培养方向与层次。② 典型工作任务提炼。典型工作任务是指一个职业的具体工作领域，是具有完整工作过程的一类工作。一个职业一般由10～20个典型工作任务构成。典型工作任务是一体化课程框架确立的基础，要通过实践专家访谈会来提炼。③ 一体化课程框架确立。一体化课程框架由相应等级的人才培养目标、典型工作任务、职业能力要求、一体化课程名称、专业技术学习内容、基准学时、实训学时、学习任务名称等构成。该框架来源于典型工作任务分析，依据国家职业标准确定，为制订一体化课程方案提供依据。

第二阶段：制订一体化课程方案。一体化课程方案要依据一体化课程框架制定，该环节主要描述专业基本信息、各等级培养目标，规定每门一体化课程及参考学习任务的目标、内容及教学建议，设置课程进度及学时分配，设计各等级综合职业能力评价方案。一体化课程方案为课程资源建设和课程实施提供依据。

第三阶段：建设一体化课程资源。主要包括师资队伍建设、教材建设、学习环境建设等方面（见表6-1）。

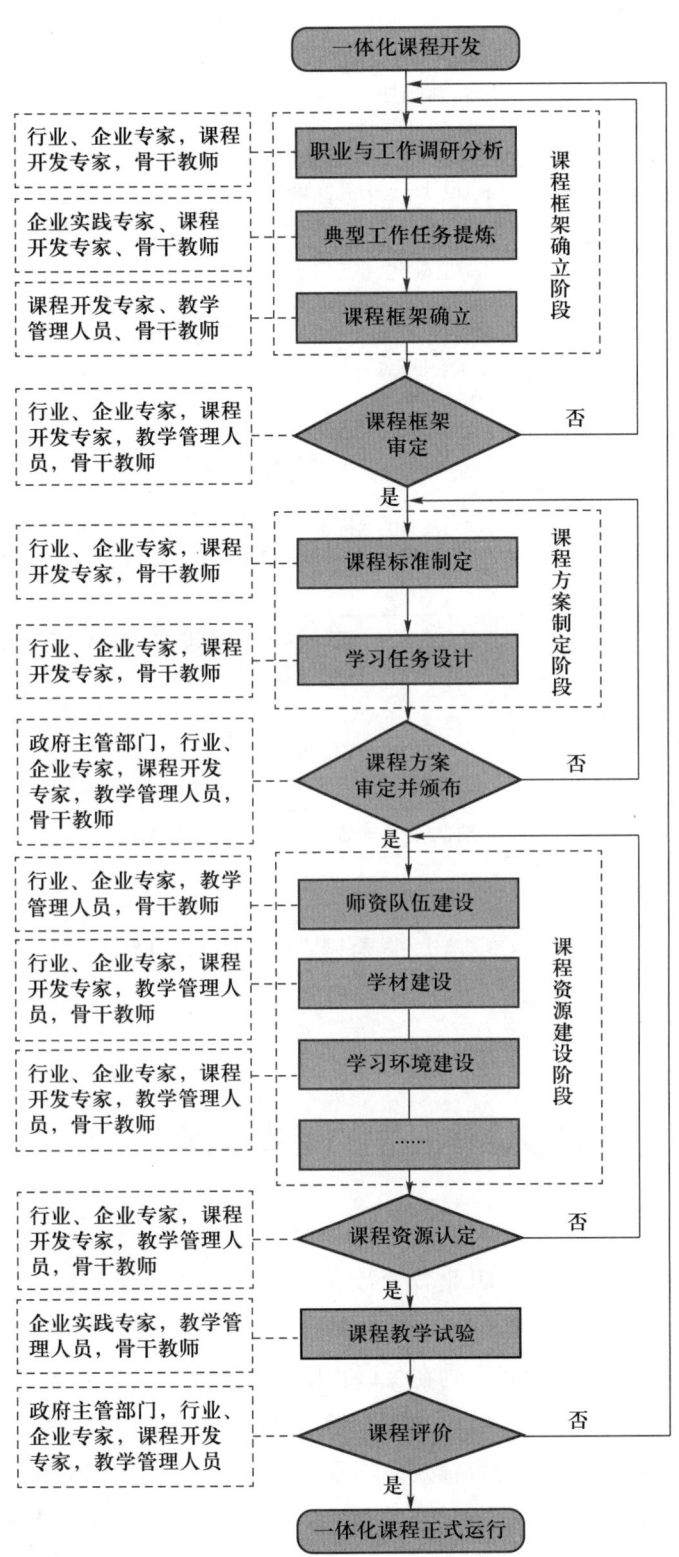

图6-2　一体化课程开发流程图

表 6-1　一体化课程方案制定的工作步骤及要求

工作步骤	工作要求
课程标准制定	课程目标、内容的制定应依据典型工作任务描述 课程之间应注意内容的衔接和综合职业能力培养的递进 参考性学习任务主要来源于课程框架中的规定，可以依据课程目标和学习内容的要求，自行设计一部分有实际价值的学习任务作为教学补充 课程标准编写格式参见《一体化课程方案》中的课程标准编写体例
学习任务设计	学习任务设计者应按照企业工作要求，完整地完成学习任务工作实践 根据工作实践情况描述学习任务情境 根据学习任务情境和课程总目标制定本任务的学习目标 利用附件 8：《学习任务分析工具——鱼骨图》，分析学习任务各工作环节所涉及的知识点和技能点 以课程为单位，把"鱼骨图"分析结果列在附件 9：《学习任务内容序列化表》中，按照知识和技能的渐进要求调整和确定各学习任务的内容，保证各学习内容为学习目标服务 每门课程所有学习任务的目标和内容总和应涵盖本课程的学习目标和内容 教学建议要体现以学生为主体，针对学生学习方法的培养、思维方式的训练提出
方案实施建议	对本一体化课程方案实施过程中的教学组织形式、学材选用、师资要求、师生配比、学习场地及设备要求等提出建议
考核与评价方案制定	评价主体要有企业 评价主要针对学习者的综合职业能力培养 评价指标与人才培养目标相适应
课程方案汇编	课程方案汇编格式参见《一体化课程方案》编写体例
课程方案审定并颁布	由政府主管部门，行业、企业专家，课程开发专家，教学管理人员，骨干教师共同审定 审定后由人力资源社会保障部职业能力建设司颁布施行

第四节　职业学校课程开发的基本程序

课程问题非常复杂，职业教育涉及社会广泛的职业领域，需要进行各个专业的课程开发。这里我们只讨论课程开发的一般过程和方法，不涉及具体专业（工种）。美国学者泰勒在《课程编制的具体方法》一文中提出，课程编制的过程有四个主要步骤：① 确定教育目标；② 选择教育经验即教育内容；③ 组织教育内容；④ 评价教育效果。另一位美国学者塔巴（Hilda Taba）提出了编制课程的七个步骤：① 预测社会和学生的需要；② 提出教育目标；③ 选择教育内容；④ 组织教育内容；⑤ 选择学习经验；⑥ 组织学习经验；⑦ 确定评价的对象和方法。美国系统课程设置和教学开发模式（Systematic Curriculum and

Instructional Development），简称SCID,将课程开发的步骤分为分析（包括:需求分析、职业分析、任务确定、培训任务选择、标准任务分析、读写任务分析）、设计（包括:确定培训方式、开发学习目标、实施措施、开发培训计划）、开发（包括:能力概括、开发课程指南、开发学习指南/模块、开发支持媒体、开发课程计划、指导测验修订教材）、实施（包括:执行培训计划、执行培训、实效评价、培训文件）和评价（包括:总体评价、分析收集到的信息、矫正方法雏形）五个阶段。

一般认为，课程开发(Curriculum Development)是指通过需求分析确定课程目标，再根据这一目标选择某一个学科（或多个学科）的教学内容和相关教学活动进行计划、组织、实施、评价、修订，以最终达到课程目标的整个工作过程。课程开发包括课程目标、课程内容、课程实施和课程评价等环节。结合我国职业教育实际情况，我们认为职业教育课程开发的一般过程是：① 确定课程目标；② 选择课程内容；③ 构建课程结构；④ 运作课程实施；⑤ 开展课程评价。

一、职业学校课程目标的确定

课程目标就是预期的课程结果，即学生学习某门课程后，在知识、技能、态度等方面达到什么样的状态。

（一）课程目标构成

1. 三维目标

（1）知识与技能

所谓知识目标，这里主要指学生要学习的学科知识（教材中的间接知识）、意会知识（生活经验和社会经验等）、信息知识（通过多种信息渠道而获得的知识）。所谓技能是指通过练习而形成的对完成某种任务所必需的活动方式。技能目标可为分"四种"：一是基本技能；二是智力技能；三是动作技能；四是自我认知技能。

（2）过程与方法

所谓过程，其本质是以学生认知为基础的知、情、意、行的培养和发展过程，是以智育为基础的德、智、体全面培养和发展的过程，是学生的兴趣、能力、性格、气质等个性品质全面培养和发展的过程。所谓方法，是指学生在学习过程中采用并学会的方法。

（3）情感、态度与价值观

所谓情感，是指人的社会性需要是否得到满足时所产生的态度体验。所谓态度，这里不仅指学习态度和对学习的责任，它还包括乐观的生活态度、求实的科学态度、宽容的人生态度等。所谓价值观，一般指对问题的是非、善恶，有用与否等取向的认识。

2. 综合职业能力

综合职业能力是指从事某种职业必须具备的，并在该职业活动中表现出来的多种能力的综合，是个体将所学的知识、技能和态度在特定的职业活动或情境中进行类化迁移与整合所形成的能完成一定职业任务的能力。依据德国学者对职业能力的研究成果，我们将其解析为专业能力、方法能力和社会能力。专业能力是指具备从事职业活动所需要的技能与其相应的知识，包括单项的技能与知识，综合的技能与知识。方法能力是指具备从事职业活动所需要的工作方法和学习方法，包括制订工作计划的步骤、解决实际问题的思路、独立学习新技术的方法、评估工作结果的方式等。社会能力是指具备从事职业活动所需要的行为能力，包括人际交往、公共关系、职业道德、环境意识。综合职业能力既是职业教育教学目标的一个价值取向，也是作为职业教育教学目标微观设计的一个框架。

（二）课程目标确定步骤

1. 职业岗位分析

职业教育课程具有很强的针对性和实用性，其目标是培养学生获得胜任职业岗位工作的能力。因此，职业教育课程必须从职业岗位的特点和要求出发加以规定。研究生产全过程和生产活动的所有因素，不仅要确定出学生所应具备的技能和技巧，而且也要确定出学生所应具备的才能，及其生产中的提高途径。

（1）准备阶段

准备阶段是要了解情况，建立联系，设计岗位调查的方案，规定调查的范围、对象和方法。

① 根据专业工种的性质和国家职业分类标准确定调查对象，应包括技术水平先进的企事业单位和技术水平一般、落后的单位，职业教育是为未来培养人才，学生需要三、四年后才能就业，选择的调查对象应反映出技术发展趋势，具有适度超前性。初步了解调查对象的现状，掌握必要的基本数据和资料。

② 设计调查方案。首先，应明确调查目的，这样才能确定调查的范围、内容、方式，弄清应当收集什么资料、到什么地方收集、用什么方式收集。其次，确定调查项目、内容，建立需要了解的指标体系，设计调查问卷，并征求实践工作者的意见，反复修改完善。最后，确定调查时间安排。

③ 调查组成员统一思想，学习并掌握调查内容，熟悉具体的实施步骤，明确工作分工。

（2）调查阶段

这一阶段的主要任务是根据调查方案，对岗位进行认真细致的调查研究。重点内容包括两方面：一是对工作本身的描述，规定工作人员需要完成什么任务，如何完成及为什么这样做等。一般包括职业名称、工作活动及工作程序、工作条件及物质环境、社会环境、劳动报酬等。其中工作活动及工作程序是调查重点，一般采用任务清单形式把工作任务、任务出现的频率、标准等逐一罗列。如秘书职业的主要任务有：处理信函、接待来访者、会议准备、草拟文件、协调关系……有些任务每周出现一次，有些是每天出现数次，有些没有规律，调查任务出现频率，有助于安排教学内容和分配教学时间。调查工作实践中各项任务的质量标准，便于教学活动中确定教学目的。

二是对从业者的要求，根据工作性质确定完成任务所须知识、能力、态度要求以及生理上的要求。一般包括：① 应知分析。指对从业人员应具备的基本知识的分析，包括接受教育的最低程度要求、应具备哪些方面的专业知识以及所应达到的水平。② 应会分析。指执行各项工作的员工为完成工作任务所必须具备的操作能力和实际工作经验的分析，确定他们必须经过怎样的专门训练。③ 工作实例分析。指根据应知、应会的要求，通过某项典型工作，来分析从事该项工作需要的记忆、判断、想象、创造、应变、观察、组织、开拓、语言文字、社会活动等各项能力，以及智力、非智力因素要求。④ 工作态度及职业道德要求。⑤ 身体素质要求。包括身体各部位的力量、反应速度、柔韧性、灵巧性、协调性、耐久力等，要量化分析和说明。

（3）分析整理

根据调查材料，详细罗列职业活动中需要完成的工作项目，以及所需的知识、技能、态度。在分析操作者行为活动后，应注意透过现象，深入分析完成工作任务所需的内在素质，这些素质是保证胜任岗位职责的根本，也是教育工作者设计课程中最关心的问题。

2. 学生需求分析

教育受学生的发展水平制约，必须适应学生发展的需要，这是教育学的重要原理。学生是教学活动的主体，他们的心理发展规律、水平、特点以及愿望要求是确定课程内容的重要依据之一，课程编制者要时刻关注有关学生的各种研究。

学习者的知识状态、身心成熟程度和个性倾向等都是建构课程体系优先考虑的条件。学习者的接受能力、认知结构和认知发展水平不仅决定着课程的起始点和课程的深度、广度、进度，而且对于实施课程的环境及其手段也形成一定影响。

首先，应分析学生的入学基础。课程内容不能脱离学生实际。目前受"普高热"和鄙薄职业教育的传统观念影响，在教育"分流"中，职业学校不能从最高分数段录取新生，一般来说，和普高生相比职校生文化基础不扎实，学习方法、学习动力、学习习惯也逊色于普高生。过深、过难、过重的课程，必然会加重学生的课业负担。国外职业教育教材，大多针对生产过程中的问题，提出具体操作行为要求，不去纠缠过深的理论，且内容图文并茂、直观浅显，值得我们借鉴。

其次，应分析学生的愿望和要求。职业学校学生渴望改变自己，希望获得成功，在社会发展中出人头地，成为有作为的人。他们具有较强的独立性，注意学习能够直接应用的知识技能。目前，随着高等职业教育的快速发展，部分中等职业学校学生具有升学深造的需要。职业教育不能把学生简单看成被教师加工改造的对象，而应看成主动寻求发展的人，职业教育课程应满足学生的愿望要求。

3. 确定课程目标

课程目标是课程所要实现的标准，它是课程的出发点和归宿，是选择课程内容、实施课程和评价课程的依据。一般来说，课程目标包括三个要素：① 在什么时间内；② 完成什么任务；③ 达到什么程度。

二、职业学校课程内容的选择

职业学校课程内容的选择是立足于学科体系还是工作过程？职业学校课程内容的组织是立足于文本中心还是行动中心？目前，在课程内容的选择与组织上，跳出了学科体系的藩篱，而走向行动导向，以实际生产实践过程为逻辑主线，以实际工作过程为参照系，形成实践行动为主导的课程内容体系。呈现出以工作知识、工作过程、技术知识、职业标准、职业知识、行业企业多种视角来确定与分析中职课程内容。特别是将德国学习领域课程引入，从企业的生产过程或实际工作岗位中提炼出典型工作任务，将其转化为具有学习价值的教学内容，形成工作过程导向的学习领域课程。例如，对文化基础课程内容的改革，突出就业为导向，努力实现文化基础课程为专业课程服务，有的学校烹饪专业将《语文》课程改造为《烹饪语文》，或有的学校直接在原有《语文》课程中加入专业的元素，改为《应用语文》。

德国基于工作过程结构的"学习领域"课程观强调，课程内容必须到实践的现场去选择。其基本思路是：第一步，确定"行动领域"，即在工作现场通过对相关专业典型职业活动的工作过程进行调查来确定"行动领域"，这实际上是从业者完成工作任务的职业情境。"行动领域"是在与本专业紧密相关的职业、生计和社会的行动情境中，构成职业能力的工作任务的总合。第二步，确定"学习领域"，即对已确定的"行动领域"进行教学归纳以构建"学习领域"。"学习领域"是按照教学论要求对职业行动领域进行归纳后形成的职业学校的教学行动领域。第三步，确定"学习情境"，即通过教学实践传授学习领域课程，就是"学习领域"在教学实践中的具体化。一般采取范例、项目等教学组织和教学方法构成"学习情境"。"学习情境"是"学习领域"的具体表现，是在与本职业紧密相关的职业、生计和社会的行动情境中，职业工作任务和职业行动领域在教学过程中的具体反映。如有的学校根据会计的典型工作任务，将会计专业课程设置为会计业务流程认识、账务处理、纳税申报、成本控制与管理、往来款管理、统计、外贸会计、财务分析、纳税筹划、审计、财务制度的制定与实施、投资计划的制定与实施、资金运作等，课程内容对接工作内容。

三、职业学校课程结构的构建

课程结构指的是按照一定标准选择和组织起来的课程内容所具有的各种内部关系，主要包括各类课程的比重，各门课程之间的联系、配合和相互渗透，以及课程内容的排列顺序。建立"以强化职业能力为目标"的职业学校课程结构体系，以职业能力培养为基础，把从业所需的知识、技能、情感、态度等要素有机地整合在一起，形成一种完整的立体式课程结构体系。因此，要基于综合职业能力培养的需要，既强调专业核心能力的培养，又注重关键能力的培养。课程结构应朝向整合化方向发展：一是体现为理论与实践的整合，如何将基本知识、单项技能和岗位生产技能整合起来，需要开发大量的综合实训课程。二是形成模块化、弹性化的课程体系，在整体上适应社会对技术技能人才规格多变的需求。三是职业人文素养教育贯穿课程体系之中。例如，目前形成一种依据职业发展阶段构建课程结构体系的趋势，如广州高级技工学校汽车运用与维修专业课程结构框架为：职业认知阶段课程（主要为公共基础课程和专业基础课程）、职业培养阶段课程（主要为专业核心课程）、职业实践阶段课程（主要为拓展课程和顶岗实习）。

目前，在职业学校课程结构构建中主要形成了以下四种典型模式：

1. "三段式"课程结构

第一类：文化基础课程、专业基础课程和专业课。文化基础课程有语文、数学、外语等通用课程；专业基础课程指抽象程度较高的原理性知识构成的课程；专业课程是指具体的单项技术的理论知识构成的课程。

第二类：文化基础课程、专业理论课程和实践课程。文化基础课程有"文化课"和"普通文化课"等名称；专业基础课程有"技术基础课"等名称；实践课程主要有"技能训练""实习""实训"等名称。

三段式课程的学问化倾向比较明显，学科体系。

2. 宽基础、活模块（KH）课程结构

该结构是由北京市朝阳区职教中心蒋乃平等人通过实验与研究提出的。该模式将全部专业课程分为两个阶段：第一阶段称为宽基础阶段，即教学内容集合了一群相关专业所必备的知识和技能，以期为今后的转岗和继续学习奠定知识与能力基础；宽基础阶段课程由政治文化类、工具类、公共社会能力类、职业群专业类四大板块组成，每个板块又由一系列小模块所组成，以便于教学内容的组织与更新。在政治文化课板块中，对于基础性的学科，例如，语文、数学等文化课，继承学科本位课程的长处，讲究知识的系统性、完整性，以知识系统为主线，渗透能力的培养。在其他板块中，以能力形成为主线，围绕能力的培养与提高组织教学内容，强化动手、操作能力的培养。第二阶段称为活模块阶段，其功能是学生在选定好模块后，针对相对确定的一个或几个就业岗位进行训练，为就业做技能方面的准备。

3. 基于课程功能优化的课程结构

第一种是"公共基础课程+专业核心课程+拓展课程+顶岗实习"。北京市推行以工作过程为导向的课程改革，打破了以学科知识逻辑性、完整性为特征的传统课程体系，将专业知识与核心技能相互融合、有机整合，按照由浅入深、由易到难、循序渐进的原则，以典型职业活动确定专业核心课程设置，按照企业工作过程设计课程关系，以工作任务整合理论和实践课程内容，构建了"公共基础课程+专业核心课程+拓展课程+顶岗实习"的课程体系。公共基础课程落实教育部新颁教学大纲要求，专业核心课程落实核心技能培养，是专业必修课程，包括基础的、公共的、对职业岗位群素质起导向性作用的专业公共课程，以及针对职业岗位、具有典型职业特征、对职业能力形成起重要作用的专业技能方向课程。拓展课程包括专业拓展和文化素质拓展等课程，由学校自主设置。顶岗实习是学校教学的延伸，是学生了解、体验社会和岗位工作的综合实训环节，纳入课程体系中。专业核心课程体现该专业基本的人才培养规格要求，由市教委组织统一开发；拓展课程体现学校、专业特色，以适应订单培养和学生个性发展的需要，由学校自主开发。这样既保证了中等职业教育职业人才培养的基本规格要求，同时给学校留有自主开发课程、形成专业特色的空间。这种课程结构既考虑到专业人才培养规格的统一性，又兼顾到各校办学的特色差异性，体现了规范性与灵活性的结合。

第二种是"公共课程+核心课程+教学项目"。浙江省在2008年提出，要加快构建以"公共课程+核心课程+教学项目"类型为主的中职课程新模式，确立以核心技能培养为课程改革主旨、以核心课程开发为专业教材建设主体、以教学项目的设计为专业课程改革重点的改革思路。公共课程着眼于基础性、应用性和发展性，为后继专业课程教学服务，为学生终身发展服务；核心课程突出实践能力和动手能力的培养，原则上每个专业确定5种左右核心技能，设置5至8门核心课程；教学项目努力为专业教学与岗位工作任务有效衔接服务，根据不同专业，每个专业设计70至100个左右的"教学项目"。这一课程新模式以促进学生岗位就业能力为本位。

第三种是"专业平台+岗位方向"。专业平台课程由专业支撑课程、专业核心课程和拓展课程构成，着重培养学生的基本专业能力和知识结构；岗位方向课程主要是有侧重性地进行专业技能训练和拓展专项能力。这种课程结构模式能够实现课程与职业标准的对接融合，能够打破以知识传授为主的课程模式。

第四种是"专业平台课程＋专门化方向课程＋综合实践课程"。专业平台课程以职业活动为依据，以该专业共同的学习单元（项目）为载体，以基础技能、基础知识为课程内容，是宽厚的、综合性的专业基础训练课程，是形成该专业各专门化方向职业能力的共同基础。专业方向课程是在专业平台课程基础上，根据学生职业生涯发展的需求，供学生选择的成组课程，是针对某一（些）就业岗位能力的发展，以相关项目（任务）为载体的课程。综合实践课程是强化综合职业能力培养、完善职业人格、与就业岗位对接的课程。

4. 基于职业发展阶段的课程结构

有的院校注重学生的职业生涯发展过程，提出国际贸易专业课程体系由公共基础课程、学生企业轮岗、职业技能课程、职业技能拓展课程、职业情境课程和素质教育课程构成[1]。课程开设的顺序是：公共基础课程、企业轮岗、职业技能课程、职业技能拓展课程和职业情境课程，而素质教育课程则贯穿学生整个学习过程的始终。学生学习完公共基础课程后，下企业进行为期半年的轮岗，能够使学生对工作岗位和专业有直接的经验上的认知；在直接经验的基础上学习职业技能课程，有助于学生深刻理解，再学习职业技能拓展课，能够强化技能操作水平；最后以顶岗实习的方式实施职业情境课程，将自己所学的专业理论和技能应用到真实的工作情境中，全面提升综合职业能力。

四、职业学校课程实施的运作

（一）职业学校课程实施中的教师角色[2]

工作过程课程的实施对职业院校教师课程角色提出了新的要求，基于工作过程的完整性要求职业院校教师具备课程整合角色，基于工作过程的职业性要求职业院校教师具备职业文化的角色，基于工作过程的生成性要求职业院校教师具备课程创生的角色。

基于工作过程完整性的教师课程整合角色包括以下四个方面的内涵：一是需要教师确立全面整合的课程目标观。全面整合的课程目标观是指工作过程

---

[1] 钱华生：《基于国家职业标准的高职国际贸易专业课程体系改革》，载《中国职业技术教育》2013年第35期。
[2] 参考赵文平：《工作过程导向的职业院校教师课程角色》，载《职业技术教育》2013年第1期。

课程对于学生的发展价值不仅仅体现在知识方面，还应有渗透在知识、工作过程中的技术与人文、艺术与美感、道德与文化等内容。二是需要教师在课程设计中处理好学术理论知识与工作实践经验的关系。工作过程课程不是仅以某一学科的内在逻辑为出发点来设计课程，而是需要多种学科知识、多种类型知识的相互交叉、融汇的有机体，强调的是知识的联系性和整合性。工作过程课程将理论知识与实践知识整合，课程不再片面地强调建立在静态的学科体系之上的对显性理论知识的复制与再现，而是着眼于动态的行动体系的隐性实践知识的生成与构建，是以从业中实际应用的过程性知识与以适度够用的陈述性知识的整合，以经验和策略的知识与以"事实、概念"和"理解、原理"的知识整合。三是需要教师在课程实施中做到课堂理论讲授与工作场所实践经验指导的整合。走出理论教学与实践教学两张皮的困境，采取学习中工作和工作中学习的方式，通过完成工作任务获得理论知识和实践经验。四是在课程开发中需要教师将最新的工艺流程和技术信息整合到课程之中，实质上是能够更新课程内容，将工作过程中的新技术、新工艺整合到课程中。基于工作过程完整性的教师课程整合角色的实现需要教师具备多方面的素质。教师除了具备教育素养和能力之外，还要有相关的职业技能；除了具备专业理论知识，还应有专业实践能力。这实质上需要我们培养一大批具有"双师"素质的教师。工作过程课程以工作为逻辑组织课程，特别强调工作经验和经历，教师的课程整合角色实现需要大批具有双师素质的教师，熟悉生产一线，具有解决实际问题的技术能力，具有较强的动手示范能力。另外，需要培养教师跨专业、跨学科的知识和团队合作能力。一项完整的工作过程不是传统意义上的一门课程，而是可能需要涉及多个领域、多个学科的知识，也需要有多种专业知识背景和工作经历的教师联合起来开发课程和承担教学任务。

工作过程课程实施中的教师职业文化角色有以下三层含义：第一，教师是一定的职业文化代表者和象征者，工作过程课程的教师不纯粹是一名传递知识的教师，而是与工作过程相关的职业文化代言人。其教育行为和操作行为中必然承载着职业文化。教师不仅仅是人师，更是一种技师、职业大师。第二，工作过程课程的设计与实施需要教师融入职业文化，特别是最新的职业发展动态、最新的技术。专业课程（教材）开发中吸纳职业文化，课程开发与职业文化相对接。需要教师具有相应的职业经验，了解企业的背景，熟悉相关工作过程，掌握工作的要求和质量标准。第三，工作过程导向的职业院校教师职业文化角色着重表现为培养学生的职业文化素养，教师应帮助学生获得硬件的职业技能和软件的职业文化。教师要关注学生职业技能的掌握情况，也要培养学生的职业文化素养。基于工作过程职业性的教师职业文化角色实现需要从以下方面努力：一是确立一种跨界性的课程文化观。课程是一种文化，课程知识不是干巴巴的符号，而是承载着丰富的、深刻的精神性。"课程是在特定的教育情境中多主体对话互动、动态生成的促进学生个体发展的文化事件"。①工作过程课程是一种"学校与企业、工作与学习、理论与实践"等跨界性的课程文化。职业教育课程是一种基于职业的教育性文化经验体系。二是积极深入企业一线，可以通过赴企业实践、参与企业技术服务项目等方式了解相关职业的制度、价值、精神等文化性内容。构建在企业物质文化指导下的课程物质文化、在企业精神文化指导下的课程精神文化、在企业制度文化指导下的课程制度文化、在企业行为文化指导下的课程行为文化。三是教师自觉将自身的企业实践经验和相关职业文化渗透到其二次课程开发之中。按照古德莱德的五层次课程理论，在"理想课程→正式课程→领悟课程→运作课程→经验课程"这个过程中，正式课程走向运作课程的中间需要一个教师所领悟的课程，实质上是教师基于意义创生的解读课程，这其中可以将企业实践经验和相关职业文化融入进来，深化课程的职业文化性。

　　基于工作过程生成性的教师课程创生角色包括以下三个方面的含义：一是体现在教师与课程的关系上，工作过程课程实施中教师不是被动的执行者，教师不是复制课程，然后原汁原味地再传递给学生。教师是课程的创造者，教师可以根据特定的教育情境与学生共同创造工作过程课程。其实工作过程课程本身就是在过程中不断创生的。二是这一创生角色体现在课程实施的过程之中，工作过程导向的课程不是固定的流程，而是特定工作场域、特殊学习对象下的特别体验，这是教师根据需要的一种创造。教师将典型工作过程任务转化为适合于具体情境的学习内容，通过变通创生，把理论知识和实践知识有机地结合到具体的工作过程之中。三是就教师所提供给学生的工作过程课程结果而言，教师不是呈现定论和不变的知识技能，而是提供一种具有可持续性的、推动学生不断发展的经验。基于工作过程生成性的教师课程创生角色的实现。首先，教师课程观的更新。根据调研，大多数职校教师将课程视为教学内容或预定的方案和计划，而没有认识到课程的动态性和生成性。教师课程创生角色的实现需要教师确立起一种过程课程观，这需要加强教师的课程理论素养的教育。在职前教育中，开设课程论课程，学习多种课程理论；在职后的培训中，应有针对性地开展关于职业教育课程方面的培训；同时需要教师自身不断努力学习相关的课程知识。我们需要使教师树立起一种过程性的课程观，课程实施策略走向创生取向。其次，教师课程意识的培养。所谓教师课程意识是在教育活动过程中，教师头脑中自觉地拥有课程参与和实践的意识。课程实施不再是静态机械地执行预定课程计划的过程，而是一个动态地不断调整课程计划或实施策略的过程，甚至是一个再创造课程意义的过程。

---

① 赵文平：《论课程作为教育过程中生成的文化事件：基于复杂科学理论的审视》，载《当代教育科学》2012年第5期。

最后，教师课程权力的赋予。对于其课程创生能力的发展也需要我们在教育体制中解放教师，赋予教师一定的课程权力，教师应被视作是课程的有机组成部分，教师是课程的创造者和主体。

（二）职业学校教师的课程实施能力[①]

课程实施是将课程方案付诸实践的过程，也可以说是课程的落实过程。在这个过程中，教师起到了至关重要的作用。课程能否顺利有效实施，这与教师的课程实施能力直接相关。教师课程实施能力是教师在参与一系列的课程实施活动中所具备的心理特征，或者说教师顺利完成各项课程活动所具备的能力。教师课程实施能力就是教师把课程计划付诸实践的能力。职业学校教师课程实施能力是教师在其课程实施中所表现出来的综合素质，其不仅仅表现为教师的教学能力，还应包括教师对课程的认识、实践和反思能力。

1. 职业学校教师课程实施的认识能力

职业学校教师课程实施的认识能力，实质上是指教师是如何认识职业学校课程、如何认识职业学校课程实施的能力，其内在的核心是职业学校教师的课程观与课程实施观。具体来说，涉及对职业学校课程本质、课程实施过程、课程实施策略等方面的认识。职业学校教师把职业学校课程理解为是知识、是教育活动、是具体的教材、是学生获得的经验还是职业活动中的工作过程？也就是说，在职业学校教师的头脑中，职业学校课程到底是什么？对职业学校课程的认识直接关系到课程实施的取向和策略，如果将职业学校课程视为是知识，那么就会简单地将课程实施作为一个传递知识的过程；如果将职业学校课程视为是职业活动中的工作过程，那么就可能会将课程实施视作是在过程中探索和体验的活动。职业学校教师对其课程实施过程的认识主要是指，他们将课程实施简单地理解为是一项教学活动、理解为是一个教教材的活动，还是理解为是师生共同理解文本的活动，还是理解为包括课程改变调整等在内的课程落实过程。职业学校教师对其课程实施策略的认识主要是指关于"如何进行课程实施"的认识，在观念上把课程实施策略概括为忠实地按照课程计划和教材按部就班地实施课程，或根据需要对课程本身和教学活动进行相互调适，或根据教师理解、学生需要和特殊教育情境等灵活地创生新的课程。

2. 职业学校教师课程实施的实践能力

职业学校教师课程实施的实践能力是指职业学校教师在其课程实施过程中完成各种具体实践活动所需要的能力。按照古德莱德的五层次课程理论：理想课程→正式课程→领悟课程→运作课程→经验课程，这一过程中从正式课程到领悟课

[①] 参考：赵文平：《工作过程导向的职业院校教师课程实施能力》，载《江苏教育研究》2013年第7期C版。赵文平：《论中职教师课程实施能力结构》，载《职教通讯》2013年第9期。

程的转化过程中，就需要教师自身将正式的课程领悟为自己的课程，接着又将教师个人所领悟的课程再转化为运作课程。这两个转化过程需要的是教师具备一定的课程能力，这也说明教师在课程实施过程中的实践能力的重要性。职业学校教师课程实施的实践能力具体应包括课程需求的把握能力、课程目标确定的能力、课程内容的选择与调整能力、教学活动设计与开展能力、课程规划能力等。关于课程需求的把握能力，主要强调在正式的课程实施开始前教师是否能够明确和把握学生对课程的需求状况，这是下一步有效开展课程实施的依据。关于课程目标的确定能力强调教师在把握学生课程需求的基础上，结合课程内容，能够确定所实施课程要达到什么样的目标。关于课程内容的选择与调整能力，强调在课程实施中教师能够依据特殊的教育情境和课程需求，能够对课程文本进行合理选择、适度的删减增加等调整。关于教学活动设计与开展能力，是指职业学校教师在其具体课程的教学活动中，能够有效开展，确保课程教学目标的实现。关于课程规划能力，主要强调职业学校教师能够对其所执教的课程进行整体的规划，恰当处理好与其他课程的关系，因为职业学校课程是一种工学结合的模式、工作过程导向的模式、理论实践一体化的模式，需要教师从学生综合职业能力发展的角度整体性地规划课程。

3. 职业学校教师课程实施的反思能力

职业学校教师课程实施的反思能力是指其在课程实施活动中和活动后对其所作出行为的诊断和思考，实质上是教师的一种自我认知过程和能力。美国教育家唐纳德·舍恩(Donald Schon)在其"反思性实践"的相关理论中认为，实践者是复杂情境中能动的探究者，而非技术理性主导下的工具性问题解决者。之所以强调职业学校教师课程实施的反思能力，就在于职业学校课程实施不单单是一种认识活动和实践活动，更是一种反思性的活动。职业学校教师课程实施的反思能力实质上是教师在课程实施中的主体性的体现，教师作为自觉的主体有意识地对灵活多变的情境创造性地做出自主判断和选择。职业学校教师课程实施的反思能力主要是指教师在工作过程导向的课程实施中能够主动思考其自身的行为、相关的教育情境及职业活动，进而主动做出课程实施策略的理性决定，不断提升自身的课程实施认识能力和实践能力，进而增强其适应性。职业学校教师课程实施的反思能力体现出了教师在课程实施中的主体性、实践性、探究性和批判性等特征。教师对其自身及课程实施过程的反思所凸显的正是教师自身的主体价值；职业学校课程实施中的教师反思是一种实践性的活动，通过反思而改进自己的行为，是一种变革性的实践；职业学校课程实施过程中的教师反思也是一种探究性的活动，通过反思自身的行为而获得问题的解决，探索新的问题解决途径；职业学校课程实施过程中的教师反思实质上是一种自我批评。

职业院校教师课程实施能力的指标体系见表6-2。

表 6-2　职业院校教师课程实施能力指标体系①

职业院校教师课程实施能力	认知能力	1. 课程本质认知	① 能够将职业院校课程视为是职业活动中的工作过程 ② 能够将工作过程知识作为职业院校课程的组成部分
		2. 课程目标认知	① 能够将职业院校课程目标定位为综合职业能力发展 ② 能够将工作过程知识、工作价值观、职业态度情感等作为职业院校课程目标的内容
		3. 课程实施认知	① 能够将职校课程实施理解为工作与学习结合的过程 ② 能够将课程标准与职业标准相对接 ③ 能够遵循学生职业能力培养的基本规律
	实践能力	1. 课程需求把握	能够从职业工作需要出发把握学生课程需求
		2. 课程目标确定	① 能够对典型工作任务进行分析并转化为课程目标 ② 能够制定符合工作过程所需要素质的课程目标
		3. 课程内容选择	① 能够融入最新的技术工艺 ② 能够融入相关企业文化、职业文化 ③ 能够与实际工作过程紧密结合 ④ 能够向学生传授过程性知识 ⑤ 能够以真实工作任务及其过程为依据整合、序化内容
		4. 教材创生解读	① 能够突破教材限制结合自身经验形成新的教学载体 ② 能够根据工作过程需要更新陈旧的教材内容
		5. 教学活动设计	① 能够坚持与具体工作情境相联系的原则 ② 能够坚持教、学、做结合的原则
		6. 教学方式运用	① 能够将学生置身于真实或模拟的工作世界中 ② 能够将理论学习与实践训练相结合 ③ 能够引导学生自主探究
		7. 课程整体规划	① 能够依据工作过程需要灵活调整课程结构顺序 ② 能够依据工作过程需要整体充实删减课程内容 ③ 能够依据工作过程需要协调诸门课程间的关系
	反思能力	1. 反思自身	① 能够从课程实施过程中发现自己观念的不足 ② 能够从课程实施过程中找到自己行为的缺点 ③ 能够从课程实施过程中总结自身实践性经验
		2. 反思课程	① 能够从课程实施过程中找到课程的问题 ② 能够从课程实施过程中富有价值的经验
		3. 反思课程实施	① 能够对课程实施过程进行有意识的监察、评价和反馈 ② 能够在课程实施过程中将课程与工作过程进行对比

五、职业学校课程评价的开展

在职业学校课程实践中存在重视课程开发而轻课程质量评价的现象。正如有

---

① 赵文平：《工作过程导向的职业院校教师课程实施能力》，《江苏教育研究》2013年第7期C版。

学者所批评,"各职业院校都在搞新课程开发,但对课程如何评价没有通盘的考虑和安排,更没有对课程评价进行专门的组织和规划。整个课程开发过程缺乏一个对课程整体反思的环节"。① 课程评价其实是课程开发的一个重要环节,课程评价不是仅仅对学生学习效果的评价,现实中人们往往将课程评价窄化为学生评价,课程评价实质上是一种对课程本身的诊断。对所开发的课程到底如何合理地评价?由谁来评价诊断?企业对课程的满意度如何?这些尚未形成统一的课程质量评价标准。"如何通过适切的课程评价随时诊断课程设计和实施中的问题、及时修正课程,从而保证职教课程改革顺利进行是当前职业教育中的一项重要课题"。②

职业学校课程质量如何保障、如何衡量评判,这实际上需要形成完善的课程质量评价机制。完善的职业教育课程质量标准体系对职业教育发展起到至关重要的作用,如澳大利亚形成了课程内容标准体系,课程设计、认证和注册标准体系,课程实施条件标准体系三个方面的职业教育课程质量标准体系③。形成完善的课程质量评价机制需要明确以下问题:一是评价主体的问题。职业学校课程不仅仅是学校的事情,应是学校和企业及用人单位共同的事情。课程质量评价由行业来组织评价,如德国"双元制"学生的毕业生资格由德国工商协会统一认定。二是评价标准的问题。迫切需要制订职业教育课程质量评价标准。国外的经验是用行业标准衡量课程的合理性。这一标准不同于专业教学标准。三是评价内容的问题。职业学校课程质量评价的内容应该是系统的、完整的,不局限于学生的学习评价,应包括课程目标的评价、课程内容的评价、课程实施的评价乃至课程效果的评价。

阅读建议

1. 徐国庆:《职业教育课程论》,华东师范大学出版社2008年版。
2. 石伟平、徐国庆:《职业教育课程开发技术》,上海教育出版社2006年版。
3. 徐国庆:《实践导向职业教育课程研究:技术学范式》,上海教育出版社2005年版。
4. 赵志群:《职业教育工学结合一体化课程开发指南》,清华大学出版社2009年版。
5. 黄艳芳:《职业教育课程与教学论》,北京师范大学出版社2010年版。
6. 朱德全、张家琼:《职业教育课程与教学论》,西南师范大学出版社2010年版。

---

① 袁丽英:《课程评价:职教课改中的重要环节》,载《职教论坛》2010年第12期。
② 袁丽英:《职业教育课程评价要抓住三个关键》,载《中国教育报》2009年10月12日第007版。
③ 许露、庄亚明:《澳大利亚职业教育课程质量标准体系及启示》,载《职教论坛》2011年第12期。

7. 姜大源：《当代德国职业教育主流教学思想研究：理论、实践与创新》，清华大学出版社2007年版。

8. 谢传兵：《我国职业教育课程开发的演变与课程考查的维度》，载《职教通讯》2007年第11期。

9. 姜大源：《世界职业教育课程改革的基本走势及其启示：职业教育课程开发漫谈》，载《中国职业技术教育》2008年第27期。

10. 赵志群等：《我国职业教育课程改革理论与实践回顾》，载《教育发展研究》2005年第15期。

11. 肖凤翔等：《现代职业教育课程本质探析》，载《职业技术教育》2013年第28期。

简答题

1. 专业和职业、专业和学科的联系与区别？
2. 简述专业设置的基本原则。
3. 工作过程课程的特点是什么？
4. 职业教育课程应该由谁来开发？
5. 如何理解"职业教育课程是模拟职业活动的职业经验体系"？

拓展思考题

1. 搜集职业学校课程开发案例，并分析其课程开发中的问题，提出对策建议。
2. 英国、德国、美国等国家职业学校课程开发的基本特点是什么？对我国有何启示？

第七章　职业学校教学理论

学习目标

- 理解职业学校教学的本质与特点。
- 明确职业学校的教学观，并成为教学实践的指导思想。
- 能够在职业学校教学实践中运用相应的教学模式。

教学是实现教育目的，培养人才的基本途径，是职业学校的中心工作，是培养高质量人才的重要保障。教师的教学行为是在一定教育思想理念指导下形成的，教学改革必须先改变教育者的教育思想，促使教育者反思自己行为的合理性以及对受教育者成长的影响。拥有一支用现代职业教育教学理论武装起来的教师队伍，才能有效实现职业学校人才培养目标。

请扫描二维码
学习本章视频

第一节　职业学校教学的本质与特点

一、职业学校教学的本质

在教育实践和社会实践中，人们经常提到教学这个词，似乎每个人都熟悉它，无须解释和说明就知道它的含义。事实上，教学是职业教育学的基本概念，对一个学科来说，越是基本概念就越难把握和理解。正如大厦的基石，如何摆放，关乎整座大厦的安危。人的认识、思想决定了行为，如何看待事物，就如何去行动。例如，课堂秩序混乱，教师为恢复秩序采取何种行为，取决于教师对学生的基本认识和教育指导思想。一位教师从善意的角度认识学生，认为秩序混乱可能是因为学生疲劳或想出风头；另一位教师从恶意的角度认识学生，认为学生在捣乱或故意给自己找麻烦。观念的差异，必然会使两位教师采取的对策有所不同。教学概念的解释是教学观念、教学思想的反映，是产生教学行为的思想根源。对教学概念的不同解释，将会在教学实践中，产生不同的教学行为。

（一）对教学概念的一般理解

教学现象非常复杂，在探索教学本质过程中，人们对教学这一概念有过多种解释，较有代表性的介绍如下：

1. 强调教师的教和传授，认为教学就是教师把知识、技能传授给学生的过程

东汉许慎在《说文解字》中对"教"字的解释为："教，上所施，下所效也。"它强调教学活动中教师要示范，学生应模仿。《现代汉语词典》对教学词条的解释是："教师把知识、技能传授给学生的过程。""传授"二字表明教师"授"，学生"收"的信息单项传递方式，把学生看成接受知识的"容器"。《现代汉语词典》中的解释，对公众的影响很大，虽然当前我国教育学著作中不再简单强调教师的传授作用，但有为数众多的一线教师仍然存在上述观念，片面地认为教学就是把自己的所知所能告诉、展示给学生，使之听到、记忆，看清、模仿，能够按照教师教授的样子去做，就是完成了教学任务。

2. 强调学生的学，认为教学就是使学生学会、会学

孔子认为："好仁不好学，其蔽也愚；好知不好学，其蔽也荡；好信不好学，其蔽也贼；好直不好学，其蔽也绞；好勇不好学，其蔽也乱；好刚不好学，其蔽也狂。"[①]指出一个人虽然好仁尚义，但如果不学习，仍然会产生种种弊端，只有学习才能"去固""解蔽"，增长知识和才干。《学记》中也指出："善学者，师

[①] 《论语·阳货》。

逸而功倍，又从而庸之；不善学者，师勤而功半，又从而怨之。"蔡元培说："我们教书，并不是像注水入瓶一样，注满就算完事。重要的是引起学生读书的兴味，做教员的，不可一句一句，或一字一字地，都讲给学生听。最好使学生自己去研究，教员不讲也可以，等到学生实在不能用自己的力量了解功课时，才去帮助他。"这些观点认为教学就是教学生学。

3. 强调教学的双边性，认为教学是教师教和学生学组成的双边活动

"教学是教育目的规范下的、教师的教与学生的学共同组成的一种教育活动。通过教学，学生在教师的有计划、有步骤的积极引导下，主动地掌握系统的科学文化知识和技能，发展智力、体力，陶冶品德、美感，形成全面发展的个性。"①

"教学是教师教和学生学所组成的一种双边活动。具体地说，职业技术教育的教学是教师有目的、有计划地启发引导学生积极主动地、灵活地、创造性地、掌握文化科学知识、技术理论知识和技能技巧，发展能力（尤其是职业能力）和体力，培养他们树立正确的人生观、职业观和共产主义道德品质及良好的职业道德情操，使他们成为德、智、体、美、劳全面发展的专业技术人员、技术工人和其他受过良好职业培训的城乡劳动者。"②

教学实践表明，强调教师教的地位和作用，造成教师中心、课堂中心、书本中心，形成"满堂灌"和"填鸭式"教学；片面强调学生的学，造成以学生为中心的"开放课堂"，都是一种低效率的教学观。许多教育学著作中把教学看成是师生共同组成的双边活动，对纠正教与学相互关系中的片面认识具有积极作用。但这种观点没能进一步解决"怎样活动"的问题，造成教师在教学实践上变成：我讲，你听；我问，你答；我写，你抄；我给，你收；教多少，学多少；怎么教，怎么学；先教后学，不教不学。实际上学生还是处在被动状态，教支配着学，学服从于教，仍是一种单边活动。

（二）如何正确理解教学的含义

教学是围绕教学目的，师生相互交流，积极互动，共同发展的教育活动。正确理解教学概念的含义，需注意以下几个方面：

1. 教学是高效率促进人发展的手段

人的身心发展有其自然性，只要满足发展所需要的自然条件和社会条件，即满足儿童生理成长所需要的食物、水、空气等自然条件，满足儿童心理成长所需要的与他人在一起生活等社会条件，儿童就可以自然地发展。当然，这种情况下无法控制其发展速度、发展方向和最终发展水平，只能随自然和社会条件的变

---

① 王道俊、王汉澜：《教育学》，人民教育出版社1998年第2版，第181页。
② 张福珍等：《应用职业教育学》，南开大学出版社1991年版，第108页。

化，顺其自然。教育就是要通过教学等手段，变自然发展为可控发展，有意识地控制学生的发展方向，开发学生的潜能，加速学生的社会化进程，使其达到自身所能达到的最高发展水平，从而促进社会和人类自身的发展。

2. 教学的三种境界

基础境界的教学采用告诉、传递、训练等方式进行，目的是把现实世界中的标准、规范展示给学生，要求学生认同并遵照执行。中间境界的教学采用引导、启发、逻辑等方式进行，目的是带领学生探索世界。理想境界的教学采用交流、碰撞、互动等方式进行，目的是与学生进行心灵对话，共同参与、共同创造、共同分享，用人格去影响人格。

3. 教学是教师与学生互动的过程

教学不是教师教和学生学的机械相加，教师和学生是一种"学习共同体"，他们共同研究，交流经验和体会。"对学生而言，交往意味着主体性的凸显、个性的表现、创造性的解放。对教师而言，交往意味着上课不仅是传授知识，而是一起分享理解，促进学习；上课不是单向的付出，而是生命活动、专业成长和自我实现的过程。交往还意味着教师角色定位的转换：教师由教学中的主角转向'平等中的首席'，由传统的知识传授者转向现代的学生发展的促进者。"[①] 只有学生的亲身体验，才能解决实际问题，真正形成生产能力。

4. 教学关注每一个学生的发展

不能只从功利角度看待职业教育，成功的教学不仅是传授了多少知识，也不仅是教会了学生多少能力，更重要的是使学生获得了发展。使其更了解自己，更善于把握和控制自己，更尊重和热爱劳动，更具有高尚的职业道德和良心，更不畏困难勇于进取，更有爱心，更有责任感，更有教养。促进人的身心发展是所有教育类型的共同核心和根本目的，教学无疑需要重视知识和能力，但教会学生如何做人、如何生活更具有教育价值。

5. 教学包括为实现教学目的，师生共同进行的一切活动

不要狭隘地把教学理解为课堂教学，甚至是理论教学。在职业教育中，教学要突出实践性教学，纳入学校教学计划的现场教学、各种实习教学都是不同形式的教学活动。

解释教学的含义，并不在于给教学谋求一个"科学""规范""精确""无可挑剔"的定义让人们记诵，其根本意义乃在于表达我们的理想，表达我们对教学的期望，为现实教学的发展谋求合理的方向。这意味着对"什么是教学"的回答，任何时候都不是、也不能是现成的、固定不变的，它是我们教学观念的反应，需要教师在教学实践中不断地去思索。

---

① 朱慕菊：《走进新课程：与课程实施者对话》，北京师范大学出版社2002年版，第116页。

(三)职业学校教学本质

职业学校教学是职业学校实现技术技能人才培养目标的基本途径。职业学校教学是职业教育领域的教学活动，是教授职业知识与职业技能的活动。

首先，职业学校教学过程是一个教授工作过程知识的过程。职业学校教学所传授的知识不是纯粹的学术理论知识，而是与生产实践密切结合的工作过程知识，换句话说，职业学校教学过程是教学生学会如何做的过程。

其次，职业学校教学过程是一个与工作过程相对接的过程。职业学校教学充分体现教、学、做合一的特点，教学的过程就是一个生产实践过程。从某种程度上讲，职业学校教学是一种生产性教学，即教学与生产、工作合一。"在教学中，需要将工作过程和生产流程进行重构归纳，将工作情景转化为学习情景，从而通过教学过程将准职业人内化的隐性知识转化为工作过程所需的显性知识"。[①] 职业学校教学不是完全由一个场所或载体（如教室或书本）所完成的，而是需要直接或间接地借助或利用工作情境来推动学生学习。

最后，职业学校教学过程是一个理论与实践相统一的过程。职业学校教学主要分为理论教学与实践教学，理论教学主要是在教学过程中实现专业理论知识的传递，实践教学则主要是通过实践的途径实现学生实践能力的养成。

二、职业学校教学的特点

（一）教学目的的职业性、实用性

学生进入职业学校，就要根据未来职业的需要进行定向培养，满足特定职业的需要，教学内容、教学过程、教学方法、教学组织等各个方面均反映特定的职业特色和风格，带有该职业的烙印。职业教育的功能之一，就是将潜在的劳动力资源转化为现实的能在职业活动中完成任务的劳动力。随着社会发展，任何职业岗位都需要掌握了相应能力素质的从业人员，我国实行的"先培训，后就业"的劳动政策、劳动预备制度和职业资格制度，都表明职业岗位对劳动者素质有较高要求，不具备某项职业技能的人，就不能从事该项职业活动。

职业学校培养生产、服务、管理一线岗位的技能型人才，他们是顾客的接待者、服务的提供者、产品的制造者和设备的操作者。因此，职业教育所追求的不是理论水平，也不是学历文凭，而是一种能满足某一职业或工作需要的综合职业能力，从一定意义上说，它是一种以培养职业能力为基础的教育。教学主要进行关于服务生产设备、工具、工艺流程、加工方法的知识和操作技能等生产技术方

[①] 朱德全：《职业教育课程与教学论》，西南师范大学出版社2010年版，第155页。

面学习和训练。教学从将来工作需要出发，注重知识的实际应用，如：应用条件、方法、手段、效果和检测。教学活动重视与未来工作相衔接，特别是在相同或相似的环境里进行实践性教学，增强学生运用所学理论解决实际问题的能力，使学生顺利地适应未来工作需要。

（二）教学内容的综合性、先进性

职业学校的服务范围广泛，可以是第三产业，也可以是第一、第二产业；培养目标跨度大，既可以培养以脑力劳动为主的技术人员、管理人员，又可以培养以体力劳动为主的技术工人和其他劳动者；根据当前和长远的需要，职业学校培养的人才既具有某方面专业特长，能够顶岗劳动，又要有一定通用性、一专多能，满足转换职业和在职提高的需要。这就要求职业学校的教学内容具有综合性。目前，我国中等职业学校课程设置分为公共基础课程和专业技能课程两类。公共基础课程包括德育课、文化课、体育与健康课、艺术课及其他公共选修课程。课程设置和教学应与培养目标相适应，注重学生能力的培养，加强与学生生活、专业和社会实践的紧密联系。专业技能课包括专业核心课和专业（技能）方向课。课程内容要紧密联系生产劳动实际和社会实践，突出应用性和实践性，并注意与相关职业资格考核要求相结合。实训实习是专业技能课程教学的重要内容，是培养学生良好的职业道德，强化学生实践能力和职业技能，提高综合职业能力的重要环节。

职业教育要培养应用型人才，满足用人单位生产活动的需要。其教学内容必须反映服务的新理念，技术革新和科技进步的新成果。当今社会知识技术更新速度加快，社会生产中出现设备、工艺、产品更新周期短，产品批量小，质量要求高等特点，职业教育应及时调整教学内容，与生产要求保持一致。

（三）教学对象的复杂性、终身性

职业学校教学对象的复杂性表现在多个方面。首先，教学对象年龄、阅历层次复杂，有青少年学生，也有参加培训的各类人员；其次，当今社会还存在鄙薄职业教育的思想观念，进入职业学校尤其是初、中级职业学校学生的学习基础、学习目的、学习动机、职业适宜性以及对所学专业（工种）的认识、情感复杂，存在各式各样影响学习的消极因素，需要教师解决。

在现代社会中，社会从业人员的利益导向和价值走势，常使其变更就业岗位。美国劳工部一项研究预测，现在20岁的青年人在今后一生的工作时间内，职业的变换和工作的变动将会达到6～7次之多。这些情况表明，一个人一辈子固定在一种岗位或一个工作单位的时代即将消失。我国社会自改革开放以来，也发生着同样的变化，青年人越来越频繁地变换职业岗位。社会成员正由"单位人"逐渐走向"社会人"。人才流动已成为一种普遍存在的社会现象。社会人员的这种就业需求也必然对职业教育产生影响，现代职业教育应包括职前就业准备教育、在职提高教育和转换职业所需要的教育。职业学校教学，不仅要考虑学生第一次就业需要，而且要为其再学习提供基础，应着眼于劳动者的整个职业生涯。

（四）实践教学的中心性、多样性

职业教育为生产一线培养实用型的专门人才，毕业生既需要有较广泛的文化基础知识和专业理论知识，又需要掌握一技之长，形成直接的生产力。实践教学的任务就是通过教学实习和生产实习，使学生巩固、加深、补充在理论课教学中所学到的知识，从而掌握必要的职业技能。它使理论与实践、教育与生产劳动有机结合，在生产性实习中不仅训练了学生的职业技能，还创造了生产产值，是造就全面发展一代新型劳动者的重要途径。因此，文化课、专业基础课、专业课应围绕实践教学组织教学内容，为实践教学服务。

实践教学组织方式、教学地点具有多样性。实践教学的组织方式可以采用实验、教学实习、生产实习、技术推广等多种方式进行；可以在校内的教室、实验室、实习车间进行，也可以在校外的实习基地、生产现场进行。不同的教学环境是为教学内容和目的服务的，各种环境互相补充、互相促进，学生在真实岗位环境中可以获得最优化的教学效果。

第二节 职业学校教学观

《现代职业教育体系建设规划（2014—2020年）》指出，职业教育要："坚持以立德树人为根本，以服务发展为宗旨，以促进就业为导向。"《教育部关于进一步深化中等职业教育教学改革的若干意见》指出："深化人才培养模式改革，更新教学内容，改进教学方法，突出职业道德教育和职业技能培养，全面培养学生的综合素质和职业能力，提高其就业创业能力。树立正确的人才观和质量观。要切实转变教学观念，正确处理学生综合素质提高和职业能力培养的关系，正确处理学生文化基础知识学习与职业技能训练的关系。坚持以人为本，关注学生职业生涯持续发展的实际需要，培养他们具有良好的职业道德，掌握必要的文化知识和熟练的职业技能，德、智、体、美全面发展，成为中国特色社会主义事业的建设者和接班人。"职业教育教学改革首先需要确立先进的教学观。

一、以职业能力发展为本位的教学目标观

以促进就业为导向的职业教育，其教学过程不只是为了追求精深的专业理

论知识，也不只是掌握精湛的职业技能，而是旨在培养学生的职业能力。对常州及经济发达的无锡、苏州、昆山等周边42家企业走访及问卷调查的数据显示：①93.3%的企业认为毕业生要勤思肯钻，乐于接受新技术，不思进取的毕业生迟早要被淘汰；80%的企业认为团队精神非常重要，要求毕业生要有团队意识，乐于与人合作；88.9%的企业非常注重学生的敬业精神；55.6%的企业重视学生善于学习的能力。从企业反馈的信息，反映出企业用人改变了过去只注重学历文凭不注重能力的状况，现在企业用人不仅要学历文凭、职业资格证书等硬指标，更关注学生有组织能力、学习能力、创新能力、能团队合作等软指标。实际上，企业对职业学校毕业生的要求不是仅仅局限在娴熟的职业操作技能，也需要毕业生具备良好的职业文化素养，这是一种对毕业生综合职业能力的要求。一般来说，综合职业能力由三大部分组成，即专业能力、方法能力和社会能力。我们认为，专业能力是劳动者在专业领域内从事职业活动的基本生存能力，包含专业知识和专业技能；方法能力是劳动者从事职业活动所需要的学习和工作方法，如获得与利用信息分析判断决策能力等；社会能力是劳动者从事职业活动以及社会生活中所需要的行为能力，如合作沟通，适应环境的能力等。职业能力发展为本位的教学目标观旨在转变重理论轻实践动手能力的观念，确立突出实践动手能力、手脑并用观念，从学科本位向职业岗位能力本位转变。

进入20世纪90年代后，澳大利亚TAFE就提出把培养劳动者的"关键能力"作为职业教育的重要目标，并建立了"关键能力"（Key Competencies）的一套理论和测评体系。澳大利亚把"关键能力"称为"为工作、为教育、为生活的关键能力"，共包含7项，分别是：收集、分析、整理思想与信息的能力，交流思想和分享信息的能力，筹划和组织活动的能力，与他人或团队合作的能力，解决实际问题的能力，运用数学概念和方法的能力，运用技术手段的能力。英国与澳大利亚相似，将"关键能力"(key skills)定义为那些与个人学习、生涯和个人生活相关的能力。将关键能力分为三个基本能力和三个扩展能力。三个基本能力是：① 交流；② 数字应用；③ 信息技术使用。三个拓展能力是：① 与其他人工作；② 提高自己的学习和成绩；③ 解决问题。20世纪90年代，美国SCANS(Secretary's Commission on Achieving Necessary Skills，获得必要技能的部长委员会)提出的能力包括基础能力和工作场所能力。其中，基础能力包括基本能力、思考能力、个性品质；工作场所能力包括管理资源能力、管理信息能力、人际关系能力、制度能力和技术能力。每一能力又细分为不同的能力，如基本能力包括听、说、读、写、算，

---

① 全国教育科学"十五"规划教育部规划课题研究报告：《中等职业学校培养学生综合职业能力的研究》。

个性品质包括自尊、诚实，等等。

二、以工作过程为导向的教学内容观

在以往的职业教育中，教学内容主要指向于抽象的专业理论知识和脱离工作情境的专业技能，而工作过程本身的内容没有被考虑到，导致学生对学习不感兴趣，所学到的理论知识和技能难以有效地应用到生产实践中。职业学校教学内容的选择来源于工作过程知识，工作过程知识是指有丰富经验的技术工人所特有的、与生产过程相关的知识。"工作过程知识涉及企业整个的工作过程，它不仅包含工作经验，而且还包括有关生产的目的与生产过程方面的知识。工作过程知识是在具体的情景中积累起来的，它不只是关于具体的操作知识，而且是有关不同的劳动怎样与企业的整体联系在一起的知识。因此，工作过程知识不是通过从学科知识中引导出来的第二手的知识，它具有自己的品质，隐含在具体的实际职业工作中。"[①] 在当前欧美一些国家所推广的"MES""CBE""学习领域课程"等改革中，教学内容不再按照学术体系的方式组织，而是将工作过程知识作为教学内容的核心，以典型的职业工作任务作为工作过程知识的载体，依据学生职业能力的发展规律对典型的职业工作任务进行分析并序列化，使教学内容来源于真实的职业世界。教学内容的组织按照工作过程的程序安排，即根据"任务—计划—实施—检验"的程序组织教学内容。

三、以行动为导向的多元化教学方法观

德语 Handlung sorientierung 可以译为"行为导向"或"行动导向"，源于德国"双元制"职业教育经验，近年来姜大源等德国职业教育专家多译为"行动导向"。行动导向以追求学生的行为改变为教学目标，通过师生的交流和活动，在真实的工作环境中，使学生形成符合生产需要的行为规范。

职业教育教学方法观是对如何开展职业教育教学活动的一种认识。在当前的职业学校教学改革中，确立起一种以行动为导向的多元化教学方法观，以"行动导向驱动"为主要形式，旨在改变过去的"静"，全方位激发学生学习的动力。

转变教、学、做相分离的观念，确立教、学、做合一观念。

转变封闭办学和以课堂为中心的人才培养观念，进一步确立开放办学，校企

---

① 徐涵：《以工作过程为导向的职业教育》，载《职业技术教育》2008年第6期。

合作、工学结合的人才培养观念。

转变单一的"教师讲、学生听"的方法，形成角色扮演法、案例教学法、项目教学法、任务驱动法、兴趣小组教学法、校企协作教学法、模拟教学法等多元化的方法格局。株洲教育科学研究院何文明将具有职业教育特点的教学方法归纳见表7-1。

表7-1 体现职业教育特点的教学方法

名称	基本含义
模拟教学法	让学生在模拟环境中操作学习，一般与角色扮演法配合使用，适合不允许不熟悉业务人员上岗的岗位和工种，如变电站、电话局的机房、火车、飞机、轮船的驾驶、财务、金融等业务过程的模拟，以及一些高、精、尖的精密仪器的使用。模拟教学法分为模拟设备和模拟情景两种情况，前者如模拟汽车驾驶、模拟控制操作等，后者如模拟银行柜台、物流港口仓库、模拟公司等
角色扮演教学法	让学生在假设环境中按某一角色身份进行活动，借以达到教学目标。分为提出问题、挑选角色扮演者、观察与角色扮演、记录、讨论四个阶段。多适用于旅游、商业、管理等文科专业
项目教学法	师生通过共同实施一个具体的、具有实际应用价值的完整"项目"工作而进行的教学行动，如小产品的制作、某产品广告设计、应用软件开发等。基本教学过程为：确定项目任务、制订计划、实施计划、检查评估、归档或结果应用。主要用于综合能力的培养，多与其他教学方法如引导文法等配合使用
案例教学法	通过一个具体教育情境的描述，引导学生对这些特殊情境进行讨论的一种教学方法。主要教学过程为：阅读分析案例、小组讨论、全班讨论、总结评述。多适合于管理、教育、法律、医学等部分学科，特别是已掌握一定专业理论知识和有一定知识积累的高年级学生，不适合低年级学生的学习
引导文教学法	借助引导文等教学文件，引导学生独立学习和工作的教学方法，具体内容包括任务描述、引导问题、学习目的描述、学习质量监控单、工作计划、工具与材料需求表、专业信息、辅导性说明等，教学中分为获取信息、制订计划、做出决定、实施计划、检查、评定六个阶段，可配合讲授法、谈话法、讨论法、演示法、四阶段教学法、项目教学法等使用
四阶段教学法	将教学过程分为讲解、示范、模仿和练习四个阶段进行的程序化的技能培训教学方法。主要用于专业技能的实践教学。以"示范—模仿"为核心的教学方法还可分三阶段和六阶段教学法等
头脑风暴法	教师引导学生就某一课题自由发表意见，教师不对其正确性进行任何评价的方法。教学过程一般为：教师解释运用方法、学生即兴表达想法与建议、师生共同总结评价。适合于解决没有固定答案的或没有参考答案的问题，以及根据现有法规政策不能完全解决的实际问题，如市场营销中的买卖纠纷、广告设计等。该法能够在最短的时间里获得最多的思想观点，可插入到任何一个教学单元或工作过程中
张贴板教学法	在张贴板上钉上由学生或教师填写有关讨论或教学内容的卡通纸片，通过添加、移动、拿掉或更换纸片而展开讨论，提出结论的研讨班教学方法。主要用来收集和界定问题、征询意见、制订工作计划、收集解决问题的建议以及做出决定。教学过程一般为：教师准备、开题、收集意见箱、加工整理、总结
现场教学法	在生产现场直接进行教学的教学方法，让学生在实习现场或工厂车间，教、学、练、做、训相结合，缩短理论课堂教学与实际生产应用的距离

续表

名称	基本含义
模块教学法	把学生掌握的知识或技能，根据具体工种、任务和技能的要求，严格按照工作规范，划分成若干独立单元（即模块）进行教学的方法。教学过程为：划分教学模块、实施模块教学、改进教学方案
要素作业法	通过对手工生产劳动过程的分析，从中抽出操作要素编成单元作业，然后在与生产现场相脱离的场合按一系列要素作业进行教学的方法
个别工序复合作业法	教师先让学生分别学习和掌握本工种最简单的几个要素工序，然后将这几个要素工序复合起来加以运用，进行简单作业。以后再学习几个新的要素工序，再进行包括以前学过的要素工序及新学的要素工序在内的更复杂的作业
主题教学法	20世纪80年代在澳大利亚发展起来的一种以主题内容为基础的教学方法

四、以项目为载体的"一体化"教学实施观

"一体化"教学符合职业教育特点，是职业学校广泛提倡的教学思想。"一体化"教学的含义人们有不同认识，大多从"一体"的构成要素角度提出不同看法。如：理论与实践一体化；工作与学习一体化；教、学、做一体化；教学、科研、生产一体化。《一体化课程开发技术规程》从一体化课程开发过程角度，认为"一体化课程是按照经济社会发展需要和技能人才培养规律，根据国家职业标准，以综合职业能力为培养目标，通过典型工作任务分析，构建课程体系，并以具体工作任务为学习载体，按照工作过程和学习者自主学习要求设计和安排教学活动的课程"。

我们从组织实施角度，认为"一体化"教学就是在教学活动中把理论教学、实践教学、生产服务、科技开发等内容结合起来，以生产项目为载体，在实践中教理论，在运用中学技术。其含义包括：教学目标"一体化"、教学内容"一体化"、教学时空"一体化"和师资"一体化"。

项目是相对完整和相对独立的事件。在技术领域里，所有的产品几乎都可以作为项目，如制作门（木工专业）、格栅（机械加工专业）、报警器（电子专业）、测量仪器（仪器仪表专业）以及简单的工具制作等都是常见的项目。在商业、财会和服务行业，所有具有整体特性并有可见成果的工作也都可以作为项目，如销售专业"不同场合的商品展示""产品的广告设计""应用小软件的开发"等。项目教学是师生通过共同实施一个完整的"项目"工作而进行的教学活动。

职业教育教学目标是一个关于学生素质的整体要求，概括起来包括知识与技能、过程与方法、情感态度与价值观等方面，各要素之间有密切联系，是一个有

机整体。

教学目标"一体化"要求从整体去理解和实现目标,不能把它分解成"零件"。传统教学把"应知"和"应会"简单分开,然而要使学生形成现实生产能力,"应知"就需"应会",否则"应知"没有意义;"应会"也需"应知",否则不能适应生产和学生发展需要。黄炎培先生把"谋个性发展"作为职业教育的首要目的,培养人促进人的发展是职业教育的根本,不能把职业教育教学目标简化为动作技能。

教学内容"一体化"是把理论内容和实践内容有机结合起来。理论和实践本是统一的,理论来自实践又指导实践,职业教育教学内容中不存在没有实践的理论,也不存在没有理论的实践,职业教育教学要围绕实践教授相应理论。所谓理论包括能直接指导实践的理论和间接指导实践的理论,如,文化基础内容教学培养了学生的理解能力、思维判断能力等,间接为指导实践服务。当前,为满足学生转换职业和在职提高的需要,应围绕实践内容,提供较宽泛的理论基础。所谓实践包括动作技能教学、生产能力教学和为培养学生综合实践能力而开展的生产、服务、技术推广、毕业设计等。

教学时空"一体化"是"一体化"理念在时间和空间上的统一,即在同一场地、同一时间完成教学的多种任务。职业学校的教学场地有教室、实验室、实习车间和生产车间等,各场地有不同的功能,但不能绝对化,应提倡场地的综合性功能。在不同的教学时段,其教学内容和教学目的会有所侧重,也不能绝对化。

教师是"一体化"教学理念的执行者,能够胜任"一体化"教学内容,实现"一体化"教学目标的教师就是"一体化"教师。

五、以行为表现为标准的教学评价观

如何确立符合职业教育规律的教学评价观,这是如何衡量和评判职业学校教学质量和学生发展的一个标准。职业学校教学评价观取决于职业学校学生的特点,这就要求我们转变轻视技能人才的观念,进一步确立重视技能人才的观念,深刻认识技能人才是社会正常运行和发展必不可少的人才。转变采用普通教育质量评价标准对职业教育教学质量进行评价的观念,确立突出职业道德和职业技能的教育教学质量评价观念。转变以语言智能和逻辑—数学智能为核心的传统的单一智能观念,改变中职生是"差生"的看法,树立多元智能和人才多样性观念及相信人人有才,帮助人人成才的理念。

基于上述认识,我们主张确立表现性教学评价观。表现性教学评价是根据课程目标和教学内容，在真实情境中设置真正的任务，对学生完成任务的过程及其成果进行评价。表现性评价是在20世纪90年代美国兴起的一种评价方式。它是在学生学习完一定的知识后，通过让学生完成某一实际任务来评价学生的学习状况，包括表现性任务和对表现的评价。它的评价方式有别于传统的纸笔测验评价，是对学生能力行为进行直接的评价。表现性评价，学生自己必须创造出问题解决方法（即答案）或自己的行为表现来证明自己的学习过程和结果，而不是选择答案。评价者必须观察学生的实际操作或记录学业成果。表现性评价能使学生在实际操作中学习知识和发展能力。表现性评价的特点：评价时要求学生演示、创造、制作或动手做某事，每个学生都能有良好的表现。要求激发学生高水准的思维能力和解决问题的技能。使用有意义的教学活动作为评价任务。唤起真实情境的运用。人工评分、人工评判而不是机器评分。要求教师在教学和评价中担任新的角色。

第三节　职业学校教学模式

2009年教育部《关于制定中等职业学校教学计划的原则意见》提出以下基本原则：坚持以就业为导向，面向社会、面向市场，围绕经济社会发展和职业岗位能力的要求，确定专业培养目标、课程设置和教学内容。坚持德育为先，把社会主义核心价值体系融入教育教学全过程，引导学生树立中国特色社会主义共同理想，弘扬民族精神、时代精神，加强以爱岗敬业、诚实守信为重点的职业道德教育。坚持"做中学、做中教"，突出职业教育特色，高度重视实践和实训教学环节，强化学生的实践能力和职业技能培养，提高学生的实际动手能力。坚持工学结合、校企合作、顶岗实习的人才培养模式，正确处理公共基础课程与专业技能课程之间的关系，合理确定学时比例，确保中等职业教育培养目标的实现。坚持统一性与灵活性相结合，在严格执行国家有关规定的基础上，地方和学校可根据区域经济、行业特点和社会发展需求，在课程设置、教学安排、教学手段和方法上有一定的灵活性。

汉语中"模式"一词是指"某种事物的标准形式或使人可以照着做的标准样式"，例如，文化模式、教育模式、经济模式、社会模式、办学模式等。英文model可以译为"模式"，还能译成"模型""范例""典型"等。通过研究模式，可以把事物的主要因素、关系、状态、过程突现出来，排除了事物次要的、非本质的部分，便于人们进行观察、实验、模仿和理论分析。因此，模式研究近年来成为各领域的热点。

"教学模式"一词最初是由美国学者乔伊斯（Joyce）和韦尔（Well）等人提出的，1972年他们出版了《教学模式》一书，提出教学模式是："系统地探讨教育目的、教学策略、课程设计和教材，以及社会和心理理论之间相互影响的，可以使教师行为模式化的各种可供选择的类型。"该书介绍了信息加工教学模式、个性教学模式、合作教学模式和行为控制教学模式四大类共22种教学模式。自20世纪80年代以来，我国教育界对教学模式的研究渐趋重视，并出现了一些重要的研究成果。国内学者对教学模式的阐述，基本上形成以下共识：

（1）教学模式是教学理论与教学实践的中介。教学模式上连教学理论，是教学思想与教学规律的反映，是指导教学实践的一般原理。教学模式下连教学实践，它将教学过程、教学方法、教学手段、教学组织形式融为一体，使教师明确教学先做什么，后做什么，先怎样做，后怎样做，具有可操作性。

（2）教学模式是整体概念，即任何教学模式都有一套独特的系统化、结构化的方法和策略体系，涉及教学思想、目标、程序、师生配合方式、支持条件等要素的有机整合，是对教学的空间结构和时间序列的系统概括。在空间上体现多要素的相互作用方式，在时间上体现操作的过程顺序。

（3）都把教学模式限定在课堂教学过程中，而不涉及课程的设置、教材的选择等广义的问题，都是对教学模式的一种狭义的理解。

（4）教学模式不等于教学公式，教学实践过程中应在掌握其核心和灵魂基础上，根据具体情况灵活运用。教学活动非常复杂，任何一个教学模式都是一个开放的和不断更新的动态系统，实际应用中，教师可根据教学具体情况灵活变通，形成许多变式。

总结以上的分析，我们可以把教学模式定义为：教学模式是为实现特定教学目标而组织的教学活动的基本样式。

一、学科本位教学模式

理论基础：① 循序渐进的认识观和学习顺序观。② 教为主导，学为主体的教学观。③ 知识结构的有序性和系统性与学科结构的逻辑性规律。

教学目标：向学生传授系统的科学文化基础知识、专业基础知识，培养学生良好的职业道德品质。

教学步骤：见表7-2。

表 7-2　学科本位教学模式教学步骤

顺序	教学阶段	主要任务
I	预备	提问与复习先前学过的知识，激发学生为学习新课做准备
II	导入新课	提示新课背景知识，明确学习目标与任务
III	讲授新课	教师系统讲授为主，亦可穿插讨论、演示等方法
IV	巩固	将所学知识系统化
V	应用	将所学知识运用于实际

教学策略：① 重视知识的科学性、连贯性与系统性；② 注意培养学生多方面兴趣。增加课堂内容的起伏性与新颖性；③ 注意激发学生的学习动机；④ 注重新旧知识的联系；⑤ 注意课堂教学的管理，以保证上述教学程序顺利进行。

二、能力本位教学模式

能力本位教学模式（competency based education），即CBE教学模式，意为"以能力培养为中心的教育教学体系"。该教学模式是美国休斯敦大学，以著名心理学家本杰明·布卢姆（B.S.Bloom）的"掌握性学习"和"反馈教学原则"以及"目标分类理论"为依据，开发出的一种新型教学模式。20世纪80年代，美国产业界认为当时的职业教育与就业需求缺乏联系，学校只重视学生知识和理论的获得，而学生在劳动过程中缺乏实际操作能力，强烈要求提高劳动者的职业能力。由此，能力本位思想应用到职业教育改革中，以后逐渐传播到其他国家。主要流行于北美，加拿大、美国、英国、澳大利亚等发达国家。20世纪90年代初，通过中国和加拿大职业教育合作项目能力本位教学模式传入我国，在铁路运输、石油化工等行业推广，引起了人们的广泛关注。

该教学模式的目标：使学生达到从事某一职业所必须具备的知识、技能、行为意识等在内的综合职业能力，其目标明确而具体，就业针对性较强，教师与学生对预期达到的目标与结果都非常清楚。

CBE教学模式分为五个阶段：① 职业分析形成DACUM（Developing A Curricu Lum，教学设计开发）图表。其目的是将一个职业工作划分成若干职责，再将每个职责划分成若干项任务，从而确定对应于各职责的综合能力和对应于各项任务的专项能力并加以分析。② 确定能力标准。依据职业能力分析的结果，一些国家确定了各自的国家能力标准。所谓国家能力标准，指的是按照就业中所必须履行的工作职责和所必须执行的工作任务，就其所涉及的知识、技能以及这些知识、技能的应用所做的明确说明。③ 设计职业能力课程。职业课程的设计通常是由企业家和技术专家参加的以教育专家为主体的专门委员会来完成，依据国家能力标准，遵循适应性、综合性和层次性诸原则，运用教育领域内系统设计和模块化设计等重要成果来进行。④ 教学策略。在教学的方式上，强调职业的需求和学员在学习过程中的主体地位，使教学最大限度地个性化，最大限度地调动学员的积极性。学员可以按照自己的情况选择学习方式；可以根据自己的水平选择学习进度。一个学员一旦掌握了一种技能，马上就可以进行下一个项目的学习。⑤ 进行能力评估。在评估方法上，能力本位职业教育的显著特点是采用标准参照，而不是常模参照。评估按照预先确定的国家能力标准进行。

三、MES教学模式

MES（Modules of Employable Skill）是指"适于就业技能的模块组合"。又称"模块式职业技能培训模式"。它是在借鉴了德国、瑞典等国的"阶段式培训课程模式"以及英国、美国、加拿大等国的"模块培训"经验的基础上，开发出的典型的职业培训课程模式。MES以为每一个具体职业或岗位建立岗位工作描述表的方式，确定出该职业或岗位应该具备的全部职能(Function)，再把这些职能划分成各个不同的工作任务 (Tasks)，以每项工作任务作为一个模块(Modular Unit，简称 MU)。该职业或岗位应完成的全部工作就由若干模块组合而成，根据每个模块实际需要，确定出完成该模块工作所需的全部知识和技能，每个单项的知识和技能称为一个学习单元 (Learning Element，简称LE)。由此得出该职业或岗位MES培训的、用模块和学习单元表示的培训大纲和培训内容。

理论基础：①"按需施教、学用一致"的实用主义观念；② 以系统论、信息论、控制论"三论"为指导，模块课程融知识和技能于一体，建立快速有效的反馈控制机制。

教学目标：使技工具有从事某一职业所必需的能力，培训针对就业，以应会为最终目标。

教学程序：① 职业分析；② 编制学习单元；③ 培训或教学；④ 及时反馈与控制；⑤ 评估、毕业、就业。

教学策略：MSE教学过程中，教员要经常关注市场动态，经常进行职业分析，更新课程与培训内容；教员要有丰富的实践经验与操作技能；注意培训与生产的有机结合，培养人才的同时，还要出产品。

主要特点：

（1）缩短了培训与就业的距离。MES突破了传统的以学科为系统的培训模式，建立起了以职业岗位需求为体系的培训新模式。这就使培训更加贴近生产、贴近实际。

（2）有助于提高学习效率。MES有利于学生在学习动机最强烈的时候，选修最感兴趣和最为需要的内容，学习兴趣越浓，学习的效果就越好。

（3）有利于保持学习热情。MES中的每个模块都比较短小，又有明确的目标，所以，有助于学生看到成功的希望，并在较短的时间内为获得成功而满怀热情地奋斗。

（4）具有开放性和适应性。它可以通过增删模块或单元来摒弃陈旧的内容和增添新的内容，从而保证了培训内容总体上的时代性和先进性。

（5）具有评估反馈系统，对社会生产和经济的发展有快速反应的能力。

（6）MES教学法由世界劳工组织开发，主要应用在机械、电气、汽修、建筑四个专业。

实施的条件：① 教学资料、教学设备和教学方式一体化是模块化教学课程开发的重点。在模块化教学中，不应该仅有传统意义上的"课本"概念，而应该扩展为"教学资料"的概念。教学资料包括传统意义上的"课本"，现代意义上的"教材"和"学材"。传统意义上的"课本"应视为师生相对固定的参考书；"教材"是教师自行开发的，融教师教学内容与教学策略于一体的"教师用工作页"；"学材"是教师自行开发的，融学生学习内容与学习策略于一体的"学生用工作页"。"教师用工作页"包括"理论工作页""实践工作页""教学评分页"等；"学材"不是完整的，留白处是供学生思考、理解后自己填充的。"教师用工作页"实际上是"学生用工作页"的标准答案。"教材""学材""教学媒体""教学方式"构成了现代意义上的"教案"。② 教师是实施MES模块化教学的根本。模块化教学过程中，不管是宏观层面的对课程方案、课程标准、课程资源三个层次的编制，还是微观层面的确定教学目标、选择教学方式、制作教学媒体、编写教学资料，教师不可替代的作用是实施模块化教学的根本。教师从事模块化教学的过程也是一个行动的过程。教师在实施教学模块课程之前，都应接受三个方面的培训。一是师资方面：进行教师自身专业技术再提高和教学理念、教学方式、评价方法的培训；二是设备方面：进行根据模块内容和教学方式改造设备和配置设备的培训；三是教材方面：进行如何编写跟教学模块配套，跟教学设备配套，跟教学方式配套的教学资料的培训。教师在教学模块开发中，深入职业活动过程，运用职业分析、任务分析、教学分析手段确定教学目标；根据教学目标确定教学方法来实现知识的传递；改造旧设备和部件，添置新设备、工具和仪器，制作模型，制作教学媒体，以确保学生有效实习；在收集该模块的所有资料和图片的基础上，根据设备的数据和收集的资料图片编写教学资料，并制作相应的课件。③ 进一步做好师生思想观念的转变工作，加强对模块教学法的宣传，组织教师参加模块教学法的学习培训，加强对模块教学法的学习、理解及研讨，真正使广大教师、管理人员及学生深刻领会和掌握模块教学的精神和实质内含,并广泛收集整理其他学校实施模块教学的经验、资料、信息,并结合本校实际为我所用,扬长避短。④ 针对模块教学过程中专业模块教学大纲、计划、教材等方面存在的问题,组织力量按科学性、合理性、实用性、针对性、适时性、有效性原则修改专业模块教学大纲、计划,并请专家组织论证,并尽快组织编写专业模块教学试用阶段的实用性教材,以解决模块教学教材缺乏的困难。⑤ 校内教学各部门之间和各任课教师之间,教师与管理人员、实验员、实习指导教师之间要统一思想认识,要增强协作教学和服务教学意识,及时相互通报情况,注重配合,注意理论教学与实践教学的衔接。⑥ 进一步改善教学条件,根据模块教学要求和需要,充实或新增必要的实习、实验设备和其他教学手段,并做好配套服务工作。还可以与校外相关专业的企业联系借用或租用场地、专业设备进行教学实习,弥补校内教学设施的不足。

四、互动共振教学模式

(一)互动共振教学的内涵

任何个体都是在与周围环境相互作用中存在和发展的,接受周围环境的影响又影响和作用于环境。广义的互动指事物和事物之间的相互作用和影响,它可以发生在物与物之间、物与人之间、人与人之间。一切事物都与外界存在联系和作用,互动是自然物质的存在方式,是事物生存发展的根本。通常说的互动是狭义的互动,它是指人与人之间的相互作用和影响,必须发生在两个或两个以上的人之间。互动是双方或多方的彼此能动过程,是影响它方并接受它方影响的活动,其特点是具有交互性。如果只是两个人简单的命令与执行、刺激与反应,一方主动另一方被动接受则不能称为互动。互动教学强调互动对教学的重要性,认为交互作用是促进学生发展的有效方法。

共振是物理学概念,指两个振动体频率相同时振幅叠加放大的物理现象。实际上共振不仅是物理现象,它广泛存在于人类社会生活的许多方面。如:管理过程中的"头脑风暴法"是一种认识、思维的共振,能够迸发出思想的火花;集体活动中情感的相互感染,是一种情感的共振,能够使人们群情激昂;生活中的"从众现象",是一种行为上的共振。人和人之间接触、交往、共事就可能产生共振,运用好共振效应可以提高工作效率,达到"一加一大于二"的效果。教学是教师和学生组成的共同活动过程,有交流就会产生共振。教学过程中互动是共振的前提,共振是互动的结果,有互动就必然产生共振的效果。

互动共振教学是通过师生相互配合、交流,达到促进学生发展,教学相长的目的。传统的以认知心理学为基础的教学理论，把教师和学生割裂、对立起来，把生动的教学活动简化为学生的认知，或者强调教师教的技巧，或者强调学生学的方法，而教师和学生如何配合却没有得到应有的重视。教师只管教，把信息发出去就算是完成了任务；学生只管学，勤奋、刻苦、完整地接受并记忆信息就是好学生。现代教学论认识到教学不是教师或学生单方面的活动，而是师生双方的共同配合、对话、交流、激发、共振的活动。现代教育思想更强调教学的交流作用。联合国教科文组织《国际教育标准分类法》（1997年版）对教育的认识发生了改变，将"教育是有组织地和持续不断地传授知识的工作"改为"教育被认为是导致学习的、有组织的及持续的交流"。对"学习"一词的认识也由动机、接受、理解、记忆层次，转变为在行为、信息、知识、理解力、态度、价值观或技能方面的任何进步与提高。互动共振是开展教学工作的基本理念。

互动共振教学包括两个方面：一是情感方面的互动共振；二是认识方面的互动共振。

情感方面的互动共振是师生在教学过程中情感高度一致，共同处于积极、愉快、兴奋的状态。课堂教学既是知识传授的过程，又是复杂的心理活动过程，一些非智力因素参与学习活动，直接影响着学习效果。师生在互动过程中增加了接触和了解，教学过程中师生双方的情感处于积极的取向，教师对事业的追求、对学生成长的关心、对教学内容的态度都对学生的发展产生影响。同时，学生的勤学好问、积极向上、刻苦成才的精神也会提高教师的工作责任心。

认识方面的互动共振是指教学中师生思维呼应合拍，相互启发创新，探索科学结论。素质教育思想提倡启发引导式教学，重视对学生能力的培养，主张通过教师的帮助，学生自己发现知识并获得发现的乐趣和能力，反对以在学生头脑中建造小型"图书馆"为目的的"灌输式"教学。传统认为教师是无所不知、无所不能的圣人，实际上现代社会中教师受到多方面挑战，学生可以从多种渠道获得知识，教师垄断不了知识，甚至在有些方面都不能做到"闻道在先"。职业学校学生思维活跃、富于创新，他们有许多有价值的观点，对教师具有启发作用和借鉴价值，教师应该善于向包括学生在内的任何人学习。

情感互动共振是认识互动共振的基础，是为认识合作服务的，如果没有情感的互动共振，认识过程中就很难有愉悦的体验，也就很难迸发创新的火花。认识互动共振是教学的最终目标，只停留在情感互动共振基础上，就无法完成教学任务。

依据主体的不同，互动共振教学有三种方式，即教师和学生之间互动共振、学生和学生之间互动共振、教师和教师之间互动共振。

（二）互动共振教学的理论基础

1. 对教师教与学生学关系的认识

教学是教师与学生所组成的双边活动过程，这一活动的共同目标就是完成教学任务。这一目标把教与学连接成一个整体，教主导着学，学离不开教；教是为了学，而且要依靠学；学需要教的指导，而且必须发挥自身的主体作用。教师的主导作用和学生的主体作用相互联系、相互制约，辨证的统一，是教学过程的重要规律之一。

学生的主体作用，是由他们自身的发展规律决定的。主体意味着你是主角，发挥学生的主体作用，就是让学生参与到教学活动中，自主谋划，自主实施，积极主动学习。学生是具有主观能动性的个体，在教学过程中他们是认识的主体，外界的影响、教学的内容，都要经过他们自身的判断、选择、吸纳，才能发挥作用。学生只有充分发挥自身的主观能动性，才能真正自觉地、积极地、主动地获取知识和实现自身的发展。调动学生的主体作用，既是教师顺利进行教学的必要条件，也是学生发展的必要条件。

学生的发展需要教师的指导，但最根本的还要靠自己的努力。教师在教学过程中，如果不注意激发学生的兴趣和积极的学习态度，讲得再好，也不会收到应有的效果。积极的主体作用是学生发展的内因和动力。教师主导作用与学生主体作用相统一的规律，体现了内因与外因的辩证关系。事物的发展，内因是根据，外因是条件，外因必须通过内因起作用。这说明教师主导要通过学生主体起作用。

处理好教师的主导作用与学生主体作用的关系，就是始终注意把二者统一起来。教师和学生地位平等、交流合作、任务分工、相互监督、和谐发展。完成教学任务是教师工作的重要目的，调动学生的主体作用，是完成教学任务的重要条件。不能只顾教不顾学。教是为了学，但教还要达到少教或不教，使学生也能主动地学而且多学。这就要启发他们的主观能动性，教会他们学习，提高他们自己学习、自我发展的能力。

2. 建构主义学习理论

近年来，把学生作为知识灌输对象的行为主义学习理论，已经让位于把学生看做是信息加工主体的认知学习理论。建构主义(constructivism)也译作结构主义，是认知心理学派中的一个分支。其最早提出者可追溯至瑞士的皮亚杰(J.Piaget)。他认为，儿童采用"同化"或"顺应"两种方式与周围环境相互作用，从中逐步建构起关于外部世界的知识，使自身认知结构得到发展。"同化"是指把外部环境中的有关信息吸收进来并结合到儿童已有的认知结构（也称"图式"）中，即个体把外界刺激所提供的信息整合到自己原有认知结构内的过程；"顺应"是指外部环境发生变化，而原有认知结构无法同化新环境提供的信息时所引起的儿童认知结构发生重组与改造的过程，即个体的认知结构因外部刺激的影响而发生改变的过程。皮亚杰认为，当儿童能用现有图式去同化新信息时，他是处于一种平衡的认知状态；而当现有图式不能同化新信息时，平衡即被破坏，而修改或创造新图式（即顺应）的过程就是寻找新的平衡的过程。儿童的认知结构就是通过同化与顺应过程逐步建构起来，并在"平衡—不平衡—新的平衡"的循环中得到不断地丰富、提高和发展。后来，科恩伯格（O.Kernberg）、斯腾伯格（R.J.Sternberg）、卡茨（D.Katz）、维果斯基（Vogotsgy）等人在认知结构的性质与认知结构的发展条件、个体的主动性在建构认知结构过程中的作用、"交往"在人的高级心理机能发展中的作用等方面发展并完善了皮亚杰的理论。

建构主义理论强调学生对知识的主动探索、主动发现和对所学知识意义的主动建构。认为知识只有与自身经验相结合才具有应用价值，学习不是由教师把知识简单地传递给学生，而是由学生以自己原有的知识经验为基础，对新信息重新认识和编码，建构自己的理解。教学不能无视学习者的已有知识经验，简单强硬地从外部对学习者实施知识的"填灌"，而是应当把学习者原有的知识经验作为新知识的生长点，引导学习者从原有的知识经验中，生长新的知识经验。教学不是知识的传递，而是知识的处理和转换。教师不单是知识的呈现者，不是知识权威的象征，而应该重视学生自己对各种现象的理解，倾听他们的看法，思考他们这些想法的由来，并以此为据，引导学生丰富或调整自己的解释。

3. 教学相长及"合作教育学"思想

对"教"与"学"的关系我国历史上很早就有教学配合、师生合作的思想，《学记》中明确提出了"教学相长"的观点，指出："学然后知不足，教然后知困，知不足，然后自反也；知困，然后能自强也。故曰：教学相长也。"这些理论揭示出教学过程中学生是学习的主人，不是知识的消极接收器，只有通过学生的积极活动，才能实现知识的转化和能力的发展。第二次世界大战以后，世界各国掀起了教育改革热潮，出现了多种新的教育思想和思潮，这些教育改革几乎都有一个特点，即把发展学生的自主性、能动性、创造性，强调师生的互动以及教育教学过程的民主化、个性化放在首位。如：苏联教育家提出的"合作教育学"思想，主张"个性的民主化"，认为"个性的自由发展是我们的目标，合作教育学应该成为个性发展的教育学，而不仅仅是智力发展的教育学"。

1. 黄艳芳：《职业教育课程与教学论》，北京师范大学出版社2010年版。

2. 朱德全、张家琼：《职业教育课程与教学论》，西南师范大学出版社2010年版。

3. 孟庆国：《现代职业教育教学论》，北京师范大学出版社2009年版。

4. 陈永芳：《职业技术教育专业教学论》，清华大学出版社2007年版。

5. 姜大源：《当代德国职业教育主流教学思想研究：理论、实践与创新》，清华大学出版社2007年版。

6. 申家龙:《我们应该追求什么样的目标:学校职业教育应该教什么之十二》,载《职教论坛》2010年第16期。
7. 冯雯雯:《职业教育教学设计的学习理论基础:基于内隐学习的视角》,载《职教通讯》2010年第2期。

简答题

1. 简述教学的基本含义。
2. 职业教育教学有哪些特点?
3. 如何理解"一体化"教学?
4. 什么是教学模式?
5. 什么是项目教学?并举例说明。

拓展思考题

1. 你心目中理想的职业教育教学是什么样的?
2. 你认为职业学校实施"一体化"教学有何意义?
3. 走访一所职业学校,了解教师的教学思想。
4. 搜集国外职业学校教学改革的案例,并进行分析。

第八章 职业学校教学实践

学习目标

- 熟悉教学工作环节,能够在教师指导下,完成教学准备、教学实施、教学反馈等工作。初步具有独立教学能力。
- 理解导入新课、提问、教学动作、教学幽默、教学语言等教学技巧的内涵及其操作要领,通过练习,初步具有运用这些技巧解决教学实际问题的能力。
- 把职业教育教学理念、教学模式与教学实践相结合,能够运用所学教育理论解释教学实际问题。

  教学工作的基本环节是教师的一般工作程序,包括教学准备、教学实施和教学反馈三个环节。各环节相互联系、相互依存,构成教师开展教学工作的全过程。全部环节合起来就是一个教学周期,这个教学周期结束,下个教学周期开始。但是,教学工作不是简单的重复劳动,而是阶梯式地螺旋上升,不断前进、不断提高。这是因为每一次循环,都会有许多新情况,教学对象变了,教学手段进一步丰富,教学内容也会不断更新,教师对教学内容也有了进一步的认识和理解。所以说教学工作是一项创造性劳动,每一次循环都要上一个新水平。

请扫描二维码
学习本章视频

第一节 职业学校教学工作基本环节

一、教学准备

教学准备是教学工作的起始环节，也是教学工作赖以进行的前提条件，有备才能无患。职业教育的教学内容与社会生产力发展状况联系密切，影响教学活动的各因素都会发生变化，因此，为保证教学活动顺利而有效地进行，要求无论是青年教师还是资深教师都要认真准备。一般来说要求教师做好以下工作：

（一）了解和研究学生情况

学生是教育的对象，也是教学活动的参与者，教学的任务是要促进学生发展，只有对学生情况了如指掌，教学才能符合学生实际，有的放矢，因材施教。

教学准备过程中，了解和研究学生的内容包括个体和集体两方面。了解和研究学生个体的情况，主要是每个学生的：① 学习情况，该课程的学习成绩及成绩变化趋势、学习态度、学习目的、学习动力、学习方法、基础知识水平、存在的不足等；② 心理情况，指兴趣爱好、个性特点、智力及非智力因素状况等。了解和研究学生集体情况，主要是班级的：① 学习风气、精神状态；② 年龄、心理特点；③ 班级特点；④ 班级后进成员；⑤ 集体兴趣爱好；⑥ 存在的主要问题等。

了解学生是一个逐步的、长期的过程，可以通过多种途径实现。如：阅读学生学过的教材，能够了解学生的知识结构；分析学生考过的试卷、完成的作业，能够了解学生存在的知识缺陷；也可以像以前的科任教师、班主任了解学生的个性特点、学习习惯；还可以采用观察、谈话、调查问卷等方法。

（二）明确教学目标

教学目标是教学活动的出发点和归宿，是教学要达到的标准，即通过教学使学生发生什么样的变化。所谓明确教学目标，包括三层含义：一是教学目标有明确的表述，通常使用一些词语，如：了解、理解、认识等；二是教师准确理解教学任务的范围、程度；三是教师应以教学任务指导自己的行为，明确自己要"干什么"。

要求教师认真钻研教学大纲，领会教学大纲的基本精神。既需要从总体上明确本课程的教学目的、特点、要求，以及本学科的知识体系，各章节的地位、作用，又需要明确这一节课的教学目的和重点难点。

可以用以下标准判定自己教学任务是否明确：① 能否流畅复述教学任务；② 教学任务能否测量；③ 设计的教学步骤、采用的教学方法、列举的事例等是否为实现目的服务。

（三）钻研教学内容

钻研教学内容不是对教学内容的简单了解，它要求教师对教科书中的每个字、每个词、每句话、每一段、每个概念和定理法则以至每个标点符号、插图、附录、注释、习题等，都要仔细阅读，反复推敲，弄懂弄通，真正明了其意义和精神实质。钻研教学内容要达到懂、透、化、深的程度。

懂，是教师对教科书中的全部内容，包括概念、原理、法则、定理、公式、习题、知识体系及逻辑关系等一切内容都要完全理解。透，是在懂的基础上的更进一步，它要求不仅懂得知识原理，还要知道其由来变化的始末和在实习教学、生产实践中的应用情况，并能熟练运用原理解决实际问题。化，是在懂和透的基础上，将书本知识和别人的经验灵活运用、变化自如，把教师的思想感情凝聚进去，通俗易懂地表达科学知识。深，是对知识在"纵向"和"横向"的拓宽，要求教师做到博览群书，通晓古今，文理皆通，一专多能，懂理论，会实践。只有这样，才能变死知识为活学问，变难为易，变抽象为具体，才能说对教材的钻研达到了精通程度。

（四）设计教学方案

教学方案是实施教学的计划安排，教师设计教学方案应制订三种教学计划。

1. 学期（学年）教学进度计划又叫教学进度日历

要求在开学前完成，并经教研组研究通过，报学校教务部门批准后执行。它是学期（学年）备课各项活动的文字概括，内容一般包括说明和文本两部分。说明部分需要写明本学期（学年）教学目的、要求、教学的重点、难点章节、学生的一般情况和特点，提高教学质量的主要措施和教学改革的主要设想。文本部分一般用表格形式，按时间顺序排列出教学内容的章节、题目、学时分配以及实验（习）复习、考试、参观、大型作业、练习活动等，是对全学期（学年）教学活动具体工作内容、日程的安排。

2. 单元（课题）教学计划

内容包括：单元（课题）名称，单元教学目的，主要内容，重点、难点分析，时间分配等。有些教学方法和手段受客观条件限制，如参观、实验等，需要教师事先做好安排。

3. 课时教学计划又称教案

课时教学计划是对课堂活动做出的具体安排，如同盖楼没有设计图纸就不能施工一样，教案是教师上课的直接依据，没有教案教师就不能上课。

编写教案没有固定不变的模式，但是有几项内容是比较重要的，一般不能缺少。包括：教学课题，教学目的要求，教学重点、难点，授课时数，课的类型，教学活动过程，教学后记等。教学活动过程是教案的主体，是教师对一节课活动过程、方式、内容的具体设想，应根据理论课或实习课的结构，以文字形式写清楚。理论课中包括各步骤的安排，怎样提出问题、导入新课、展开说明、推理论证、合理安排时间、组织学生参与教学、书写板书、布置作业；实习课中包括怎样示范操作、讲明动作要领、安排学生操作，实习中的注意事项及安全保证等。编写教案是对前期备课的具体落实，教师要对课堂教学活动的各项内容认真考虑，周密安排。教案内容的详略可根据教师对教学内容和教学活动过程的熟悉程度而定，一般青年教师要详细些，资深教师可简略些。

制订课时计划是教学设计的重点，包括对教材内容的组织加工，确定哪些内容先讲、哪些后讲，哪些详讲、哪些略讲或自学，教学方法的选择运用，使学生更有效地掌握教学内容，安排好课堂结构，如何提出问题、引出概念，师生怎样配合，板书怎样安排，时间如何分配等。

总之，教学准备是教学工作的重要一环，教师通过准备必须实现三方面转化，才能形成教学能力。第一，把教材中的知识转化为教师自己的知识。对所教内容了如指掌，知其然，且知其所以然。第二，通过钻研教学大纲和教材，掌握教学目的要求和重点，转化为教师进行教学活动的指导思想。教学是有目的的活动，这一目的是根据教学大纲确定的，教什么，怎样教，都应根据教学目的来确定。那种口若悬河，却离题万里的教学，看上去热热闹闹，但达不到教学目的，这是教师没能把教学大纲规定的教学目的，转化为自己指导思想的结果。第三，通过研究教学目的、教学内容和学生情况的内在联系，找到使教学内容适应学生接受能力，促进学生发展的途径，从而转化为教师所掌握的教学方法。教师运用的教学方法，必须适应当前教学条件的需要，不搞形式主义，不盲目照搬他人的教学方法。这一方法应该充分考虑目的、内容和学生各方面的需要，符合学生的接受能力，是最有效的。

二、教学实施

教学实施是把教学设计付诸实践的活动，是师生双方相互作用实现教学目标的过程，是教学工作的中心环节。以教室（含一体化教室）为场所的上课是教学实施的主要表现形式，职业学校的教学实施还应包括实习实训、毕业设计等形式。教师上好课，才能提高教学质量，高效率实现教学目标，学生上好课，才能收获知识技能，提高自身素质。

教师上好课，应明确"好课"的标准，符合"好课"的基本要求。评价职业学校教师教学实施的优劣，我们分为实质要件和形式要件两方面：实质要件体现了职业教育教学实质，通过教学思想、内容、方法等要素表现出来，是实现教学目标的关键要素。形式要件体现职业教育教学的"亲和力"，影响学生的学习积极性。职业学校的"好课",应该是实质要件与形式要件的统一。

(一)上好一堂课的实质要件

1. 理念正确,职教特色

"理念"有四方面的含义:一是理性认识,二是理想追求,三是思想观念,四是哲学观点。它反映了对事物的基本认识、思想、价值观、信念、意识、理论,以及反映上述内容的目的、目标、宗旨、原则、规范等。教学理念是教学活动的指导思想和灵魂,指导教学行为和活动,是对教学的价值追求。

教师的教学行为都是在思想理念指导下进行的,不同的教学思想就会有相应的教学行为。职业教育是教育的一种类型,职业学校教师开展教学活动,应遵循教育的一般指导思想,还应该体现出职业教育特色,具有职业教育教学特征。当前,具有职教特色的教学理念有许多,例如:能力本位、学生主体、立德树人、任务驱动、一体化教学、做中学和做中教、课程内容与职业标准对接、教学过程与生产过程对接、仿真实训教学和模拟教学、项目教学、案例教学、技能打包教学,等等,体现了职业教育教学的特殊性。

2. 围绕目标,组织安排

教学目标是教学活动的出发点和归宿,教学活动中要求教师首先牢记教学目标,能流畅准确表述课堂教学目标。"有效的教学始于知道希望达到的目标是什么"(布卢姆语)。教师如果说不清楚教学目标是什么,自然也就不可能实现教学目标。其次,围绕目标组织材料。教学内容是为实现教学目标服务的,教什么,不教什么均要依据教学目标决定教学内容的取舍。职业学校教学常以解决生产、生活中的问题为目标,其教学实施也常常围绕生产项目开展教学。最后,设计相应的教学过程和方法。每一种教学方法均有其不同的教学功能,如教师讲授,能够高效率传授知识,但无法使学生形成动作技能;组织学生讨论,能开阔学生思维,发展学生思辨能力,但教学效率较低,常常无法保证教学进度;项目教学能让学生形成生产能力,但组织管理难度大,个别学生没有真实参与教学,滥竽充数。只有教学过程和方法设计得当,才能实现教学目标。

3. 内容先进,教书育人

职业学校教学内容应具有先进性,反映时代特征和科学技术的进步,教授当前生产和服务活动使用的理念、模式、材料、工艺、设备、工具以及生产技术发展趋势。同时,应把教学内容与职业道德、职业纪律、职业规范以及为人处世、生活作风等教育相结合。

4. 理论实践,一体教学

国务院《关于加快发展现代职业教育的决定》要求"坚持校企合作、工学结合,强化教学、学习、实训相融合的教育教学活动"。以项目为载体的"一体化"教学,体现理论教学和实践教学融通合一,专业学习和工作实践学做合一,能力培养和工作岗位对接合一的特征。

5. 启发引导，因材施教

提倡启发教学，反对灌输教学，这是教育界的共识。如何避免启而不发等问题一直困扰一线教师，致使教学实践中出现了提倡启发教学但无法落实的现象。从现代教学理论来看，教学活动是师生相互作用的双边活动，这一条件应包括教师和学生两方面。从学生角度讲，包括探索的积极性、已有认知结构和思维方式、能力；从教师角度讲，包括对学生的了解、对问题的把握和利用现有因素提出问题诱导启发的能力。通过教师启发，学生应该能够在教师讲述的基础上有所发展，即"举一反三"。运用启发教学时，教学内容中的规律性认识只能由学生得出。

启发教学实质上是在具备条件时，通过一定方法，促使学习者自己领悟到结论。从教师角度讲，启发教学就是教师提示能和学生已有认知结构相关联的事物属性，帮助学生从对教学对象认识上的困惑状态，向认识本质，发现规律，从而能举一反三的境界转化，是使学生由模糊的不确定性认识到精确的确定性认识的过程；从学生角度讲，是学生通过联想或想象，在与认识对象的相互作用中把新知识与已有的知识关联协调起来，实现新知识与旧知识的组合或旧知识间的重新组合，不断完善自己的认知结构，提高观察问题、分析问题、解决问题的能力。

因材施教也是被广泛认可的教学活动的基本要求。"因"是根据，"材"是学生的实际情况，因材施教要求教师根据学生的学习基础、认知能力、个性差异等实际情况，有针对性地采取相应措施，有的放矢地开展教学。关注学生不同特点和个性差异，发展每一个学生的优势潜能，创造适合学生的教育，是现代教育思想的体现。教学活动中要求教师了解研究每一个学生，了解他们会什么、想什么、怎么学习、难点在哪儿；同时基于职校生实际，从学生现有基础和水平出发，把过多、过难的教学内容去掉一些，对于英语、数学等课程；采用学生容易接受的方法开展教学，例如：直观的演示、丰富的案例，讨论发言，做中学等。

6. 行动导向，从做中学

行动导向教学强调学生是学习过程的中心，教师是学习过程的组织者与协调人，教师遵循"咨询、计划、决策、实施、检查、评估"的行动过程，在教学中与学生互动，让学生在自己"动手"的实践中，掌握职业技能、习得专业知识，从而构建属于自己的经验和知识体系。

行动导向教学的特点：

（1）以学生为主体

学生是具有主观能动性的个体，在教学过程中他们是认识的主体，外界的影响、教学的内容，都要经过他们自身的判断、选择、吸纳，才能发挥作用。学生只有充分发挥自身的主观能动性，才能真正自觉地、积极地、主动地获取知识和实现自身的发展。调动学生的主体作用，既是教师顺利进行教学的必要条件，也是学生发展的必要条件。学生的发展需要教师的指导，但最根本的还要靠自己的努力，积极的主体作用是学生发展的内因和动力。传统教学中教师的作用表现在课堂上滔滔不绝的讲解，行动导向教学中则表现在准备教学情景、营造学习气氛、组织和引导学生解决问题方面。教学过程针对典型的职业目标，学生在教师的引导下，通过与该职业工作过程相应的学习过程，通过自我调节的学习行动去构建知识及经验体系。

（2）以改变学生行为为目标

行为是人的思想、能力的外在表现，职业教育教学要使学生形成现实生产能力，教学效果要依靠学生外显的行为来检验。不仅要看学生能说什么，更重要的是看学生能做什么。

（3）以实践任务为内容

传统的教学内容以学习间接经验为主，偶尔也学习一些直接经验，目的是为验证间接经验服务。行动导向教学以学习直接经验为主，它选择生产实践中的工作任务为教学内容，围绕学生的生产实践过程传授知识、训练技能、培养能力，突出实用性和职业针对性。脱离生产实践中的工作任务，就不可能使学生形成适合生产需要的行为。

（4）以活动为方法

传统教学以教师讲解学生听讲为主要方法，它对传授知识理解原理等教学是有效的，但以改变学生行为为目标的教学，仅靠这种方法不能完成任务，需要学生的主动参与，在活动中训练和改变行为。教学过程中大部分时间是学生的自主活动，教师走到学生中间，为学生提供指导和帮助。学生对教学的参与程度明显加强。

7. 突出重点，分散难点

教学重点是相对教学目标来说的，是重要的、核心的、关键的教学内容，学生掌握了这部分内容，就基本达到教学目标。突出重点就是教师要关注重点内容，把大部分教学时间和精力用在重点内容上。教学难点是相对学生来说，困难的、抽象的、不容易掌握的教学内容，这部分内容学生容易出现错误。分散难点要求教师把难度大的教学内容分解为若干难度相对较小的内容，分几次完成难点内容的学习。

8. 教学改革，新颖有效

教学改革是个永恒的话题，每个时代都有符合这个时代特征的教学改革活动。要求职业学校教师认真学习教学理论，与时俱进，创新教学方法，探索高效培养技能型人才的途径。

（二）上好一堂课的要件

1. 准备充分，熟练流畅

台上一分钟，台下十年功。教师课堂教学效果取决于课下准备情况，包括课前的教学环节设计和日常生活中的积累，教师要养成学习、思考的习惯和认真负责的工作态度。

2. 组织良好，最佳状态

组织教学是对课堂教学活动的管理，目的是维持正常教学秩序，让学生做好上课的物质准备和心理准备，集中注意力，提高课堂学习效率。组织教学有以下几项工作任务：检查出勤、检查劳动保护设施、管理学习秩序、激发学习动机等。加强组织教学，首先，要建立符合实际的课堂学习管理制度。管理制度的内容应认真听取学生意见，在师生讨论基础上确定，不要提过难过高的要求，应该是学生学习活动的最低标准，任何人不得违反。其次，认真执行学习管理制度，促使学生养成习惯。制度必须通过严格的执行才有意义。最后，注意组织好开始。良好的开端是成功的一半。教师要认真对待在第一次上课、上课开始阶段、第一个出现的违反纪律的现象。

3. 情绪饱满，充满活力

课堂是教师展示学识、个性、能力的地方，激情是教学的生命力，是吸引学生的因素，是表现教师情感的手段。反映了教师对教学内容、对工作、对学生的态度，是教师文化修养、工作经验、自信心、事业心的外在流露，它能感染和影响学生，为开展教学工作创造有利条件。

4. 语言生动，有感染力

教学语言是教学信息的载体，是完成教学任务的主要手段，包括口语和书面语。"教师的语言修养在极大程度上决定着学生在课堂上的脑力劳动的效率。我们深信，高度的语言修养是合理地利用时间的重要条件"。（苏霍姆林斯基语）教学语言是一门专门艺术，把抽象的东西具体化，深奥的道理形象化，枯燥的知识趣味化就是生动、有感染力的语言。

5. 幽默风趣，和蔼亲切

幽默风趣，和蔼亲切几乎是所有学生喜欢的教师形象。幽默是开展教学活动的润滑剂，反映了教师的综合素质，从容才能幽默、智慧才能幽默、宽容才能幽默、超脱才能幽默、平等待人才能幽默、游刃有余才能幽默。教师根据教学内容，用幽默的语言进行教学，能活跃课堂气氛，创造有利于师生情感沟通的情境，提高学生学习效率。

6. 手段合理，形象直观

随着职业学校办学条件的改善，多媒体教室逐渐普及，合理使用多媒体设备，为学生提供丰富多彩的感性认识机会，便于学生理解教学内容。教师采用直观教学主要有实物直观、模象直观和语言直观三种形式：实物直观是让学生直接感知实物来获得感性认识；模象直观是借助模型、图表、照片，为学生提供事物的模拟形象；语言直观是借助形象化的语言来使学生形成相应的知识表象。当学习抽象知识时，教师应尽一切可能，"让学生看看、闻闻、听听、摸摸"（夸美纽斯语）。但要注意，直观是针对特定教学内容，为教学目的服务的，不能为了直观而直观。

7. 师生互动，风格鲜明

判断课堂教学质量，最终要看学生的学习质量。有研究表明，单纯讲授式的教学效率低于参与互动式教学。通过学生参与教学，可以充分发挥学生的主体作用，调动学生积极性，也便于教师了解情况，有针对性地促进学生发展。教学风格是教师教学活动中的个性特点，学生接触多种风格的教师，有利于适应社会生活和个人成长。

上好一堂课，完成预定的教学任务，是一项非常复杂的创造性活动，它反映了教师对教育方针、教学过程、教学原则、教学方法、教学目的的理解水平，教师要把教学理论和教学内容、学生实际有机结合起来，综合考虑影响教学效果的一切因素，浑然一体地表现出来。教师上课并不难，然而，做一名能够出色完成教学任务的教师，却并非易事，它需要教师为此投入全部的精力，经过长期艰苦的努力，不断学习、创新才能实现。

三、教学反馈

（一）作业反馈

作业是教学工作的重要组成部分，是教学内容的继续和补充。其目的是使学生巩固消化课堂上所学知识，形成技能技巧，培养学生独立分析问题和解决问题的能力。作业是课堂教学的延伸，是对课堂教学内容理解、运用和提升的过程。完成作业是学生的智慧、知识、能力、情感、态度、价值观最理想的生成过程和体现过程，其本质是学生在主体实践中消除困惑、解决或生成问题、满足需要、创新知识以及展示自我、升华自我的过程。

批改作业是教师检查教学效果，发现存在的问题，自觉调整和指导学生学习的重要手段，也是教学中的一条重要信息反馈渠道。

1. 批改作业的含义

批改作业的含义包括四个方面：一是批，即用批语的形式，针对学生作业的一部分内容，进行指导帮助。例如对于精彩的语句、巧妙的方法、严密的思维等给予赞赏、肯定和鼓励；对于片面的观点、错误的演算、潦草的书写等批评、纠正和指导。二是改，对于学生作业中的错误之处应改正过来。可以由教师帮助学生改正，也可以是教师指出错误所在，要求学生自己改正。三是评，是对学生完成作业的整体表现进行评价。内容包括整体质量状况、主要优缺点、提高改进的方法等。有人做过这样的实验，将学生随机分成三组，对第一组学生的作业只给甲、乙、丙、丁的等级评价，无批语；第二组除等级评价外，还给予相应批语，即按学生特点给予适当矫正和相应的好评；第三组除评定等级外，给予特定批语，即每个等级要给的批语是事先规定的，如，二等一律评以"良好，继续努力"。结果第二组学生学习进步最大，第三组次之，第一组进步最小。可见，在作业批语上给批语要比等级评定好，而给出的批语有针对性、具体化更好。四是判，是对学生作业正误的判断，常用"√"或"×"表示。

2. 批改作业的方式

批改作业有多种方式，如：全批全改、重点批改、轮流批改、当面批改、互批互改等，每一种方法都有优缺点，在某种特定的教学情境下，只有恰当使用，才能收到良好教学效果。

全批全改是教师对每一个学生的所有作业都精心批改。它的优点是教师了解信息全面准确，能够有效地指导每一个学生发展，同时督促每一个学生认真完成作业；缺点在于耗费大量劳动时间，这些劳动中有许多内容具有重复性，一方面降低了教师劳动的投入产出率，另一方面也使教师容易疲劳和懈怠。一般对于重点教学内容或单元结束前的综合练习，必须采用这种方法；在学生缺乏学习习惯，作业问题很多时也需要采用此法。

重点批改是教师只批改重点题目或重点人的作业。通过典型事例来了解教学反馈信息。其优点是以部分反映整体，抓典型带动一般，可使教师集中时间和精力深入细致地进行个案研究。缺点是了解信息不完整，一部分作业得不到批改，如果个别学生的作业长期得不到批改，容易丧失学习的积极性。

当面批改是学生在教师身边一边批改一边与学生交流看法，或者是教师先批改作业再向学生说明批改的原因。优点是能够和学生双向交流，了解学生产生错误的根源，有针对性地指导，给学生留下深刻印象，同时它不受书面批改的字数和篇幅的限制，有利于全面深入地纠正学生错误。缺点是耗时过长，教师不可能对所有学生的全部作业都采用此方法。它适用于屡次出现同样错误，多次批语不能改正的学生。

互批互改是学生之间的相互批改作业，一般是邻座同学之间的交换批改。其优点是让学生批改作业本身就包含了一种对学生的信任感，学生一般具有很高的积极性，十分认真；批改他人的作业，也是提高自身的过程，学生之间互帮互学，取长补短。缺点是学生对问题的认识有一定局限性，对互批互改的作业题目，教师应有选择，并辅导和检查学生的批改情况。一般对于有明确答案的题目可采用此法。

3. 应重视批改答题过程

有些教师批改作业时只看学生答题的结果是否与标准解答一致，认为结果正确，那么解答过程必然正确无误；结果错误，解答过程也不正确。实际上学生作业中可能出现问题的地方有许多，结果正确，并不表示解答过程一点问题没有，例如可能存在论证推理不严密、跳跃思维过多、方法繁琐、表达不完整不准确等，也存在学生抄袭结果的可能性。结果错误更不能否定全部解答过程，有时可以从结果错误的作业中发现其新颖的思考问题角度、创造性的方法等值得教师表扬鼓励的闪光点。其实，解答过程的重要性，远远超过结果，教师不能忽视对过程的批改。

4. 及时返还学生

教师批改作业是对学生行为的反馈和强化，根据心理学研究结果，及时强化才能收到良好的效果，拖延时间就会降低强化效果。教学活动在不断进行，学生每天都学习新知识，注意中心就会转向新问题，对教师批改作业的期待将随新教学内容的展开而被冲淡。经常看到学生拿到教师批改完的作业后，看也不看一眼，随手放入书包的情况，这与教师批改作业时间过长有关系，学生已经不关心作业中的问题了，此时教师的仔细批改并不能起到指导帮助学生的作用。

如果教师巧妙地运用一些批改符号，也可以大大提高批改速度。例如，用"——"加"×"表示错误；用"…"加"！"表示赞赏；用"？"表示疑惑；用"＝＝"表示于事实不符；用"｜"表示错别字等。只要事先和学生约定，教师可以随意选用符号表示特定含义。

5. 作业发还学生，批改作业还没有结束

教师批改作业的目的是指导帮助学生，学生是否接受了指导，指导的效果如何，教师还需要督促检查。作业发还学生批改作业工作环节并没有结束，教师应注意收集学生对批改作业情况的反应，在习题课或复习课上有针对性地指导。

（二）辅导反馈

课外辅导、答疑是上课的一种补充形式。我国学校中大多采用班级上课的教学组织形式，上课时教师对全班学生大信息量地传递知识，发展学生能力，课下学生需要巩固消化课上学到的知识技能，并为下一节课做好准备。课外辅导、答疑是针对学生课下学习活动进行的指导，并非上课的简单重复，它要解决课堂上没有解决或解决不彻底的问题。它是使教学适应学生个别差异，贯彻因材施教原则的重要措施之一，对于提高教学质量有着重要意义。

课外辅导、答疑的内容，一般包括以下几个方面：一是解答学生在理解教材、作业、课外阅读和社会实践中遇到的疑难问题；二是对缺课或学习成绩差的学生进行具体帮助，如补课、专题辅导等；三是对优秀学生重点培养，如布置补充作业、介绍课外读物等；四是对学生进行学习目的、学习态度、学习兴趣、学习方法、学习习惯的教育培养，帮助学生树立正确的世界观、人生观、职业观。课外辅导、答疑一般可采用个别辅导和集体辅导两种形式。

做好课外辅导、答疑工作，必须深入细致地了解每一个学生的具体情况，在此基础上对症下药地进行辅导、答疑。同一个问题，提问的人不同，回答的方式也应不同，同时还应善于提出问题来启发对方思考。教师的态度一定认真对待，对学生提出的问题，不管是多么幼稚可笑，多么稀奇古怪，都要耐心回答。

（三）测验反馈

学生学业成绩的测量与评定，是学校教育中最敏感的问题，对学校、教师和学生来说，分数代表了他们的劳动成绩。所以，如何测量和评定学生的学业成绩，常常对学校的办学方向、教师的教学特点、学生的学习方法，起着"指挥棒"的作用。在我国教育从应试教育向素质教育转轨的形势下，科学测量与评定学生的学业成绩，对实现教育目的，提高学生的整体素质更加重要。中等职业学校学生学业成绩的测量一般分为平时考查与正式考试两类。评定学业成绩的方法，大体上也有两类：一是写评语；二是评分。

平时考查，是在学习活动过程中对学生学业水准、学习态度的检查与评定，采用的方法有日常观察、课堂提问、检查作业、小测验等。教师通过平时考查可以及时了解教学情况，改进教学，提高教学质量。正式考试是对学生知识技能水平进行总结性检查，职业学校的期中、期末、毕业、升学、考级均属于正式考试。无论采用何种测量与评定方式，都有一个确定测量目的、命题考试、评卷评分、总结的过程。

第二节 职业学校教学技巧

一、导入新课技巧

职业学校学生课间生活丰富多彩，刚开始上课的几分钟，学生还沉浸在对课间生活的回味中，对教学内容的注意程度较低。这时，教师不能急于讲授新内容，否则会影响学生整堂课的学习质量。有经验的教师在讲授新内容之前，用一些与新内容有关的其他内容，吸引学生注意教学内容，并为教授新内容进行铺垫，这就是导入新课。导入新课是教学活动的重要环节，"良好的开始是成功的一半"。

如何导入新课？教学中常用的做法有以下几种：

（一）检查复习

检查复习是教师引导学生复习总结上一节课的内容，特别是对那些与新知识有联系的问题，从新旧知识的紧密联系中，合乎逻辑地提出这节课将要讲解的问题。运用该方法有以下优点：一是督促学生及时复习，完成作业，巩固已学知识；二是了解上节课的教学效果，发现问题，及时补救；三是加强了新旧知识的联系，为学习新知识打下基础。如：这节课要讲"发动机的常见故障及维修"，教师先引导学生复习上节课讲的发动机的工作原理，接下来提问"发动机有哪些易损部位""可能导致哪些故障"这样引出主题，再讲解新课。该方法多在知识间逻辑关系紧密的教学内容中使用。

（二）创设情境

教师利用录音、录像等现代化教学手段，或通过语言的形象描述，制造出生产现场的气氛，然后提出要解决的问题。如同文学作品利用故事情节抓住读者一样，本方法通过场景的变化吸引学生。一方面增强了问题的真实感和解决问题的紧迫性，加深印象；另一方面把理论和实际生产联系起来，使学生的学习目的更加明确。例如，教师要为化工专业的学生讲解"意外情况的紧急处理"，首先给学生放映一段生产过程中突然出现管道漏气事故的现场录像，然后指出：一旦出现意外情况，现场工作人员必须立即采取正确的处理措施，拖延时间或处理方法不当，都会造成严重后果，本节课就是要讲述生产中可能出现的一些意外情况及处理措施。当教学内容与生产实际联系密切，并且能引起学生注意时常常使用该方法。

（三）直观演示

教师先不急于讲解内容，而是首先演示直观教具，把抽象的东西具体化，学生会被教师的演示内容吸引，然后教师再进行讲解分析。例如，教师在讲"如何鉴别产品的质量"时，先把合格品和次品放在一起，要求学生观察辨别。学生不懂辨别的要领，自然意见不统一，开始争论，此时，教师再讲解内容，学生参照实物去理解，学得既快又牢。一个概念如果用抽象的语言阐释，用上千言万语也许仍是隔靴搔痒，而一个小小的故事或直观教具却可能令人豁然开朗。该方法在学生感性认识少、内容抽象时经常使用。

（四）故事引入

实际生活中，有很多具有感染力和说服力的事例。教师讲解新知识前，结合教学内容，讲述相关的故事。例如，介绍原理的发现过程、实际生活中发挥的作用、有关科学家的故事等。不仅能拓宽学生的知识面，而且可以通过故事对学生进行思想品德教育，融科学性、思想性、趣味性于一体，使学生在轻松愉快中开始一节课的学习。只要教师注意平时的学习和积累，许多教学内容都能与生动的故事相关联，可使用故事引入法导入新课。

（五）明确目的

教师在宣布课题后，讲明学习的目的、要求，该内容在整个知识体系中所占的地位，在生产实践中的具体意义。学生认识到学习该内容的重要性，就会产生学习的愿望，推动他去积极主动地学习。该方法经常在一章或一个教学单元开始时使用。

教师导入新课时应注意：一是用时要短。一节课只有45分钟的时间，导入新课占用时间过长，势必挤占讲授新内容的时间，造成头重脚轻。具体运用时要根据实际情况而定，一般来说，5分钟左右为宜，不要超过10分钟。二是方法要新。导入新课的方法很多，需要教师根据教材内容、教学目的、学生情况灵活选用。再好的方法，如果每节课都用，学生也会感到厌烦，只有注意变换，追求新颖，才能吸引学生注意。三是选材要准。导入新课是一节课的组成部分，要为讲授新知识服务，切忌片面追求趣味性，出口千言，离题万里。

二、提问技巧

教师提出问题，要求学生回答是教学活动中的常见场景。提高教师的提问水平应从设计问题和提出问题两方面着手训练。

（一）"问题"的设计

1. "问题"的类型及功能

分类角度不同，可以把教师提出的问题分为不同类型。如：从"问题"的困难程度，可分为困难的问题和容易的问题；从课堂结构角度，可分为导入式问题、讲授式问题和总结式问题；从涉及的教学内容角度，可分为理论问题、实践问题和综合性问题。教师提问是为实现不同教学目标服务的，不同类型的"问题"有不同的功能，教学实践中应根据教学目标，设计相应"问题"。我们从教学目标角度，把教师设计的"问题"分为回忆判断型问题、分析理解型问题、应用原理型问题、探索启发型问题和观点评价型问题五种，其含义和功能见表8-1：

表8-1 "问题"的含义和功能表

类型	含义	举例	功能
回忆判断型问题	要求回答已经学过并有准确答案的知识	哥伦布什么时候到达美洲大陆	检验学生记忆知识的情况，发展记忆力，形成记忆习惯
分析理解型问题	需要对学过内容加工改造后才能回答	用自己的话说明这幅画的思想	检验学生对知识的理解情况，发展分析和思维能力
应用原理型问题	要求解决实际问题	运用行为科学理论，怎样激发学生学习动机	检验学生对复杂事物的理解判断能力，发展综合素质
探索启发型问题	对未知事物的假设和思索	如何解决人才需求"高消费"问题	检验整体素质，发展研究能力
观点评价型问题	要求阐述态度或判断事物优劣	你为什么喜欢……	检验学生价值观和对问题的综合认识，培养对事物的情感

2. 评价教师课堂提出问题优劣的标准

什么样的"问题"才是好"问题"？

第一，设计的问题要有明确的出发点和针对性，即围绕教学目的，针对教学重点和学生容易混淆的内容，提出一些关键性的问题。

第二，从学生实际出发，要考虑这样几个方面：一是学生是否感兴趣；二是"问题"有无新颖性；三是难易程度适当吗？问题应是建立在学生已知基础之上的未知问题，过难过易都不是好问题，遵循"跳一跳，够得着"的原则。例如，教师讲说明文《蝉》，为了让学生有效阅读课文，提出下面几个问题，蝉是夏天的歌唱家，它的嗓子在哪儿？它歌唱是为呼唤同伴，还是怕热或爱热？人家看到蝉是从地下钻出来的，它又是怎样钻到地下去的？[①] 蝉是学生熟悉的，但又不能准确回答上述问题，这也是新颖有趣的问题。

第三，能引起学生思索的问题，教育价值更大。有人把教师的提问划分为低级认知提问和高级认知提问，认为记忆水平的、不需要思维就能回答的提问属低级认知提问，需要复杂思维、对过去知识重组或创新后才能回答的提问属高级认知提问。例如，新中国是哪一年成立的？这个问题的教育价值不如改成：如果新中国早一百年成立，我国现在是什么样子？

第四，一堂课的问题要有逻辑性，或环环相扣，或层层深入。

（二）"问题"的提出

1. 善于选择发问时机

提问是引导学生思维和吸引学生注意的有效手段。问则疑，疑则思，课堂提问要与教学内容和学生思维活动保持同步，引导学生按正确途径积极思维。个别学生

---

① 许友兰：《指导预习也要注意激发学生兴趣》，载《江苏教育》（小学版）1981年第4期。

注意力分散，此时提问，是对其课堂活动的提醒和暗示，达到组织教学的目的。

2. 先提问题后启发学生回答

课堂提问的步骤应考虑学生的心理状况，一般步骤是：提出问题等待回答找人回答。教师提出问题后，稍停片刻，给学生思考和组织语言的时间，此时并未指定由谁回答，因此全班同学都在认真思考，然后根据学生情况确定由谁回答问题。切不可先找人后提问题，那样，这个问题就成了只提给这一个同学，其他人不再思考，而这个同学由于没有准备时间，紧张拘谨，影响答题质量。

3. 问题要适宜、准确

问题的措词是否恰当，表达是否准确，会影响学生的回答。课堂中教师提出的问题，应课前认真设计，仔细推敲。

4. 用赞赏或分析的态度鼓励或肯定学生

有些教师只重视学生回答的准确性，经常否定、批评甚至讽刺不能准确回答问题的学生。学生积极参与课堂活动，认真探索和思考问题，这对学生的发展具有重要教育价值。学生有自己看问题的角度，在错误回答中常闪烁着智慧和创造的火花，肯定正确部分，希望学生重新思考错误部分，才能培养出不墨守成规的创新人才。

三、教学动作技巧

教学动作是教师通过骨骼肌肉运动变化，加强对学生视觉的刺激，达到表达教学内容，沟通师生情感，引起学生注意，渲染情感气氛等目的。它是教师口头语言的必要补充，有人称之为体态语言。教学活动中，教师配合教学内容用一个眼神、一个微笑、一抬手、一点头，常常起到口头语言无法替代的作用。

从动作的功用角度可以把教学动作分成操作动作、助说动作、巡视动作、情感动作四种。

（一）操作动作

操作动作是教师示范动作的活动过程。如：生产实习指导教师的示范操作；演示直观教具时的操作动作；物理、化学课中的演示实验动作等。这类动作的目的是让学生模仿练习，具有很强的示范性，因此要求教师动作规范、姿势准确，操作过程中快慢结合，让学生看清动作的活动过程，掌握动作要领。

（二）助说动作

顾名思义，助说动作是加强口头语言的效果表达，不需要口头语言表达或口头语言难以表达含义的动作。如：点头、摇头、微笑、挥手等。教学活动中助说动作次数不能过多。如：有的教师在讲台上不停地走动，两手频频挥舞，摇头晃脑，分散学生注意力。教学活动受场地、内容和听众的限制，动作幅度不宜过大，一般手势上不高过头、下不低于胸，否则让人有滑稽之感。

（三）巡视动作

巡视动作是检查教学效果，取得反馈信息时使用的，它分为走动巡视和目光巡视。走动巡视是教师走到学生身旁指导、交流、察看情况，生产实习教学要求教师经常走动巡视，照顾到每一个学生。课堂教学时要依据教学内容有计划、有重点地巡视，如需要和学生交换看法，需要观察学生课堂练习情况，可以走到学生中间，需要做出结论时则应回到讲台上。

目光巡视是教师在讲台或远离学生时，通过目光察看学生面部表情、神态动作，获取反馈信息，控制学生活动的巡视方法。教师应注意观察全班每个学生的学习情况，发现异常，及时纠正。特别是生产实习指导教师，应该"眼观六路，耳听八方"，及时制止学生的危险动作。

（四）情感动作

情感动作是教师的内心情感在外部的表现，是对教学内容的情感反映。教师应满腔热情地对待本职工作，恰当地表现教学内容中的情感，如快乐、喜欢、愤怒、沉重等。但讲台不同于舞台，讲课不是演戏，教师的表现要有节制和分寸。生活中教师也有自己的喜怒哀乐，但这些情感不能带进教室。

四、教学幽默技巧

教学需要幽默，国外特别重视教学幽默的作用，因为"每天她会带来少许的欢乐，使得课堂不致单调"。苏联著名教育家斯维特洛夫说："教育家最主要的，也是第一位的助手是幽默。"

（一）教学幽默的形式

教学幽默最主要的形式是口头语言幽默，指的是教师运用比喻、夸张、婉曲、双关、反语等修辞手段及伸缩、断词等特殊手段，或者运用笑话、故事、歇后语、打油诗、快板等口头语言表达方式进行教学幽默。例如双关，在教学中可能出现一种特殊的语言环境，教师有可能利用词的多义、同音或同形的条件，用一个词同时去关联两种不同的事物，使语句具有双重意义而产生幽默感。除此之外，教学幽默还有多种形式。如教师的动作幽默，即利用手势、头势、体势的超常规变化，达到幽默的目的；教师的表情幽默，即利用面部表情、眼神变化来实施的教学幽默；教师的书面语言幽默，即在作业批语、板书等书写文字时运用的幽默。

（二）教学幽默的功能

1. 活跃课堂气氛

一堂课教学效果的优劣，受课堂气氛的直接影响。心理学研究表明，学生在愉快的情境中，容易产生快乐感和自信心，提高学习效率。在紧张沉闷的情境中，则容易感到压抑、痛苦，降低学习效率。教学幽默能打破沉闷的局面，缓解紧张情绪，活跃课堂气氛，学生在这种气氛中能激发起更大的学习热情。教师表情冷漠呆板，语言寡淡无味，这种令人窒息的教学，容易使学生疲劳、厌倦，其教学效果也就可想而知了。国外有人给285名小学生播放一组视听材料后，清楚地发现，学生对含有幽默色彩的内容记忆得最深刻。

2. 激发学习兴趣

一般来说，兴趣的培养要经历有趣、乐趣、志趣的过程，"有趣"虽然是兴趣发展的初级阶段，却是重要的一步。教学幽默本身是一种巧妙的、出人预料的新异刺激，能使教学获得较好的感染力、吸引力和控制力。

3. 启迪学生智慧

从思维的特点来说，幽默不外乎是横向、逆向或多向的联系。教学幽默能开启学生思维，多角度地把握事物的特征，洞悉各种事物掩藏着的深刻本质。

4. 陶冶学生情操

教学幽默本身就是一种艺术，是美感的外在表现，也是道德感的自然流露，理智感的具体反映，是教师人格的示范。学生长期生活在幽默的环境中，可以调整自身心理状态，养成乐观、积极、同情、宽容、合作、理解的人生观，有利于身心健康发展。

5. 融洽师生关系

幽默的拉丁文原意就是"起润滑剂作用的液体"，师生之间常常需要这种"液体"来"润滑"，避免教育过程中产生的"摩擦"。幽默制造出来的轻松活泼的气氛，缩小了师生距离。同时，幽默将"生硬""僵直"的问题委婉化，师生心领神会，既可以达到目的，又不伤学生自尊心，避免直接冲突。

（三）教学幽默的运用

教学幽默是教师素质的综合体现，运用教学幽默需要教师有扎实的专业理论知识，良好的文化修养，敏锐、深刻地观察生活和超脱现实的创造性思维能力。成功运用教学幽默，必须注意以下问题：

1. 幽默要为教学服务

幽默是提高教学效果的手段，幽默一定要与教学内容相关联，紧扣讲课主题，切不可海阔天空乱扯一气，也不能为了幽默而幽默。笑是幽默的表现，脏话连篇、乱出洋相、油腔滑调、占人便宜，甚至打情骂俏、轻薄嬉笑、耍贫斗嘴等不适合课堂内容，不适合学生身心健康的所谓幽默，应该禁止进入课堂教学。

2. 恰当把握时机

当课堂纪律涣散，学生注意力不集中时；当学生疲倦时；当学生情绪紧张时；当学生难于理解教学内容时；当师生处于窘迫状态时；当课堂出现偶发事件时运用教学幽默。总之，当教学需要时，成功地运用教学幽默，能化解疑难，绝处逢生，巧妙地解决问题。

3. 选对应用的条件

运用幽默要具备一定的条件，否则，容易让对方误解，事与愿违。如师生关系是否密切，时间、场合是否恰当，当时的语言环境是否合适等。要求教师以真诚善意为出发点，注意从学生和当时的实际情况出发，提高教学幽默的艺术性。

4. 注意掌握分寸

任何事物都有个适度问题，适度有益，过度有害，运用教学幽默也不例外。课堂不是娱乐场，教师也不是逗人乐的演员，失度的幽默，会使学生把注意力集中在教师幽默的语言、动作、表情上，忽视了他们应该学习的内容，同时也使学生怀疑教师所讲内容的真实性和可靠性，常会把教师看成戏剧舞台上的丑角式人物。正如老舍所说："死啃幽默总会有失去幽默的时候，到了幽默论斤卖的时候，讨厌是不可避免的。"

五、教学语言技巧

教学语言是教学信息的载体，是完成教学任务的主要手段，包括口语和书面语。苏霍姆林斯基说："教师的语言修养在极大程度上决定着学生在课堂上的脑力劳动的效率。我们深信，高度的语言修养是合理地利用时间的重要条件。"教学语言是一门专门艺术，它是构成教师职业技能的重要组成部分。无论科技水平怎样提高，教育手段如何现代化，教学语言这门艺术也不会淡化到无足轻重的地步。职业教育中无论是文化课教学，还是生产实习教学，都要求教师具备良好的语言修养。

教学语言不同于哲学、政治用语，也不同于文学艺术用语。既不是纯粹的书面语言，也不是普通的日常口语。它具有行业性或职业性，是在民族语言基础上，根据教学的特殊要求和需要形成的。具有以下特征：

（一）教育性

教师的职业决定了他的一言一行都在对学生身心施加影响和作用。教学语言既可以是直接的，即采用正面的思想品德教育的语言，也可以是间接的，即采用能够转化为科学的、辩证的世界观和坚定、正确信念的语言。具体来说，教学语言必须具有积极的思想内容，它应该是句句有教育价值，句句体现着教书育人的准则。同时，教学语言还必须符合教育教学规律、原则和方法的要求，使用健康、文明、进步的语言。其中包含了对学生的肯定、表扬、鼓励、督促和指导。即使是对学生的批评，也必须是以对学生满腔热情的关心与爱护为唯一出发点，循循善诱而以情动人、以理服人。教学语言不仅应当富有深邃哲理性，它更应该是语言美的典范。它崇尚文雅、谦逊、礼貌，而不允许使用对学生自尊心、自信心有伤害的语言。

（二）学科性

教学语言所传递的是某个学科或特定职业领域的教育信息，要求教师必须准确运用本学科术语或职业领域的专门用语进行教学。这是因为术语或专门用语是一定范围内的共同语，运用它们进行教学，一说就懂有利于交流，便于学生就业后开展工作。另外，学科术语是该学科特有的概念，它具有特定的内涵和外延，用其他词替代都会破坏其科学性和严密性。当然，教学活动中为了使讲解生动有趣，也需要采用比较通俗易懂的语言，但这种语言也应是优美而不失学科性的。

（三）科学性

教学语言的科学性具有三层意思，其一，教学语言必须合乎语法规则和逻辑要求。教学语言要完整流畅，教师要精通语法、修辞和逻辑，不说别人难以理解或听不懂的话。其二，用语准确，语气肯定。教师上课的每一句话，每一个例子，都要恰当，不能含糊。诸如"可能""大概""也许""差不多"等模棱两可的语言，或者是言过其实，词不达意的话，都会使学生难辨真伪，概念模糊，造成学生理解上的困难。法国作家福楼拜告诫他的学生莫泊桑说："我们不论描写什么事物，要表现它，唯有一个名词；要赋予它运动，唯有一个动词；要得到它的性质，唯有一个形容词。我们要继续不断地苦心思索，非发现这个唯一的名词、动词、形容词不可，仅仅发现与这些名词、动词、形容词相类似的词句是不行的，也不能因思索困难，用类似的词句敷衍了事。"其三，前后连贯，层次分明。教学语言应反映出教学内容的发展过程，运用分析与综合，演绎和归纳，类推及比较，把握实质，揭示事物的因果关系及内在联系。

（四）简明性

教学活动要求教师在一定时间内完成任务，一节课时间有限，要求教学语言必须简明扼要。夸夸其谈，拖泥带水，常使学生抓不住重点，如堕五里云烟，记下了枝叶，忽略了主干。教学语言虽然不能像电影剧本那样经过千锤百炼，达到炉火纯青的程度，但也要抓住要领，干脆利落，该长则长，该短则短，这样可以有更多的时间让学生参与到教学活动中来，发挥学生的主体作用，引导学生积极思考。有些教师总担心学生没听见，没记牢，一些话反复多次。其实，教学效果的优劣并不在教学语言的数量，而在于语言是否切中要害，恰到好处。

（五）启发性

教学语言的启发性，是指教师的语言对学生能起到激发学习动机、兴趣、热情的作用，能引发学生的积极思考、联想。启发性语言有多种运用形式，其关键是设置问题和留下思考的余地。教学语言要引导学生探索知识，不可嚼烂掰碎尽道其详。留有余地就是要创造无声胜有声的艺术效果。创设情境，提出问题，也是启发学生思维的重要方法之一。

（六）生动性

教学语言的生动性就是要通过语言把抽象的东西具体化，深奥的道理形象化，枯燥的知识趣味化。语言直观是重要的直观手段，生动形象的教学语言可以唤起学生的想象，构架起感性认识和理性认识的桥梁。科学原理常常抽象深奥，教学语言的生动是"抓住听众"讲明道理的关键。

（七）节奏感

语言的节奏性是指语调高低，语速快慢的变化。教学语言应有诗一般的韵味和音乐般的旋律。古人云："言之无文，行而不远。"郭沫若说："语言除掉意义之外，应该追求它的色彩、声调、感触。同样的语言或字面有明暗、硬软、响亮与沉抑的区别。"可见，语言还应该追求文采节奏。有研究表明，语言由快变慢或由慢变快，语调由轻变重或由重变轻，都会引起学生的注意。所以教学语言应随教学内容和学生情绪的变化注意调整节奏。

阅读建议

1. 傅道春：《教师技术行为》，黑龙江教育出版社1993年版，第14-32，73-117，173-199，216-238页。
2. 胡淑珍等：《教学技能》，湖南师范大学出版社1996年版，第63-160页。
3. 王道俊、王汉澜：《教育学》，人民教育出版社1989年第2版，第267-292页。
4. 肖川：《论教学目标》，载《教育理论与实践》1998年第6期。
5. 盛群力、马兰：《试论系统设计教学中的备课程序》，载《教育研究》2001年第5期。

简答题

1. 教学准备阶段教师应做好哪些工作？
2. 你认为评价一堂好课的标准是什么？
3. 检查复习法导入新课有何优点？
4. 简述教师课堂提问的艺术。

5. 教学语言有哪些鲜明的特征。

拓展思考题

1. 你觉得编写教案应该更规范化还是更灵活化？为什么？
2. 如何测量（考核）教师教学准备的质量？
3. 如何提高教师教学准备能力？
4. 观摩一堂课，分析教师的哪些做法值得你学习借鉴。
5. 自拟题目，编写一课时教案。

第九章 职业培训

学习目标

- 了解职业培训的类型及其特点。
- 了理解职业培训对个人发展和经济社会发展的意义。
- 了解职业资格证书制度的发展过程。
- 能够运用任务分析法、工作绩效分析法对培训的需求进行分析。
- 说明培训质量评价的方法与内容。

职业培训是职业教育的渊源,是现代职业教育体系的重要组成部分。21世纪科学技术和信息技术飞速发展,从业流动人口进一步增加,世界各国都面临着解决就业和失业的巨大压力,职业培训是解决这一问题的有效手段,具有极为重要的地位和作用。

请扫描二维码
学习本章视频

第一节 职业培训概述

一、职业培训的含义

职业培训有广义和狭义之分。职业培训广义上是指为适应社会职业的需要,按着一定的标准,对要求就业和在职的劳动者所进行的,旨在培养和提高其素质和职业能力的教育与训练活动。狭义上,它指按照职业岗位对劳动者提出的要求所进行的培养和训练,旨在把一般人培养训练成为具有一定道德品质和技术业务素质的合格的劳动者,以适应职业岗位的需要。广义上的职业培训与职业教育并没有严格的界限,应属于同一概念,该培训的内容是比较宽泛的职业领域或职业群所要求的知识和技能,要达到这一目标需要较长的时间,一般是通过职业学校来完成的。狭义上的职业培训是针对某一具体岗位(工种),对劳动者所进行的对应式的培养与训练,具有极强的针对性,也是职业教育的一种重要形式和组成部分。我国颁布的《中华人民共和国劳动法》所指的职业培训,采纳了上述广义(第66条规定)和狭义(第68条规定)两种概念。本书采用狭义的职业培训概念。

随着科学技术的发展、产业结构的变化、经济水平的提高和社会的进步,职业培训的内涵和形式都在发生变化和发展。学徒制是职业培训早期的一种形式。学徒制源于家庭手工业,它是与小生产相适应的。18世纪工厂制度的出现,是生产技术的一场根本变革,使社会的职业结构发生了显著的变化,社会大生产方式对人才的数量和质量都有了新要求,学徒制的职业培训形式已不能完全适应社会的变化,职业培训以班级授课的学校形式随之发展起来。随着全球化进程的加快和知识经济时代的来临,终身学习正在从一种国际化的教育思潮变成许多国家的教育政策和实践行动。在这种背景下,学校教育已经无法满足广大社会成员日益增长的学习需求,只有充分发挥各种社会机构的职业培训职能,并实现学校教育与社会职业培训的沟通及衔接,才有可能使这一问题得到解决。职业培训的目标、内容和形式必须变化,以适应快速变化的职业社会。

职业培训以其培训目标的岗位针对性、培训内容的单一专题性、培训对象的广泛全面性、培训形式的灵活多样性以及培训主体的多元结合性等特点,在解决就业和再就业以及职业技能提升等方面起到重要的作用。社会培训机构、企业等机构成为职业培训的主要承担者,一些普通高等院校以及中高等职业院校也承担一定的职业培训任务。

另外,学徒制在今天仍是职业培训的一种重要辅助形式,特别是在某些传统工艺或需求量较少的特殊技艺人才方面，还是要靠学徒制来培养。

二、职业培训的主要类型

职业培训依不同的划分标准，可以分为以下不同的类型：

（一）依据员工参加工作的过程阶段，可分为岗前培训、上岗培训

岗前培训是针对新员工进行的教育培训。通过岗前培训，新员工对组织的过去、现在、未来发展方向有所了解，了解组织的工作环境、工资待遇、规章制度、组织文化等情况。目的是通过该过程，使新员工学习被组织认可和期望的工作态度、各种准则及相应的行为方式，使自己的价值理念与组织文化协调一致。

上岗培训是指新员工被安置在岗位上，在上岗前进行的一种培训。通过上岗培训，新员工对岗位工作的职责、规范、要求、条件、行为进行充分的了解与熟悉，同时使新员工学习岗位所必要的知识和技能。目的是通过该过程，使新员工能够胜任工作。

（二）依据员工培训是否脱离岗位，可分为在职培训、离职培训

在职培训是指在工作岗位上对员工进行的培训。较常见的形式主要有岗位轮换、见习、会议、指导、"助理"、特别任务、师徒制等方式。目的是通过该过程，使员工获得一定的知识、技能及实际处理问题的能力。另外，还有一种形式是利用业余时间到学校或其他单位去学习，如我国的成人自学考试、在职攻读学位及其他短期教育培训班等。

离职培训是让员工离开工作岗位到培训机构或学校等教育单位专职学习一段时间，一般需半年、一年或更长时间。离职培训常见的方式有学历教育、高级管理培训、短期研讨会等。

（三）依据培训目的不同，可分为自我意识培训、职业知识技能培训、一般技能培训和态度动机培训

自我意识培训是指通过培训，增进员工对自己在组织中的角色，以及自己与他人交往中角色的了解，以提高员工对自我的认识。

职业知识技能培训是指通过培训，使员工掌握或增长与工作相关的知识技能。一般包括理论知识与工作技能。

一般技能培训是指通过培训，提高员工在其本职工作领域之外效率和能力，改善他们的学习能力、沟通能力、与人合作的能力、适应能力以及生产能力等。

态度动机培训是指通过培训，改变员工对工作、组织的认识，提高他们工作的积极性，使员工以更好的状态投入到工作中去。

（四）依据培训对象不同，可分为一般员工培训、专业技术人员培训、管理人员培训

一般员工培训主要是对生产或服务第一线的员工所进行的培训，培训内容主要与他们的工作和职业发展所需要的操作知识、技能等。

专业技术人员培训主要是对专业技术人员所进行的培训，培训内容主要与他们的工作和职业发展所需要的专业领域的知识、技能等。

管理人员培训主要是对管理人员所进行的培训，培训内容主要与他们的工作和职业发展所需要的管理知识、技能等。

（五）依据培训的主体不同，可分为组织内培训、组织外培训

组织内培训是指培训主体为员工所在组织内的培训机构所进行的培训。它既可以是在职的，也可以是脱产的；培训方式既可以是由他人传授的，也可以是由自我教育、探索完成的。

组织外培训是指培训主体为员工所在组织外的培训机构所进行的培训。它既可以是在职的，也可以是脱产的；培训费用既可以由组织负担，也可以由个人负担，或由组织与个人共同负担。

三、职业培训在职业发展中的意义

职业培训在世界经济发展中具有极为重要的地位和作用，在学习型社会的构建过程中，其意义更加突显。

（一）职业培训有利于促进社会和经济的发展

职业培训是随着社会的发展、经济和科学技术的发展水平在不断变化的，同时职业培训又对生产力的提高和社会与经济的发展起着重要的促进作用。历史上有许多明显的例证。在1860年至1880年期间，德国由于全面强化职业培训，使经济有了快速发展，明显高于英国和法国。第二次世界大战后，日本和德国经济的复苏和快速发展也在一定程度上得益于对职业培训的重视。当今世界许多国家都高度重视职业培训，它是国家未来发展的希望。如职业培训为美国企业成为世界级公司提供了保证；职业培训造就德国产品享誉全球；职业培训促进日本从落后的岛国跻身于世界经济大国之列；职业培训加速新加坡经济腾飞，成为亚洲经济发展最快的地区之一。

（二）职业培训是人力资源开发的重要途径

企业、商业和财富的增长需要世界一流的员工。对于任何一个旨在国际竞争市场获胜的企业而言，重视员工的培训是必要的条件之一。企业要在激烈的竞争中求生存、求发展，关键在于要有一支素质较高的职工队伍。因为企业之

间的竞争,主要是产品质量、生产效率及新产品开发的品种和速度的竞争。只有在职工具备过硬的职业技能水平的前提下,产品才能做到质量优、成本低、更新换代快。劳动者的构成和素质对生产效率和技术水平的提高至关重要,优质的产品或服务是由优秀的人才创造的。综观全球,许多公司日益认识到人力资源的发展不仅是企业生存的关键,而且是企业成功的关键。一些世界知名的大公司正不断增加对员工培训的投资,培养一流的员工,建设优秀的员工队伍。在一些发达的西方国家,组织内培训受到组织的高度重视。正如德国某公司董事长所说,我们的指导思想是放眼未来,我们考虑的不仅是市场、产品和投资,主要考虑的是为明天工作的人,正因为如此,我们对员工培育赋予头等重要的意义。为适应未来知识经济发展的需要,组织应当充分落实员工的职业培训在组织经营战略中的优先发展地位,以员工职业培训为龙头,带动和促进组织的可持续发展,使组织在竞争激烈的市场经济大潮中立于不败之地。

(三)职业培训是促进就业的桥梁

在韩国召开的第二届国际职业技术教育大会上,联合国教科文组织副总干事鲍维尔在主题报告中提出:"技术和职业教育与培训是通向未来的桥梁。"职业培训主要是为了培养和提高人们从事各种职业所需要的技术业务知识和实际操作技能,《中华人民共和国劳动法》第六十六条明确指出,发展职业培训事业,开发劳动者的职业技能,提高劳动者素质,旨在"增强劳动者的就业能力和工作能力"。就业是世界性难题。我国作为世界上人口最多而资源相对紧张的发展中国家,就业问题已越发严峻。通过职业培训,提高劳动力的技能水平促进其对产业变化的适应,使他们具有进入劳动力市场的合格职业资格证书,满足社会对合格劳动力的需求,适应劳动力市场的需要,实现促进就业的目的。为此,各国强化了两方面的措施:一是职业资格预测。如德国已建立了由最具代表性企业参加的全国性"职业资格早期监测系统",为职业资格标准的确定和课程开发提供实时、可靠的信息和数据。欧盟大多数国家也仿效德国制定了职业资格预测方案。预测的内容不仅包括未来科技发展的趋势及其对职业的影响,而且包括消费者需求、全球化以及市场竞争对经济发展及对职业培训的影响。二是职业指导咨询。如美国每年拨专款用于开发职业指导课程和培养学校的职业咨询工作者。德国则不仅在全国建立了180多个国立的职业信息中心,向全民免费提供职业指导和职业咨询,而且建立了国家职业信息网络,出版了《职业现状手册》《学业与职业选择手册》。法国将职业方向指导中心的工作人员纳入公务员系列。

另外,通过职业培训,提高受训者的创业素质和创业能力,以实现创业型就业。小企业在世界各国经济发展中发挥着极其重要的作用。近年来世界许多国家特别重视实施以开办小企业为目标的创业培训,建立"小企业创业机构",开发符合职业培训特点的创业课程。以澳大利亚的创业培训为例，采用模块化课程，通过大量的案例启发学生，教会学生分析研究市场，设计创业方案，开展考核评估，激发学生的创业动机。欧盟委员会在《1999年就业指导纲要》中明确指出，职业培训要通过开设有关的创业理论和实践课程，培养创业意识和精神；政府要为受训者的创业提供政策、资金和技术的支持，简化手续，减免税收，为创业开拓宽松环境。非洲的肯尼亚规定所有的大学和培训中心都要开设创业教育课程。联合国教科文组织亚太地区办实施了"提高青少年创业能力的教育改革合作项目"，联合国教科文组织还将"小企业创业技能（ESSB）课程开发"作为面向21世纪教育的三个重点项目之一。为了促进创业，我国劳动和社会保障部在天津和辽宁等地创建了创业培训中心，增强了受训者的创业素质和能力，为其创办小企业创造了条件。

（四）职业培训是终身教育的主要形式

1965年，在巴黎召开的联合国教科文组织成人教育会议上，联合国教科文组织成人教育局局长、法国人保尔·朗格朗（Paul Langrand）第一次提出了终身教育思想。朗格朗指出：接受教育应当是一个从生到死永不休止的事情，教育应当在每个人需要的时刻以最好的方式提供给人们所必需的知识和技能。教育，不能停止在儿童期和青年期，只要人还活着，就应该是继续的。教育必须以这样的做法，来适应个人和社会的连续性的要求。它是与生命共同延伸，并扩展到社会各个方面的连续性的教育。终身教育不应仅限于作为一种专业进修渠道，只是为某人在其原有专业领域基础上提高技能为目的，而应作为向人们提供更多职业机会的手段。在韩国召开的第二届国际职业技术教育大会上，联合国教科文组织总干事马约尔在开幕词中说："当今无论是在国家、地区还是个人层面上，知识富有者与知识贫穷者的差距都在加大。因此，提供终身教育与培训是我们唯一能够用必要的知识与能力武装人们的途径，使其能够在变化的世界中生存。"由此可以看出，职业培训是终身教育的主要形式。

第二节 职业资格证书

一、职业资格证书概述

（一）职业资格

职业资格是对从事某一职业所必备的学识、技术和能力的基本要求。职业资格包括从业资格和执业资格。从业资格是指从事某一专业（工种）学识、技术和能力的起点标准。执业资格是指政府对某些责任较大，社会通用性强，关系公共利益的专业（工种）实行准入控制，是依法独立开业或从事某一特定专业（工种）学识、技术和能力的必备标准。

（二）职业资格证书

职业资格证书是反映劳动者具备某种职业所需的特定的职业能力与技术技能、专门知识和工作经验的证明。与学历文凭证书不同，职业资格证书更直接、更准确地反映了职业的实际工作标准和操作规范要求，反映了劳动者从事这种职业所达到的实际能力水平。我国现行的职业资格证书有技能人才《职业资格证书》，专业技术人员的资格证书和从事农业生产技术《绿色证书》。

职业资格由国务院行政部门通过学历认定、资格考试、专家评定、职业技能鉴定等方式进行评价，对合格者授予国家职业资格证书。

职业资格证书是对申请人专业（工种）学识、技术、能力的认可，是求职、任职、独立开业和单位录用的主要依据。

（三）职业资格证书制度

职业资格证书制度遵循申请自愿、费用自理、客观公正的原则。凡中华人民共和国公民和获准在我国境内就业的其他国籍的人员都可按照国家有关政策规定和程序申请相应的职业资格。

我国职业资格证书实行政府指导下的管理体制，由国务院人事劳动行政部门综合管理。若干专业技术资格和职业技能鉴定（技师、高级技师考评和技术等级考核）纳入职业资格证书制度。国务院人事劳动行政部门负责以技能为主的职业资格鉴定和证书的核发与管理以及专业技术人员的职业资格评价和证书的核发与管理。各省、自治区、直辖市的人事劳动行政部门负责本地区职业资格证书制度的组织实施。

我国职业资格证书制度的特点是：第一，从制度体系上看，我国专业技术资格和职业技能鉴定体系属于国家证书制度体系。在我国，法律规定资格证书制度是国家证书制度的一个组成部分，它通过国家法律、法令或者行政条规的形式，以政府的力量来推行，由政府认定和授权的机构来实施。这是我国职业资格证书和职业技能鉴定工作的制度特征。第二，从认证方式上看，我国职业技能鉴定采用国际上通行的第三方认证的现代认证规则。所谓第一方认证或者第二方认证，实质上就是培训机构（供给方）或者企业机构（需求方）自培训、自考核、自认证的传统方式。而第三方认证则是由独立于供给方和需求方、与上述两者都没有行政隶属和经济利益关系的第三方来进行认证。在我国，是由政府授权的、独立的鉴定考核机构来对劳动者的职业技能做出认证。

二、职业标准

(一)国家职业资格证书制度的相关技术保障

《中华人民共和国职业分类大典》(以下简称《大典》)是实施职业资格证书制度的重要保障。经过4年的努力,由劳动和社会保障部牵头,会同46个部委及众多企业院校专家,于1999年5月编纂出版了我国第一部《大典》。这是一部具有国家标准性质的职业分类全书。《大典》参照国际标准职业分类,按照工作同一性原则,将社会职业划分为8个大类、66个中类、413个小类,具体确定了1 838个职业名称(即细类),以后又逐年增删,较为准确地描述了每个职业的工作内容及活动范围,全面客观地反映了现阶段我国社会职业的结构状况。在结合《大典》4年编纂的同时,各部委、行业制订或修订了各类职业技能标准、任职资格及考核鉴定规范,为职业资格证书制度的实行,提供了国家标准和规范。

《大典》规范了我国劳动力的社会化管理,为职业标准体系、职业技能鉴定的建立与发展奠定了基础,成为职业教育、职业培训事业发展的基本依据,为职业介绍、职业指导提供参考依据。促进了职业素质测评技术的发展。为职业信息、人口信息统计提供平台。对于促进我国社会经济发展,提高就业工作的管理水平奠定了良好的基础。

(二)职业标准内涵

职业标准是指在职业分类的基础上,根据职业(工种)的活动内容,对从业人员工作能力水平的规范性要求。它是从业人员从事职业活动,接受职业教育培训和职业技能鉴定的主要依据,也是衡量劳动者从业资格和能力的重要尺度。还是用人单位录用、使用人员的基本依据。

职业标准是涉及职业活动内容、方式与环境等一系列从业规范的总和。从各国职业标准体系看,职业标准的一般内容主要由职业知识要求、能力要求与相关要求等组成。

知识要求是从业者在从事某等级职业工作时,所应具备的专业理论知识的构成和水平要求,包括文化基础知识、专业技术知识、工艺技术知识、经营管理知识、职业安全知识等。能力要求是从业者在从事某一等级职业工作时,所应具备的专业能力与操作技能,包括一般职业能力与特殊职业能力。此外,职业标准还包括职业道德、职业法规、职业安全、职业卫生等方面的内容。

制定职业标准的范围是:《大典》中所列的职业(细类);社会经济发展中出现的新职业;复合型职业。

职业标准规定着从业者的从业行为,其内容主要受社会生产力发展水平的制约。不同历史时期，不同国家的职业标准内容存在很大的差异。

（三）我国技能人才的职业标准的结构体系

我国技能人才的职业标准的结构体系如图9-1所示。

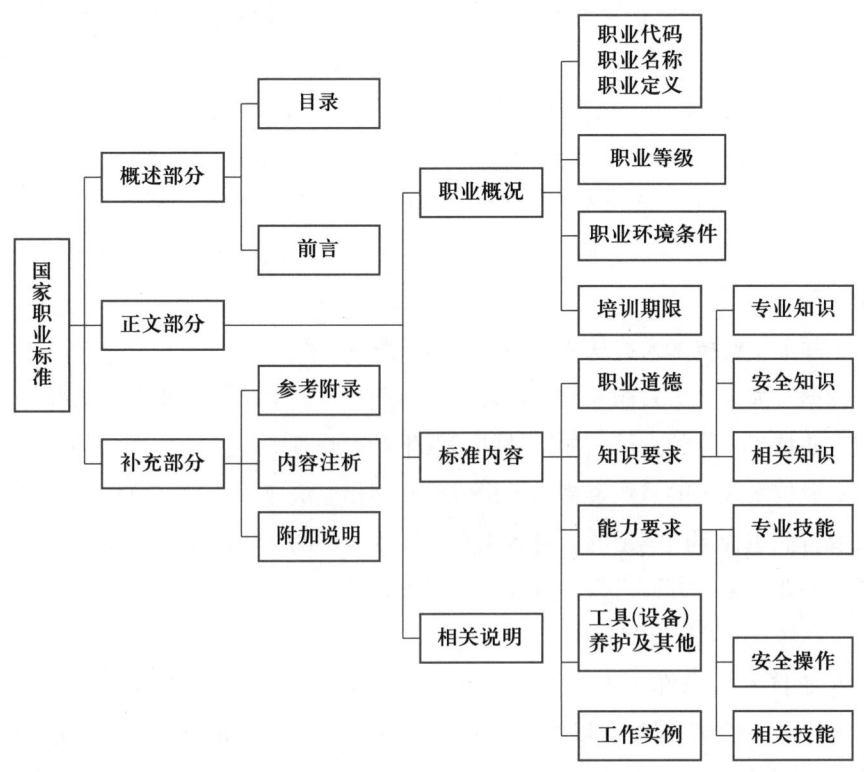

图9-1　职业标准的结构体系

职业标准的结构主要包括三部分内容：

1. 职业概况

主要由职业代码、职业名称、职业定义、职业等级、职业环境条件及职业培训期限等组成。职业代码与名称是依照《大典》所确定的职业代码与名称。职业定义依照《大典》的规定内涵。而对于新职业的职业名称和职业定义须经专家论证后，由国务院人事劳动部门确定并向社会公布。职业等级是指国家职业资格等级由低到高，一般分为五级（初级）、四级（中级）、三级（高级）、二级（技师）、一级（高级技师）共五个等级。

2. 标准内容

标准内容主要包括职业道德、知识要求、能力要求、工具与设备要求等。职业道德是指从事本职业工作应具备的基本观念、意识、品质和行为的要求，一般包括职业道德知识、职业态度、行为规范；知识要求是指本职业各等级从业人员都必须掌握的通用基础知识，主要是与本职业密切相关并贯穿整个职业的基本理论知识、有关法律知识和安全卫生、环境保护知识等；能力要求包括专业能力（技能）和相关能力（技能）。

3. 相关说明

相关说明主要包括对标准的术语解释。如职业能向：系指一个人从事该职业需要具备的具体能力和潜力。一般包括智力、语言表达能力、计算能力、空间感、形体感、文书事务能力、动作协调性、手指灵活性、手腕灵巧性、眼手足的配合能力、颜色辨别力等；如职业环境条件：系指从事某一职业所处的客观环境。具体所指包括工作地点（室内、室外、室内外），温度变化（极冷、高温）湿度，噪声、震动，大气条件（烟气和蒸汽、气味、有毒、灰尘）等。

（四）专业技术人员从业资格的内涵及要求

依据《大典》对其职业内涵的规定，专业技术人员是指那些专门从事科学研究或专业技术工作的人员。如，教师、医生、律师等。

专业技术人员的从业资格，是指依据我国相应法律、法规，由相关国家行政机关或行业主管部门制定的，对各类专业技术人员的学历层次、职业资历、职业素质、职业能力等方面进行评价、考核后予以的资质认定结果。通常以颁发相应的从（执）业资格证书为凭证。

专业技术人员在《大典》中列为第二大类。大类下又划分为14个中类，115个小类，379个细类。以中类为基础介绍专业技术人员，可以划分为科学研究人员、工程技术人员、农业技术人员、飞机和船舶技术人员、卫生专业技术人员、经纪业务人员、金融业务人员、法律专业人员、教学人员、文学艺术工作人员、体育工作人员、新闻出版文化工作人员、宗教职业者和其他专业技术人员。

专业技术人员的职业，有着特定的内涵。这些，可以通过各类专业技术人员中具有代表性职业的职业内涵加以理解（见表9-1）。

对各类专业技术人员职务等级，国家都做了严格规定。这一方面显示了国家对专业技术人员综合职业素质和综合职业能力的考核、认定结果；另一方面也体现了不同级别专业技术人员在本专业领域中承担的责任与义务。显然，专业技术人员职务评聘机制，是一项激励与制约机制。

部分专业技术职务系列名称与等级见表9-2。

表 9-1　部分专业技术人员基本职业分类及其内涵

大类	中类			小类凡例	
	编码	职务名称	职业内涵	职务名称	职业内涵
专业技术人员	2—01	科学研究人员	社会科学和自然科学研究工作	经济学研究人员	经济学理论研究、运用经济学原理对经济问题提供对策
	2—02	工程技术人员	矿物勘探、开采，产品开发、设计制造，建筑、交通、通信设计	机械工程技术人员	机械产品研发设计、新技术推广应用和标准化工作
	2—03	农业技术人员	土壤、肥料、植物保护，作物育种、栽培，畜牧兽医	土壤肥料技术人员	土壤、农田水利植物营养肥料应用，农林牧渔生态环境改善
	2—04	飞机船舶技术人员	飞机船舶驾驶、指挥、通信和设备运行保障	飞行人员和领航人员	操作驾驶航空器和掌握导航资料向驾驶员提供导航数据
	2—05	卫生专业技术人员	医疗、预防、康复以及相关工作	西医医师	使用现代医疗手段、药物及技术，从事人体疾病诊断、治疗、预防
	2—06	经济业务人员	经济计划、统计、财会、审计和国际商务	会计人员	机关团体、企事业单位及其他经济组织会计核算与监督
	2—07	金融业务人员	研究设计金融产品，管理、运营金融资产及中介	银行业务人员	筹措运营资金、办理委托业务、提供非资金服务
	2—08	法律专业人员	依法行使审判权、检察权及律师公证、司法鉴定	法官	在各级和专门人民法院中依法行使国家审判权
	2—09	教学人员	各级各类教育教学及科学研究工作	中学教师	在中学专门从事教育教学工作
	2—10	文学艺术工作人员	从事文学艺术专门工作	演员	电影、戏剧、舞蹈、曲艺、杂技、歌唱艺术表演
	2—11	体育工作人员	运动员培养、竞赛结果裁定和运动项目训练比赛	运动员	球类、田径、体操、游泳、棋牌等运动项目训练和比赛
	2—12	新闻出版、文化工作人员	采访、报道、编辑、校对、播音、主持、文物考古	记者	新闻采访、报道
	2—13	宗教职业者	佛教、道教、伊斯兰教、基督教宗教活动人员	宗教职业者	佛教、道教、伊斯兰教、基督教专职从业人员
	2—14	其他专业技术人员	未列入以上13类的专业技术人员	其他专业技术人员	未列入以上13类的专业技术人员

表 9-2　专业技术职务系列名称、等级表

大类	专业技术职务			专业技术职务名称			
	编码	中类	小类凡例	初级技术职务		中级技术职务	高级技术职务
专业技术人员	2—01	科学研究人员	经济学研究人员	—	研究实习员	助理研究员	副研究员	研究员
	2—02	工程技术人员	机械工程技术人员	技术员	助理工程师	工程师	高级工程师	—
	2—03	农业技术人员	土壤肥料技术人员	农业技术员	助理农艺师	农艺师	高级农艺师
	2—04	飞机船舶技术人员	飞行人员	四级飞行员	三级飞行员	二级飞行员	一级飞行员
	2—05	卫生专业技术人员	西医医师	医士	医师	主治医师	副主任医师	主任医师
	2—06	经济业务人员	经济企划人员	经济员	助理经济师	经济师	高级经济师
	2—07	金融业务人员	银行业务人员	会计员	助理会计师	会计师	高级会计师
	2—08	法律专业人员	检察官	检察员助理	四级检察员	三级检察员	二级检察员	一级检察员
	2—09	教学人员	中学教师	三级教师	二级教师	一级教师	高级教师	—
	2—10	文学艺术工作人员	演员	—	四级演员	三级演员	二级演员	一级演员
	2—11	体育工作人员	教练员	三级教练员	二级教练员	一级教练员	高级教练员	国家级教练员
	2—12	新闻出版、文化工作人员	编辑	—	助理编辑	编辑	主任编辑	高级编辑

三、职业资格的考核与认证

（一）职业技能鉴定

职业技能鉴定是指对劳动者进行技术等级的考核和技师、高级技师（以下统称技师）资格的考评。它是指按照国家规定的职业标准，通过政府授权的考核鉴定机构，对劳动者的专业知识和技能水平，进行客观公正、科学规范的考评认证活动。职业技能鉴定包括职业资格一级（高级技师）和职业资格二级（技师）考

评，以及对职业资格三级（高级工）、职业资格四级（中级工）、职业资格五级（初级工）的考核。

职业技能鉴定采取政府指导下的社会化管理体制。也就是根据国家的方针政策和有关法律法规，由政府劳动部门认定的鉴定考核机构按照国家职业标准，对劳动者的职业技能水平进行客观评价和认证，并且对鉴定场所、试题、考评人员、考务和证书核发等方面实行有效管理。

职业技能鉴定在管理上已经形成了一个比较完整的工作体系。这个工作体系包括4个子系统：职业技能鉴定的政策法规与行政管理系统、国家职业分类和职业标准的技术体系、职业技能鉴定的组织实施和技术支持体系、职业技能鉴定的质量管理体系。

根据《职业技能鉴定规定》，社会通用职业（工种）技能鉴定工作由省、直辖市、自治区劳动保障行政部门综合管理。各省级劳动保障厅（局）一般应设立培训就业处或培训处，作为职能机构对鉴定工作进行具体管理。培训处的主要职能是：综合管理、统筹规划本地区的职业技能鉴定工作，制定本地区的职业技能鉴定规定和实施办法，以及鉴定所（站）审批和管理办法，资格证书的管理和核发办法等规章，指导本地区鉴定中心工作，对本地区职业技能鉴定工作进行监督检查，审批和管理本地区鉴定所（站），核发职业资格证书，受劳动部委托组织审查本地区行业特有工种的职业技能鉴定站的建站条件等。

职业技能鉴定是一项政策性、技术性很强的工作，为了保证职业技能鉴定作为国家制度在政策和技术方面的统一性，在市场经济条件下，必须有强有力的技术支持和组织实施机构。为此，《职业技能鉴定规定》明确要求建立职业技能鉴定指导中心，负责鉴定工作的技术支持与服务工作。职业技能鉴定中心是职业技能鉴定工作的组织实施、指导协调机构。其基本职能是：按照国家制定的职业技能鉴定规划、政策、标准和有关规定，在同级劳动保障行政部门和国务院行业部门劳动保障工作机构的指导下，组织、实施、指导、协调职业技能鉴定工作，推行国家职业资格证书制度。具体负责组建职业技能鉴定专家队伍，组织指导考评人员培训与考核，建立职业技能鉴定的计算机工作网络，参与制定职业技能鉴定的有关规定和技术性文件，制定鉴定所（站）的条件标准及其资格审查；鉴定命题管理和题库建设与运行；组织实施规定范围内的职业技能鉴定工作，并对下级职业技能鉴定中心和鉴定所（站）等考核机构进行技术指导和监督、检查；组织开展职业技能鉴定学术理论研究。

职业技能鉴定的对象包括：各类职业技术学校和培训机构毕（结）业生，凡属技术等级考核的工种，逐步实行职业技能鉴定；企业、事业单位学徒期满的学徒工，必须进行职业技能鉴定；企业、事业单位的职工以及社会各类人员，根据需要，自愿申请职业技能鉴定。

申报职业技能鉴定的单位或个人，可向当地职业技能鉴定站（所）提出申请，由职业技能鉴定站（所）签发准考证，按规定的时间、方式进行考核或考评。

对技术等级考核合格的劳动者，发给相应的《技术等级证书》；对技师资格考评合格者，发给相应的《技师合格证书》或《高级技师合格证书》。证书由劳动部统一印制，劳动行政部门按规定核发。

（二）专业技术人员从（执）业资格认证

专业技术人员从（执）业认证工作是一项涉及国家选拔、任用人才的大事。国家高度重视专业技术人员从（执）业资格认证的管理，并制定了一系列办法与制度。

专业技术人员从（执）业资格认证鉴定机构必须依法取得鉴定认证资格，才能从事从（执）业资格认证工作。

专业技术人员从（执）业认证的相应办法，就现阶段而言，国家对专业技术人员从（执）业资格认证主要是对从（执）业人员资格的审查与认定。鉴定的重点主要包括：学历层次认定、任职资历认定、职业素质认定、专业素养认定、职业能力认定等。认证的办法主要有三种：一是评价认定，即通过认定申请人提供的相关证明资料，由专门机构进行定性化评价，最终确定评价结果；二是考试认定，当认定申请人的学历、资历等要件符合认证条件时，组织专门考试（笔试、答辩），对申请者的职业素质、专业素养、职业能力进行定量化评价；三是评价和考试相结合认定，即将定性评价与定量评价综合起来进行认定的办法。

为保证专业技术人员从（执）业资格认证纳入法制化轨道，提高认证的科学性、公平性和公信度，国家和有关主管部门制定了比较系统与完备的相关制度。

国家和有关主管部门制定、颁布的专业技术人员从（执）业资格认证制度有许多，实际工作者在工作中均可自行查阅，遵照执行。例如，中华人民共和国司法部于1996年11月25日颁布，1997年1月1日实施的《律师执业管理办法》对申领、发放、注册《中华人民共和国律师执业证》的管理制度做了系统性规定。其要点是：一是证书申领，符合《中华人民共和国律师法》第八条规定条件的人员可以申请领取律师执业证。二是证书发放，省、自治区、直辖市司法厅（局）对申请材料进行审核，符合规定条件的，应当自收到申请材料之日起三十日内颁发律师执业证。三是证书注册，律师执业证实行年度注册制度。由省、自治区、直辖市司法厅（局）或受其委托的地、市、州司法局负责受理本地区律师执业证注册。注册机关可依有关规定对注册申请人做出注册、暂缓注册或收缴、吊销律师执业证书的决定。

国家对各类专业技术人员从（执）业资格认证都制订了明确的管理制度，体现了国家职业资格认证管理体制的严肃性和科学性，从而有效保证了专业技术人员从（执）业资格的权威性和可信性。

四、职业学校实行职业资格证书制度的意义

（一）职业资格证书制度是构建职业院校"能力本位"教育特色的基础

职业院校实行学历证书与职业资格证书的"双证书制"既是其办学定位的要求，也是职业院校教育与其他教育差异的反映。学历证书是职业院校教育与职业培训的主要区别，职业资格证书是职业教育与普通教育的主要区别。职业院校应用独特教育方式和手段，使学生真正成为具有必要的理论知识，同时又掌握职业操作基本技能，具有一定的发现和解决现场问题能力、后续发展能力的技能型人才，最终获得学历证书和职业资格证书。职业技术院校实现了这一教育目标，就体现了学术与职业、理论与应用、知与行、用脑和用手的密切结合，突出了职业院校的"能力本位"教育特色。

（二）职业资格证书制度是职业教育模式和体制创新与改革的重要依据

职业教育是以就业为目标的教育。职业教育实行职业资格证书制度是我国实施科教兴国和人才强国战略、重视人力资源开发、使人才培养的结构更适应国家经济建设和职业需要的一项重大举措。职业教育要完成培养中、高技能人才的任务，就必须深入研究职业教育的改革，探讨职业教育新模式，从而逐步建立起更加灵活、开放和统一的资格（职业资格、学历和学位资格）认可制度，包括教育系统内的可转换性和劳动力市场上的可转移性，实现各类教育相互沟通与协调发展。实行职业资格证书制度则为这种创新提供了契机和依据。

（三）职业资格证书制度提供了职业院校对学生进行职业技能教育的起点标准

国家职业标准是职业资格教育和培训、职业技能鉴定的依据，也是劳动者从事相应职业的基本工作标准。它是在职业分类的基础上，根据职业（工种）活动内容，对从业人员工作能力与水平的规范性要求，也是从业人员从事职业活动、用人单位录用、使用人员的基本依据。因此，不同类型的职业院校，不仅要使毕业生，达到与教育相应的起点标准，还必须达到与职业要求相应的起点标准。

（四）职业资格证书制度对职业院校专业建设起着重要导向作用

职业教育专业建设的原则应适应地方经济发展与产业结构调整，突出技术性与实用性特色。职业教育的目的主要是为地方经济发展服务，为地方培养生产、管理、服务第一线具备综合职业能力和全面素质的实用型人才。实用型人才的主要任务是将知识转化为生产力、将科学转化为技术，其知识和职业能力应突出技术性与实用性特色。职业资格证书制度在引导职业教育专业建设，使劳动者的知

识结构、能力结构符合经济发展的实际需要方面有重要导向作用。

（五）职业资格证书制度能帮助学生提高就业、自主创业能力

职业院校实行职业资格证书制度的目的，就是促进职业院校在办学理念、办学模式、评价体系等方面进行变革，实现教学内容与职业资格证书考试的融合。在办学上更加符合社会经济的发展，在教学上突出技能训练，以提高学生的职业操作技能水平，使毕业生一毕业就具有中、高级技能型人才素质。这样的毕业生，既有扎实的专业知识，又有突出的专业技能，既能自我就业，也能自主创业。

由于各级政府和有关部门的重视和支持，各级各类职业技术院校和广大师生对实施"双证"的认识逐渐提高，有些职业院校实行了职业资格证书制度，并取得了明显成效和经验。经验证明：凡是对职业资格证书制度认识到位、实施到位的学校，都会给学校的改革带来勃勃生机，并极大地促进了职业院校与当地经济发展的密切联系，有利于学校当前改革和今后的发展。因此，职业院校实施职业资格证书制度不仅是社会的需要、企业的需要，更是学校自身发展的必然选择。

第三节 培训师

要实现人口资源优势向人力资源优势的转化，关键在于人力资源开发，人力资源开发的主要途径与手段就是不断学习和职业培训，因此，职业培训将成为中国21世纪最为重要的一项事业，而决定职业培训健康发展的关键人力资源因素——"培训师"，将成为21世纪"金领"职业之一。

一、培训师的含义

培训师职业在国外是一个比较成熟的职业。在西方发达国家，培训师这一职业有明确的职业能力标准、入职的基本要求和专业的发展途径。在英国、澳大利亚等国，培训师已被纳入国家职业资格证书体系，并受到社会各界人士的追捧。

但在我国，培训师还是一个发展中的职业。总体来讲，培训师是对在职业培训领域的培训工作者的称谓，由于我国目前还没有形成规范的培训师专业行业，所以，对其称谓还不统一，有的称培训经理，有的称培训工程师，有的称培训师，有的称之为培训讲师、实训教员、训练讲师等。在实践工作中，对培训师岗位有很细致的划分，从事培训管理工作处于不同管理层级可分为培训总监、培训经理等；专门从事培训协调工作的培训人员称之为培训协调员；以传授知识和技能为己任的培训师称之为培训讲师；他们又可以分为外聘讲师和内部讲师两类。外聘讲师是公司从外部聘请为公司传授知识和技能的课程讲师，而内部讲师则往往由公司内部的各级管理者以及资深员工担当。

在其开发的培训师职业标准中，很多人都借用上海市劳动和社会保障局对培训师的界定，对培训师职业做了如下界定："培训师是在任何类型的组织中，能够运用现代培训理念和培训手段，策划、开发、营销培训项目，制定、实施培训计划，从事培训教学、培训管理和培训咨询活动的人员。"

在职业培训师分类方面，多采用我国人力资源和社会保障部2002年颁布的培训师国家职业标准里的分类，把培训师的职业等级分为三个等级，即助理培训师、培训师、高级培训师。

国家和地方的人力资源和社会保障部门已把培训师列入国家职业词典和职业资格证书体系，先后颁布了培训师的职业标准和职业鉴定的能力要求。面对中国培训师的巨大需求，国家和地方的人力资源和社会保障部门、行业培训组织以及私营培训机构，纷纷提供了培训培训师的证书课程，以供有意进入这一职业的人学习。随着人们对培训师职业认识不断深化和社会对培训师职业需求加大，培训师职业将越来越受到人们关注。

二、培训师的素质能力结构

从实际工作角度来说，对培训师的素质能力要求也是非常高的，因为，培训师业务不单单是操作层面的问题，也具有较强的学术性、专业性和目的性。

就工作的目的性而言，培训师作为企业、商业等发展的合作伙伴，要站在企业和组织的立场，首先要对企业的人事、市场、财务、管理都有一定程度的认识和独到的见解，进而清楚培训的目的是为了帮助企业和组织提升绩效，更好地服务于组织战略目标的实现，因此要具备影响利益相关者的沟通和表达能力、运用商业头脑、战略性思维等能力和素质；就工作的专业性而言，培训师的主要职责是通过培训来改变职场学习与绩效，作为培训专业领域的专家，他还应该具备有效地沟通、计划并实施培训任务等的能力和素质；就学术性而言，培训师还应该具备理论提升能力，以便实践经验的提升和传播、交流，就这方面而言，培训师更应加强个人发展规划能力的提升，不断学习、促进自我成长和发展。

从工作的操作层面来分析，包括的工作范畴比较广泛，不仅包括培训课程设计和教学实施等比较具体的工作，还主要会涉及培训日常运营管理工作，需要培训师具有实施和控制培训系统每个工作环节的能力和素质。每个完整的培训系统主要包括培训需求调查与分析、培训目标和计划制定、培训实施、培训效果评估等。培训的每个环节都影响培训的效果，必须要求规范化、细节化和专业化。因此，对培训师相应方面的能力和素质要求也比较高。

（一）进行职业培训需求分析，确立培训目标能力

所谓职业培训需求分析是指通过对企业及其员工的目标、技能、知识等方面进行系统的鉴别与分析，寻找员工现有状况与目标要求之间的差距，以确定是否需要培训及培训内容的一系列活动。培训需求分析的主要目的是区分哪些是真正的培训需求，哪些是假象的培训需求；哪些是普遍需求，哪些是个别需求；哪些是短期需求，哪些是长期需求；哪些是当前需求，哪些是未来需求。所以我们将通过各种途径运用多种方法收集信息，并进行分析论证，明确培训目标、培训对象与培训内容，确保职业培训既有较强的针对性，又有一定的时效性。做好培训需求分析，对准确把握组织内部员工培训脉搏，有效提高员工队伍整体素质，实现组织的发展有着极其深远的意义。职业培训需求分析是组织培训的首要和必经环节，是职业培训过程其他环节的前提和基础，在职业培训全部过程中具有重要作用。

职业培训需求分析的层次包括组织需求分析和员工个体需求两个方面。

组织需求分析主要是指通过对企业完成某一项任务（工程）所需的知识、技能状况同现有状况的差距的分析，来确定组织的培训需要及培训内容的过程。分析的具体过程：首先，确定企业完成某一项任务（工程）所需的知识、技能标准，即组织的目标。组织目标决定培训目标，培训目标为组织目标的实现服务，组织目标与培训目标具有内在的一致性。因此，在培训需求分析中，组织目标的确定应该尽可能详细具体。其次，对照组织目标，做好人力资源分析。主要是对组织内现有人力资源状况的分析，内容包括人员的数量、质量、结构等方面。最后，两者比较分析确定差距，明确培训的人员和内容。

组织需求分析的内容包括三个方面：一是组织的人力资源需求分析。从人力资源的角度分析组织人员在能力水平上必须满足组织运行与发展的需要。主要依据组织的长远和近期目标对人力资源的种类、数量和质量的需求状况做出判断，并确定培训的目标。二是组织的效率分析。包括组织的生产效率、产品的质量和数量、成本状况、机器的使用和维修等。组织可以对这些因素加以分析，制定出相应的效率标准。三是组织文化的分析。组织文化是组织的管理哲学及价值体系的反映。只有组织文化与员工个人的价值理念相融合，员工才会自觉不自觉做出符合组织要求的行为选择，积极主动地为实现组织目标做出贡献。

员工个体分析是以员工个体作为组织员工培训需求分析的对象，主要分析员工个体现有状况与应有状况之间的差距，在此基础上确定谁需要和应该接受培训

及培训的内容。对员工进行培训需求分析的一个重要方面是绩效分析，一般通过绩效评估的方式进行。通过绩效分析，可以发现员工绩效水平状况。如果发现某些员工绩效不够理想，就要进一步了解原因，是由于知识、技能缺乏，还是由于工作动机欠缺以及工作流程不合理。另一个重要方面是对员工专业知识、业务能力进行分析。即对员工所从事的工作任务所需要的知识与技能同本人现有专业知识、业务能力进行分析比较，找出存在的差距，以此为依据来决定需要参加培训及培训的内容。

进行职业培训需求分析的方法主要有：必要性分析法、任务分析法、工作绩效评价法。

必要性分析法。是指通过收集、分析信息或资料，以确定是否通过职业培训来解决组织存在问题的方法。

任务分析法。任务分析用于确定从事新工作的员工的培训需求。主要通过对《职务说明书》和《工作规范》等文件的分析，描述该工作的责任、任务和活动，进一步明确完成工作任务所必需的知识、能力，最后确定培训的内容。

工作绩效分析法。工作绩效分析法是指在明确实际工作结果与期望工作目标差距的基础上，进一步确定其差距是通过培训途径来纠正，还是应该通过其他方法（如工作程序再设计、设备更新等）来纠正的过程。该方法首先要评价员工组织的绩效水平。其次要明确实际工作结果与期望工作目标的差距。最后对产生差距的原因进行具体分析。由此确定是通过培训，还是通过其他方法来解决问题。

分析产生工作绩效问题的原因时，需要将分层分析法、观察法和访谈法等结合使用，方能收到良好效果。分层分析法有利于将无规律的原始数据按照不同的目的加以分类整理，便于分析问题的原因。观察法是获取实践活动可靠信息的一种重要手段。它是通过对操作过程或工作现场进行全方位多角度地观察和了解，掌握第一手资料，为提出原因、证实观点提供依据。访谈法通过个别访问或小型座谈会形式，与工作人员直接沟通，了解更深层次的信息，为进一步证实观点提供可靠依据。将三种方法结合使用，找到问题症结所在。

一旦明确了培训需求，就要确立培训目标，为培训提供明确的方向和框架。培训目标的内容主要包括基本目标和具体目标两个方面。

基本目标。常常用一句话简练地说明培训后应达到的水平。如，在有效客户追踪系统的培训中，培训的基本目标是帮助销售代表通过实施定期客户追踪系统而提高他们的顾客服务水平。

具体目标。具体目标是指培训后受训者的学习结果。主要包括知识与技能应该达到的结果。对学习结果的描述要尽可能的具体和详细。如，在有效客户追踪系统的培训中，培训的具体目标是销售代表能够描述出有效客户追踪系统的好处；能够为自己设计出一套行之有效的客户追踪系统；能够通过测量该系统对总销售额和客户方面的影响来评估系统；能够感到做事更有条理，可以更好地控制收益。

（二）培训计划的制定

根据已定员工的培训目标，以确定员工培训的对象、具体内容、经费预算、培训方案及师资等内容。

第一，培训对象的确定。员工培训对象是根据前面的培训需求分析而确定的。在此需对员工的特点和类型进行较具体的分析。他们在知识和能力方面有何种差距；他们是新入职员工还是工作过一段时间的员工，是技术人员还是管理人员，都要做详细的了解。

第二，培训内容的选定。根据员工培训目标的不同选定不同的培训内容。虽然培训具体内容不同，但从总体上主要包括三个方面：一是知识；二是能力；三是为特殊目的而进行的培训。

第三，培训经费预算。培训经费预算是组织培训部门在制订培训计划时，根据培训计划编制出各项支出明细账，说明每一项支出的核算依据，以及培训的收入。培训经费的使用范围一般包括：培训项目所需器材设备购置费、培训人员的工资、公务费等。

第四，培训方案的设计。主要是对培训过程中的活动和方法的设计。采用何种活动方式、材料、设备等实现培训目标要求。培训方法划分的标准有很多，主要有在职培训和外部组织培训两种。具体选用何种方式进行培训，要视培训对象、内容和要求及员工培训经费预算的具体情况而定。在员工培训中，又有多种具体的方法，如讲演法、讨论法、角色扮演法、案例法等。采用何种方法，视教学内容、教学条件、教师等因素而定。

第五，培训师资的选择。培育师资可以从国内外、组织内外两方面选择。国内外员工培训师资各有其特点，国外培训师资的特点是：开设课程新，资料包装好，培训方式较为合理，不足之处是对中国国情、中国的文化了解不够，培训费用较高。国内培训师资的特点是了解中国国情，语言交流方便，便于采用国内及本组织案例，培训费用相对较低，不足之处是培训教材与国际最新动态往往衔接不够，开发稍有滞后。所以，组织在选择培训师资时应考虑到他们的不同特点，扬其长、避其短，加以适当利用。

（三）培训计划实施能力

培训硬件的准备。包括教学地点、时间的确认、教学设备设施的保障、教学资料的配备等。

培训软件的准备。一是培训管理制度的制定与学习。培训管理制度一般由培训部门制定，由教育者与被教育者讨论并做修改，形成正式文件，组织大家学习，以保证教学秩序的正常进行。二是培训教师的"培训引导"。培训教师可能是技术专家，但不一定具备教师职业的素质。培训引导就是培训引导教师不断提高自己的教师职业素质，有效地完成整个培训工作的过程。三是帮助培训教师了解受训者的情况。主要包括受训员工的基础知识、技能和对教育培训的态度。四是培训教师确定教学课程计划。培训教师设计好培训内容的教授方式和活动。

计划实施的各种条件准备好之后，具体的培训工作也就可以开始了。培训工作是否能够成功进行，主要取决于培训教师在培训过程中运用培训策略和方法是否恰当。

依据教学内容、培训对象的不同，培训教师可以采用讲课、会谈、分组讨论、学习案例、游戏、模拟实践等不同方式进行教学。在教学过程中，培训教师要注意创造一个积极的环境，让受训者勇于提问且不失自尊。培训教师还要注意与受训人交流，及时收集反馈信息，并且始终保持极高的教学热情。

（四）进行培训效果评价能力

培训质量水平的高低直接影响职业培训事业的发展，影响人力资源开发的效果。通过培训效果评价可以不断总结经验，发现问题，使培训方式、培训内容、培训教师的选择等更适合培训的特点，达到预期的培训目标。所以，只有当培训得到评价后，整个培训的过程才算结束。通过培训评价了解受训者是否喜欢培训，他们是否学到了应该学到的东西。另外，他们仅仅对培训感兴趣还远远不够，还必须了解培训和工作之间是否真正建立起了联系，受训者通过培训提高了技能，掌握了应该学会的新知识，会做了培训前不会做的事情，才能说明培训是成功的。培训效果评价可以通过两种方式进行：一种是控制实验方法，即采用一个培训组和一个实验组（非培训）。通过对采集培训组和实验组在培训前后相应时期的有关数据（如工作效率、工作质量等）的分析，确定职业培训的效果。这种方法工作任务较重，而且需要时间较长，所以较少采用。另一种方法是采用评价指标评价职业培训的效果。采用这种方法评价又可分为两个阶段进行：一是在培训课程结束时对课堂进行评价，二是培训结束一段时间后（2~3个月）再进行追踪评价。

培训课堂质量评价的内容主要包括以下方面：

（1）受训者对培训计划的反应如何？他们是否喜欢这个计划？认为这个计划是否有价值？

（2）受训者是否学到了需要的知识。培训前不会做的事，现在是否会做了。他们的技能提高了吗？其他方面还有哪些改进？

（3）对教师授课是否满意。

（4）培训的时间、场地是否适宜。

进行追踪评价，会更好地反映出受训者在工作中对所学知识和技能的应用程度。通常可以通过调查和观察方法进行。一般通过问卷和访谈的方式向受训者和他们的主管调查，了解他们的培训前后的变化。通过调查受训者在工作现场的实际表现，了解他们对所学知识和技能的应用情况。

职业培训在人力资源开发过程中具有极其重要的价值，但培训不能解决组织面对的所有问题。若问题的原因是工作程序、管理制度等情况造成时，培训解决不了这些问题。

三、职教师资与培训师的比较

（一）教师和培训师之间的异同

我们的培养对象是未来的职教师资，但培训师也是他们可以选择的一个就业趋向。需要解释的是，二者虽说都是"师"，但二者之间还存在很多异同。

最大的相同点是他们都属于教育的大范畴，都应具有为人师表的素质要求，但也有很多不同。

首先，"教师"与"企业培训师"职业认证机构不同，前者归属国家教育部，后者归属国家人力资源和社会保障部，职业资格认证标准也具有很多区别之处。可以参见各自的职业资格认证标准。

其次，"教师"与"企业培训师"在工作中各自的角色不同。按照《中华人民共和国教师法》《教师资格条例》规定，中国公民凡遵守宪法和法律，热爱教育事业，具有良好的思想品德，具备本法规定的学历或者经国家教师资格考试合格，有教育教学能力，经认定合格的，可以取得教师资格。在《中华人民共和国教师法》里，教师的职业内涵被界定为：教师是履行教育教学职责的专业人员，承担教书育人，培养社会主义事业建设者和接班人、提高民族素质的使命。

教师的职责义务主要包括：① 遵守宪法、法律和职业道德，为人师表；② 贯彻国家的教育方针，遵守规章制度，执行学校的教学计划，履行教师聘约，完成教育教学工作任务；③ 对学生进行宪法所确定的基本原则的教育和爱国主义、民族团结的教育，法制教育以及思想品德、文化、科学技术教育，组织、带领学生开展有益的社会活动；④ 关心、爱护全体学生，尊重学生人格，促进学生在品德、智力、体质等方面全面发展；⑤ 制止有害于学生的行为或者其他侵犯学生合法权益的行为，批评和抵制有害于学生健康成长的现象；⑥ 不断提高思想政治觉悟和教育教学业务水平。

《企业培训师国家职业标准》里把企业培训师职业定义为：能够结合经济、技术发展和就业要求，研究开发针对新职业（工种）的培训项目以及根据企业生产、经营需要，掌握并运用现代培训理念和手段，策划、开发培训项目，制定、实施培训计划，并从事培训咨询和教学活动的人员。其主要职责范围和任务包括：① 结合企业生产经营现状，设计企业职工培训总体计划；② 结合企业实际，开发培训项目；③ 依据培训计划，开发培训课程；④ 根据培训计划和大纲，开发培训教材；⑤ 根据培训计划，选用教师并评估培训工作；⑥ 根据企业培训计划，开展教学的组织、管理和实施；⑦ 运用现代化的培训技术和手段，开展培训工作。

从上述对比可以看出，"教师"与"企业培训师"的界定不同，只是在内涵上存在部分交叉关系。教师是以教学为主要工作的单一的实施者，企业培训师则是承担着诸多职责的"多面手"，对其素质要求更宽泛，除专业素质外，对管理能力要求较高。所以说，教师不能等同企业培训师，具有教师资格证书的不一定能胜任企业培训师，但企业培训师在取得培训师职业证书的同时也可以进行教师资格认证，即可取得双证，两者之间并不矛盾。由于在职业内涵、职业标准上存在不同，按照当今职业专业化、标准化的要求，职教师资如果想同时具有培训师资格，除了资格认证取得外，在角色和职责担当方面也面临着向企业培训师的转型。

（二）职教师资向培训师的转型

1. 在职业角色上由单一型向多重型转变

从事职业教育的教师是以教学方法论和教学艺术为主要职业技能和行为导向，承担的是传道、授业、解惑的职能。职业角色是教学的组织者、学习的指导者、学生人格的塑造者，角色主要定位于教学者。而企业培训师是专门从事员工培训业务的，是集培训策划、培训管理与教学于一体的专业人员。既是策划者，又是管理者；既是教学者，同时还是服务者，在多种角色的兼任中偏重于开发、管理与教学咨询。从教师到企业培训师，由教学者向主持人、引导者、咨询员、服务者乃至管理者等多重角色转变，就必须全面拓宽职业领域，提升管理与组织能力，创设实践机会，掌握相关企业与相关职业的专业知识，以胜任企业培训师的角色。

2. 在职业能力素质上由单向型向复合型转变

企业培训不同于普通教育，它的培训对象层次不同，培训内容变化大、变化快。员工培训是知识更新、能力培养，是思维变革、观念转化，同时也是心理调整，因而对从事培训工作的人员在综合素养和资历方面要求相对较高。较高的学历、较高的资历和较高的技能都是必要的。除此之外，还应掌握高超的授课技巧，具有良好的沟通、表达能力，特别需要有案例分析能力，能够设计并综合运用课堂讨论、案例分析、模拟游戏、角色扮演等培训手法，能组织教案、充分运用各种现代教学设备的能力。

目前，从事职业教育的教师具备较高的思想素质和业务能力等与其他教师一样的共性特征,但企业培训的固有特点要求向企业培训师转型的教师仅仅具备共性特征是不够的,还必须具备培训项目策划能力、实施培训的能力以及如沟通、协调等通用能力,即由单向型能力素质向复合型的能力素质转变,即除具有教师应具有的素质和能力外,还应具有学习与创新能力、研究开发能力、组织教学能力、沟通协调能力及成本核算能力。

1. 王晓辉等译:《为了21世纪的教育:问题与展望》,教育科学出版社2002年版。
2. 韦钰:《教育:财富蕴藏其中》,教育科学出版社2002年版。
3. 《中华人民共和国劳动法》,"职业培训"。
4. 劳动部职业技能开发司:《职业技能开发手册(内部资料)》。
5. 甘绮倩:《从职教师资到企业培训师》,载《石油教育》2004年第5期。
6. 张书娟:《美国培训师胜任素质研究:回顾与评价》,载《继续教育研究》2010年第3期。
7. 肖鸣政:《培训师:令人向往的新兴职业》,载《中国培训》2001年第8期。
8. 颜润锋:《培训师的"七力"之功》,载《中国培训》2012年第2期。
9. 滕月:《浅谈专职培训师的素质能力模型》,载《中国电力教育》2009年第7期。

简答题

1. 职业培训的概念是什么?它有哪些类型?
2. 结合案例阐述职业培训的重要意义。
3. 谈一谈你对职业资格证书制度的看法。
4. 若你是一个培训师,如何确定企业的培训需求?

拓展思考题

1. 设计一个培训项目,完成该项目的培训需求分析。
2. 假如你是一位培训教师,你将如何开展培训工作?
3. 假如你是一位培训主管,你将如何制订培训计划?

第十章　职业准备教育

学习目标

- 了解职业准备教育、职业指导、创业教育的内涵。
- 掌握职业选择发展理论、特性—因素论、人格类型论的理论要点。
- 能够结合理论开展职业指导的系列操作。
- 理解创业教育的本质,并能够培养和塑造创业者的基本素质。
- 能针对性的解决职业心理问题,提高职业选择、职业适宜水平。

职业是个体实现社会化的一个重要环节,个体的职业是个体职业社会化的结果,其实质是个体对职业社会适应及个体在职业生涯中成就感和满意感的获得。个体对职业社会的适应是通过职业角色的胜任实现的,因此,在职业社会化的过程中形成什么样的职业意识、职业态度、职业兴趣,获得什么样的职业能力和个性,这些都影响个体对职业从选择到适应的整个职业生涯过程。因此,个体要为职业社会化做什么样的准备就显得十分重要,这就涉及了职业准备教育的问题。

职业准备教育就是以个体更好地实现职业社会化为目的,培养个体的职业意识、职业价值观,开发个体的职业能力,指导个体进行职业选择,提高个体职业竞争力,培养个体创业能力和适应职业的心理健康素质,增强个体职业适宜性等的一系列活动。

请扫描二维码
学习本章视频

第一节 职业指导

一、职业指导概念

职业指导的本质就是指使人们在正确地认识职业和充分了解自身的基础上,合理地做出职业决策,选定职业发展方向的过程。它是教育的一个重要环节,是沟通学校与社会的重要桥梁。按照这一定义,我们从以下三个方面分析职业指导的本质:

（一）职业指导构成要素的内在联系

职业指导这一系统是由管理者、指导者、指导对象三要素构成的人—人系统,它不同于人—机系统的地方表现为联系方式不是指令,而是指导。指导对象有很大的自主权,是否接受指导,取决于管理者对指导者影响作用的大小。这种影响不属于权力影响或强制性影响,而属于非权力影响或自然性影响。

（二）职业指导本身所固有的特殊矛盾

职业指导本身所固有的特殊矛盾是人与职业的矛盾。解决此矛盾的方法有两种:一种方法是各行各业都提供最好的工作岗位,满足所有求业人员的要求,这是理想化的方法。另一种方法是做人的工作。教育和引导不同的人,认识它们适合从事的职业,以及怎样适应从业的需要。

（三）职业指导是教育过程

职业指导是一个动态的对学生进行就业预备教育的过程,即对学生进行职业指导,旨在引导他们提高自身素质,做好就业准备。例如,对普通初中生进行职业指导,旨在引导毕业生报考高中、报考职业学校,实质是进行普职分流教育;对高中和高校的毕业生进行职业指导,旨在引导他们按照科学地选择报考的专业或者就业的工种,实质是进行职业选择教育;对成人学校学员进行职业指导,旨在引导他们发挥潜能,尽职尽责,建功立业,实质是进行职业适应教育;对下岗职工和农村剩余劳动力进行职业指导,旨在引导他们合理地有序地转换职业或工种,实质是进行职业流动教育。总而言之,各种职业指导活动都是教育活动,职业指导的本质是教育过程。

二、职业指导理论

理论对实践具有指导作用,职业指导理论对实践的作用主要体现在三个方面:首先,帮助实际工作者分辨职业问题的一般现象;其次,当实际工作者在执行问题诊断、设计指导方法等具体工作时，可依据特殊的理论观点做指导；最后，职业指导理论对于职业学校的教师选择职业指导的方法具有重大的意义。下面结合职业教育本身的特性，从操作性和实用性方面考虑，介绍三种比较经典的职业指导理论。

（一）职业选择发展理论

职业选择发展理论由美国职业指导专家萨帕（Super）和金兹伯格（Ginzberg）等人于20世纪40年代提出。

1. 萨帕将职业发展划分为五个阶段

第一阶段：成长阶段（0~14岁）。这个时期的青少年是通过家庭和学校中的重要人物的自居作用而发展其自我概念。在这一阶段的早期，需要和幻想占主导地位。随着逐渐参与社会和了解现实，兴趣和能力也变得更重要。这一阶段又可分为几个从属期：幻想期（4~10岁），其特点是儿童以需要为中心，在空想中完成职业角色的职能，如扮演幻想中的游戏角色；兴趣期（11~12岁），其特征是爱好或兴趣成为儿童志愿和行为的主要因素；能力期（13~14岁），其特征是儿童开始考虑职业所需要的条件和必要的教育训练。

第二阶段：探索阶段（15~24岁）。这一阶段的青年力图更多地了解自我，并做出尝试性的职业决策，同时不断地改变自己的职业期望。此阶段又可细分为以下从属期：试验期（15~17岁），个人通过想象、讨论、工作等方式开始全面考虑需要、兴趣、能力、价值观及谋划职业机会等，并据此进行试验性的职业选择；过渡期（18~21岁），当进入劳动市场和专门训练时，着重考虑现实，寻找自我的实现；试行期（22~24岁），进入似乎适合于自己的职业领域，并在该领域中开始工作，试图将它作为终身职业。

第三阶段：创立阶段（25~44岁）。这一阶段个人已经找到了合适的工作领域，并努力试图将其确立为终身职业。创立阶段又可分为：试行期（25~30岁），在似乎合适的工作中感到不满意，可能变换工作，但也有人不经此时期，尤其是在专门职业中；稳定期（31~44岁），在职业类型明确后，便努力使工作稳定下来，以确保职位。

第四阶段：维持阶段（45~60岁），这一阶段人们在工作领域已经取得了一定的地位，他们主要考虑的是如何维持这一地位，一般不再寻求新的工作领域，而是朝着既定的目标前进。

第五阶段：衰退阶段（60岁以上），随着个体的身体和心理能力逐渐衰退，工作活动的范围开始缩小以至停止。

2. 金兹伯格将职业发展划分为三个时期

幻想期。儿童在四五岁时就逐渐表现出对职业的兴趣，由其内在的好奇进而与同伴共同游戏，模仿成人社会中若干职业行为，但对职业的概念与了解多凭直觉想象。

试探期。其中又可细分为兴趣、能力、价值与转移四个阶段。青少年在十一二岁时开始觉察并增减对某些职业的兴趣；十二至十四岁时，则以个人的能力为核心，衡量并表现自己的能力于各种职业有关的活动中；至十五六岁时，开始了解职业的价值，并将这种认识揉合于职业选择中；至十七八岁时，则综合有关职业选择资料，正确了解其未来的方向。

实现期。包括试探、具体化、专门化三个阶段。根据前一时期的综合结果，开始实际进行各种试探活动，一旦得到结果，即进入具体化阶段，据此做专门的就业准备。

（二）特性—因素理论

"特性—因素论"（Trait-Factor Theory）为职业指导中历史渊源最深的理论，它源于19世纪官能心理学的研究，但在职业指导方面的应用，则是建立在帕森斯（F.Parsons）关于职业指导三要素思想的基础上，由美国专家威廉斯（E.G.Williamson）发展而形成。

特性—因素论基本上是一种以经验为导向的指导模式，其主要焦点就是人—职匹配。该理论认为个别差异现象普遍地存在于个人心理与行为中，每个人都具有独特的能力模式和人格模式（即特质）；而某种能力模式和人格模式又与某种特定职业存在着相关。每种人格模式的人都有其相适应的职业，人人都有选择职业的机会，人的特性又是可以客观测量的。职业指导就是要解决个人的兴趣、能力与工作机会相匹配的问题，帮助个人寻找与其特性相一致的职业。

依据帕森斯提出的职业指导三要素，职业指导的过程由三步组成：

第一步是评价求职者的生理和心理特点。通过心理测量及其他手段，获得有关求职者的身体状况、能力倾向、兴趣爱好、气质与性格等方面的个人资料，同时可通过谈话、调查等方法获得有关求职者的家庭背景、学业成绩、工作经历等情况，并对这些资料进行评价。

第二步是分析各种职业对人的要求（因素），并向求职者提供有关的职业信息，包括：一是职业的性质、工资待遇、工作条件以及晋升的可能性；二是求职的最低条件，诸如学历要求、所需的专业训练、身体要求、年龄、各种能力及其他心理特点的要求；三是为准备就业而设置的教育课程计划，以及提供这种训练的教育机构、学习年限、入学资格和费用等；四是就业的机会。

第三步是职业指导者在了解学生特性和职业因素的基础上，帮助被指导者进行分析比较，使之在清楚地了解自己、了解职业因素的基础上，做出明智的职业选择。

（三）人格类型论

美国职业指导专家霍兰（Holland）于20世纪60年代所创立的"人格类型

论"（Personality Typdoqy Theory）是在特性—因素论的基础上发展起来的。

该理论的主要观点是：

1. 人格与职业关系的一系列的假设

① 在我们的文化中，大多数人的人格都可以区分为六种类型：实际型、研究型、艺术型、社会型、企业型与传统型。每一特定类型人格的人，便会对相应职业类型中的工作或学习感兴趣。② 环境也可区分为上述六种类型。③ 人们寻求能充分施展其能力与价值观的职业环境。④ 个人的行为取决于个体的人格和所处的环境特征之间的相互作用。

2. 人格类型与职业类型匹配的六种模式

实际型。基本的人格倾向是，喜欢有规则的具体劳动和需要基本操作技能的工作。其适合于一般劳工、技工、修理工、摄影师、制图员、机械装配工等职业。

研究型。基本的人格倾向是，具有聪明、理性、好奇、精确、批评等人格特征。喜欢智力的、抽象的、分析的、独立的定向任务等研究性质的职业。其适合于科学研究人员、教师、工程师等职业。

艺术型。基本的人格倾向是，具有想象、冲动、直觉、无秩序、情绪化、理想化、有创意、不重实际等人格特征。其适合于艺术方面、音乐方面与文学方面等职业。

社会型。基本人格倾向是，具有合作、友善、助人、负责、圆滑、善社交、善言谈、洞察力等。其适合于教育工作者与社会工作者等职业。

企业型。具有冒险、野心、独断、乐观、自信、精力充沛、善社交等人格特征，其典型的职业包括政府官员、企业领导、销售人员等。

传统型。具有顺从、谨慎、保守、实际、稳重、有效率等人格特征，喜欢有系统有条理的工作任务。其典型的职业包括秘书、办公室人员、记事员、会计、行政助理、图书馆员、出纳员、打字员等。

三、职业指导实施

（一）经典职业指导理论的策略

职业指导的理论只有应用到职业指导的实践，才能表现出其对人们职业选择的有益作用。在职业指导的具体操作中，除灵活运用经典的职业指导理论外，还应遵循职业的基本原则，否则就不能更有效的发挥职业指导的作用。

1. 职业选择发展理论的指导策略

职业指导人员可针对当事人的职业需要，进行不同的指导措施：

（1）对职业选择不确定者，应注意分析影响其情绪以及造成无法确定的各种文化、社会及生理因素，帮助当事人消除疑虑和障碍。

（2）对职业选择不成熟者，应从协助当事人了解影响其职业选择的个人因素与社会因素入手，使当事人认识到这些因素与其职业发展的关系，并参照职业发展任务的重点，逐步发展其职业自我。

（3）对职业选择成熟者，应重点协助当事人搜集与评估有关个人的和职业的资料，并为其做职业决策提供依据。

2. 特性—因素理论的指导策略

特性—因素理论在职业指导中的应用，具体表现为：

（1）心理测量技术的运用。特性—因素论同心理测量有密切的关系，指导过程的实施是以测定人的特性为前提的。职业指导中心理测验类型包括能力测验、特殊能力测验、职业兴趣测验以及人格测验，同时还包括常规的身体和体质检查、求职者的家庭背景、经济状况、学业成绩及其他有关背景情况等。心理测验技术的发展为职业指导特性—因素理论提供了手段，而职业指导中广泛运用心理测量技术又反过来促进了测验运动的发展。

（2）问题的诊断。特性—因素论十分重视诊断的功能。对于职业选择发生困难的人，必须先加以诊断，然后再"对症下药"。威廉斯阐明了诊断的意义在于以一种逻辑的程序，由各项相关的或无关的资料中，了解求职者的特性，寻找出前后一致的方向或目标，并进一步预测判断该方向或目标对求职者未来适应的重要性。为了诊断求职者的问题，威廉斯提出了下述四种可能的问题情况：① 没有选择：求职者不知道也无法表达所需要选择的职业；② 不确定的选择：求职者虽说出自己希望的职业名称，但不知道是否合适；③ 不明智的选择：求职者所选择的职业与自身的能力、性格等条件不相符合；④ 兴趣与能力相互矛盾：这种矛盾包括三种情况，一是兴趣高但能力低，二是兴趣低于能力，三是兴趣与能力不在同一领域。

（3）职业指导人员与求职者接触的三个阶段：

第一次接触主要是建立关系，从求职者前来指导中心洽谈开始，职业指导者就求职者提供的基本资料，对其做初步了解；第二次接触则在实施测验之后，主要解释测验结果，并将测验结果传达给求职者；第三次接触则为目标或问题解决方法的分析、选择或决定。在最后过程中，主要对各种可能的选择途径做深入的了解，然后协助求职者做出决定。

3. 人格类型理论的指导策略

人格类型论主要的策略是人格类型的评定与分析。上述的六种人格类型可通过以下方法加以评定：

（1）定性方法。以个人自己表示的职业或教育方面的偏好，或目前所从事的职业，再参照各职业或教育所属的类型，评定其人格类型所属的范围。

（2）定量方法。运用心理测量手段来测量并进行分析。测验结果可分别得到六种人格类型的分数，得分最高的一项即表示被试接近该种类型，也就是其人格类型。

（3）人格组合的评定。由于各类型彼此并非完全独立。因此，个人的人格可依测量结果分数高低排列所得的侧面图，以最高分数前三项代表个人的人格组合。

（4）一致性分析。在人格类型的六角形模式中，相邻的类型具有较多共同的特性，其一致性高。相对的人格类型，则具相反的特性，其一致性低。类型一致的程度与个人人格稳定性及职业的成功有密切的关联。

（5）区分性分析。测量结果所得的六种类型的分数，可显示人格组合的区分性高低。区分性高者，其职业发展过程可能较明确而稳定；区分性低者，可能出现较多变异情况。

（6）和谐性分析。在个人生活或工作环境中，其人格类型与环境类型之间的和谐程度即一致性与职业稳定及成就密切相关。人格类型与职业环境完全吻合，其和谐程度高。

（二）职业指导的原则

1. 尊重与自愿原则

求职者要尊重职业指导工作者，尊重他们为此付出的辛勤劳动和心血。与此同时，职业指导工作者必须尊重每一个来访的求职者，不论性别、年龄和身份等。到职业介绍部门求职的人，要本着尊重自己、尊重他人、自愿的原则来寻求帮助。

遵循和掌握互相尊重的原则，是要求职业指导人员既不是高高在上、盛气凌人，也不是低三下四，任意被他人摆布，而是正确运用职业指导的理论和方法，从求职者的实际出发，提供就业帮助，既要尊重他人，又要获得他人的尊重。

2. 公正与平等原则

（1）公平竞争是市场经济条件下的重要规则。对职业学校学生的职业指导，要按照公正、平等、竞争上岗的原则，对他们进行全面的了解、考查，听取他们的想法和意愿，为他们提供职业信息，讲明用人单位对招聘人员所提出的应聘条件，要让学生做竞争上岗的思想准备。

（2）公正无私是做好职业指导工作的前提。职业指导工作是与人打交道的工作，人们往往对办事公正与否最敏感。办事公正无私的人最容易获得服务对象的依赖和好感，并且，对他们的指导和帮助也因此而获得较好的效果。

（3）平等待人是为大多数人全方位服务的立足点。职业指导面对的是社会就业群体，包括求职的各级毕业生、企业下岗职工、社会失业人员、要求转岗转业及调换工作的从业人员，等等。

3. 引导与促进原则

职业指导，自始至终都贯穿着对青年毕业生和社会求职者的正确引导和积极促进，引导的过程是教育和转化的过程，促进的过程是帮助和落实的过程，既解决思想认识问题，又协助落实就业位置，这条原则充分体现了职业指导工作的落脚点。

4. 合理匹配原则

职业指导工作者的神圣任务，是对社会人力资源进行合理的有效配置。合理匹配原则要求职业指导人员要懂得关于职业分类和社会职业发展的知识，还要掌握人的生理、心理特点与个体之间的差异，只有兼顾社会需求、就业岗位盈缺状况和个人求职意愿、生理、心理条件等多方面的因素，运用职业指导的方法和手段，才能达到求职者与职业岗位之间的最佳配置。

（三）职业指导的基本步骤

职业指导一般包含六个步骤：分析、综合、诊断、预断、处理、追踪。

1. 分析

尽可能多地搜集当事人的有关资料，获得对当事人的基本了解。搜集当事人资料的途径一般有：查看工作（学业）成绩和行为表现的积累记录；面谈；了解当事人的生活史；了解当事人的重要生活事件；做心理测验；做问卷调查等。

2. 综合

将分析过程中搜集到的资料加以整理、安排，分出轻重、主次，对当事人的问题和情况形成一个总体的看法。

3. 诊断

通过分析、综合与推论，做出对问题性质和原因的系统的判断。从可能的横向、纵向关系中了解问题的发展，可能会有什么新的困难、危险或转机。

4. 预断

设想各种可能的解决方案，预测每一种方案可能产生的后果，以及问题发展的趋势，以优选方案。

5. 处理

指导人员运用对当事人的充分了解，通过针对问题的技巧性会谈，帮助其实现知、情、意以及态度方面的变化，以使其达到良好的心理适应和再适应。

6. 追踪

指导人员在当事人问题解决之后要进一步联系，或帮助当事人克服问题的反复，或协助其解决新问题，并评估指导的效果，以总结工作、积累经验。

（四）职业指导的技术

在职业指导操作中，技术的运用应该灵活多变，做到因人而异、因事而异。

指导技术可以归纳为以下五个方面：

1. 建立友好关系的技术

从当事人一进入职业指导工作室，表达适宜的礼貌，诸如称呼、握手开始，直到打开话题、谈话，以至谈话结束、互相道别，指导人员都应始终保持对当事人的尊重，始终关注当事人的需要，让其感到轻松，不要轻易触及敏感的个人隐私，倘若当事人主动谈及，应该做出保密的承诺。

2. 促进自我了解的技术

职业指导人员应将包括心理测验资料在内的所有现存资料理性地分析与综合，在指导过程中用明白易懂的话语传达给当事人，尽可能使他对自己产生新的、更为透彻的了解，帮助其发扬优点、克服缺点。

要帮助当事人理性地认识自己，职业指导人员应具备广博的知识、深厚的专业基础。在指导过程中始终保持良好的态度，谈吐要注意语速、语调和感情色彩。不要使用当事人不懂的专业术语，更忌讳陈词滥调、油腔滑调和不恰当的幽默与玩笑。

3. 劝导策划技术

在当事人明了问题、了解自己的情况下，职业指导人员就要具体帮助他选择目标、价值、方法，并协助他制订可行的计划，对当事人进行劝导、帮助和策划。常用的劝导方法很多，归纳起来主要有三种：

（1）直接劝导，职业指导人员以直接的方式坦率地告诉当事人应当选择什么、不应该选择什么。

（2）说服劝导，职业指导人员向当事人提供多种选择，帮助他在分析、比较中择优而取。

（3）解说劝导，职业指导人员层次分明地分析问题的方方面面，陈述各种可能方案的利弊，同时也分析当事人自身的优势和劣势，在充分展示有关资料的基础上，引导当事人做出最优化选择。

4. 计划推进技术

职业指导人员凭借自己的良好训练和经验，在当事人做出选择的基础上，应帮助他制订更为具体可行的计划、并协助、督促其完成，预防其反复。任务分析法、生活行动分析法、综合激励法、代币法等，都是推进计划实现、增强当事人自我控制感和胜任感的有效技术。

在当事人实行计划的过程中，及时反馈，让他有机会获得成功体验是至关重要的。在当事人完成一定任务、自信心有所提升的情况下，逐步提高要求，将及时反馈和延时反馈结合起来，使其逐步适应较高的要求和延时反馈。这样有利于帮助他克服患得患失的心理。

5. 任务转介技术

职业指导人员一个非常重要的职业特点就是专业定向很强。如果有问题超出自己的能力范围，就应该及时、恰当地转介给其他专业人员。尽量减少由于超出自己现有专业训练而导致失败的事件发生，给当事人带来损失。

第二节　创业教育

职业准备教育的目的，不仅仅是让年青一代适应和继承人类既有之文明，而是激励他们在继承既有文明的基础上进一步超越先贤，创造人类历史上新的文明成果，这就必然涉及创业教育问题。

一、创业教育的内涵和时代意义

（一）创业教育的本质内涵

创业教育就是通过教育和教学活动，培养、激发学生的创业意识，使之掌握创业的基本知识和技能，排除不利于其形成创业冲动的精神枷锁，并进一步促使由被动地选择职业向主动地创造工作岗位转变的教育过程。创业教育理应是职业准备教育的一项重要内容。创业教育正是在深刻地理解了教育本质功能的基础上，将目光投向更深远的时间和更宽阔的空间，用一种可持续发展的眼光看待每个受教育者，它所要实现的是个体生命和人类社会的可持续发展。创业教育对职业教育的本质内涵进行了新的阐释和拓展。创业教育之所以不同于就业教育，在于前者充分肯定个性的自由，尊重个体的自主性，是个性发展和发挥的重要表现，受教育者在接受教育时个性得到应有的尊重，在创业过程中个性得到全面的发展；创业者必有业，创业者必乐业；个体如能做到成功创业，就是创造了更多新的工作岗位和提供更多的就业机会，使无业者有业，那么他也就尽到了服务社会之义务；创业本身就是一种创新和创造，创新是人类社会发展的灵魂，也是一个国家和民族得以前进的根本动力。人类社会是在不断创新和创造中前进的，国家及世界生产力的增进，社会的可持续发展，取决于其基本组成细胞——个体的创造性和创造力及其和谐坚韧的可持续发展能力。

（二）创业教育的时代意义

1. 创业教育适应知识经济发展的要求

随着知识经济时代的到来，全球经济的一体化及社会需求的日益多样化，使社会进入一个创业的时代。和以往不同,过去创业更多利用的是人力、物力、财力和已有的技术方法。而在知识经济时代,知识、信息和技术是最重要的创业资源。知识经济时代的来临促成了产业结构的调整升级,高新技术产业成了知识经济的第一支柱产业,知识产业转化成当代经济发展的主要增长点,这既迫切需要一大批高素质的创业人才去振兴传统工业,发展新兴产业和高新技术产业,也需要作为知识中心的创业教育和学生科技创业活动的展开。

2. 创业教育适应了我国职业教育改革的要求

现代市场经济体制促进了中国社会的发展,而在各行各业的改革和快速发展中,以素质教育为核心理念的职业教育改革具有革命性的意义。"九五"期间职业教育的办学体制改革、内部管理体制改革、教育理念的更新、人才培养模式改革、专业和课程体系改革、后勤社会化改革,等等,推动了中国职业教育改革不断走向深化。而创业教育的提出和探索是中国职业教育在信息化和全球化背景下走向深化的必然趋势和重要标志。素质教育为创新能力、创造能力和创业能力的培养,提供了有利的支撑。首先,现代市场经济的活力或内在驱动力来自大多数社会成员主体性和创造性的自觉和提高。因此职业教育变成为就业做准备的大众教育或普及教育。这样一来,社会成员的创造力和创业能力的普遍提高就成为教育的根本职责。其次,知识经济和信息化时代的来临、国际化和全球化趋势的强化导致了市场经济条件下社会的产业结构、社会分工、社会层次和社会地位、职业和工作岗位的不断变化。在这种情况下,不仅"对口式的"精英教育已经失效,而且一般意义上以自主择业和守业为特征的素质教育也有一定的局限性:面对这种时代要求,以知识为背景的积极的、主动的创业教育成为一种必然。

3. 创业教育不仅能解决毕业生的就业问题,而且成为繁荣经济、缓解就业压力最有效的途径之一

据劳动部门的统计:今后10年,我国每年将新增劳动力1000多万,大约1.2亿左右的农村劳动力要向城市转移。现在国有企业事业单位还存在着2000多万隐性失业者,此外每年还有数百万下岗职工,劳动力供大于求的矛盾将长期存在。面对这种严峻的就业形势,无论职业指导的工作做得多么好,它也只能使择业者与现有的岗位达到比较好的结合,却无法提供和创造更多的工作岗位,因此,只有求助于创业教育,通过创办中小企业,才能缓解这一矛盾。据国内外经验和有关研究表明,中小企业特别是第三产业的小企业,能广泛吸收社会劳动力,最大限度地解决失业问题。其就业容量在多数领域平均比大企业高出一倍以上。因此,不论是在发展中国家还是在发达国家,人们都越来越重视中小企业在创造就业机会中的突出作用。通过创业,可以使无业者有业,使创业者的个性和潜能得到充分发挥,无论从社会层面还是从个人层面上看,创业教育的作用都是

至关重要的。

二、创业者必备的素质

要有效地开展创业教育，就有必要了解创业过程中必备的素质，以做到有目的、有针对性地开展创业教育，全面提高学生的创业素质。创业素质至少在以下几个方面有别于传统素质模式：

（一）动力基础

创业者的动力基础主要指创造者的创业动机，它包括：

第一，强大的创造和创新欲望；第二，强烈的创业意识；第三，强烈的自我实现的需要；第四，对自身发展和社会发展有强烈的责任感和紧迫感。

（二）能力结构

创业者从事创业，必须具备一些心理条件，这些条件影响或制约创业人员创业目标的实施。这些条件主要包括：

第一，认知能力：积极寻找信息；较强的信息分析和评估能力；善于规划和利用时间、精力及外部资源；善于把握创业先机。

第二，专业能力：专业技能、行业资格与相关经验；政策法规与金融财税；科技开发与形象设计。

第三，运作能力：创业起步与扩展；生产经营、管理与组织协调；风险意识与应对；市场开发利用；破产与退出策略。

第四，人际交往能力：人际交往与合作；信誉与洽谈技巧；有效交流、说服和影响他人；社区观念与环境意识。

第五，学习能力：接受新思想、新知识；灵活地更新知识结构。

（三）人格系统

人格是指个体稳定的心理特征。对创业者产生影响的人格特征体现在以下六点：

第一，强烈、持久、主动地追求新异与卓越，乐于异想天开，具有鲜明的个性。

第二，敢于冒险，善于规划未来，对于确定性、不可预测性应付自如，不满足于现状。

第三，执著地追求、以过人的毅力来坚持，持有必胜的信念。

第四，理智的对待压力、挫折与困难，力求从中获益，并转化为下一步行动的资源与动力。

第五，勤于反馈与反思，敢于承担责任。

第六，对变化采取欢迎、积极、灵活应变的态度，把变化作为生活方式。

三、创业教育的主要途径

（一）开放教学制度

自由是自主创业的前提，但我们的学生正被学校教学制度死死地捆绑着。即使实行了学分制、选修制等改革，但学生既不能提前或延缓毕业，也不能跨专业选修。当前在读学生开办企业的现象已经对这种僵化的教学体制提出挑战。今后的学校及其课程，应当允许学生自由地进入或退出，而没有苛刻的时间限制。能真正自主地选择课程、教师和教育改革项目，而不受专业、学院、学校等界限的阻碍。教育要根据学生需要来组织和实施。

（二）更新教学内容

目前我国教育在教学内容上，以专业为中心，以行业为目标，专业面偏窄，知识结构单一，人文教育薄弱，学生不能根据自己的需要选择学习内容，组建知识结构。因此必须彻底改变这种课堂教学内容设置，将创业素质教育渗透到课堂教学内容中去，使之得到拓展和延伸，将课堂变为一个现实社会的缩影，使之更有效地实现学生的社会化。在课堂内容的更新过程中，应该重视下列内容的渗透：创业社会知识：以传授和丰富创业所必须具备的知识为目的，主要有经营管理常识，人际交往与公共关系常识，政策与法律常识，税务、保险、金融常识等。专业技能知识：以传授某一专业的知识和技能为主要目的，使培养对象初步掌握一门自谋职业的实用技术。经营管理知识：以传授经营管理的一些知识和培养经营管理的能力为主要目的，内容涉及经营管理的各主要方面。学习知识：以指导学习方法，培养学习习惯和学习能力为主要目的，使学生懂得如何学习才有效率。生活知识：以指导生活方式，提高适应社会生活的能力为主要目的，涉及家庭生活知识、消费知识、闲暇时间的安排等内容。职业知识：以指导职业选择，培养职业角色感、责任感、道德感、事业心等为主要目的。

（三）改进教学手段和方法

第一，在学科教学中，教师要积极地启发、指导学生敢于创业、尝试创业。教师的知识、业务素质对学生的创业能力有一定的影响。教师知识渊博，业务能力强，对学生的创业能力产生正效应。教师在平时的工作中，应重视自身素质的提高。在教学中，要积极地鼓励学生，使学生善于分析，尝试创业，使课堂小制作、小创造、小发明成为经常性的活动。第二，重视学生的参与精神，重视学生的主体意识。在现代化教学中，教师要让学生成为学习的主体，让他们自己发现问题、解决问题，培养和提高学生的自学能力和思维能力。要让学生参与教学活动，课堂教学可采取灵活多样的形式。只有让学生参与教学活动，才能真正使学生关心教学目标的实施和实现，关心教学过程的发展和完善，进而体验到实现教学目标的乐趣，从而自觉参与到创业活动中去。第三，营造宽松和谐的学习氛围，鼓励学生质疑。善于提出问题，是培养学生创业能力的前提。在学科教学中要精心组织、合理引导学生善于质疑。教育是一种培养人的活动，营造一个宽松、和谐、民主、生动活泼的学习知识和思考问题的氛围。

（四）举办形式多样的课外创业实践活动

在创业教育的操作层面，许多学校已经采取了各种措施，探索出一系列实践方式。例如，创办以高新技术为主要内涵的科技创业园、创业企业孵化器；与勤工助学相结合的服务性创业园、创业与创新论坛、各种创业能力的竞赛、开放性创新实验室，等等。这些方式和措施对于培养学生的创新能力和创业能力在不同程度上起到了积极的作用。

第三节　职业心理健康教育

一、职业选择心理

所谓职业选择，是个体依照自己的职业期望和兴趣，凭借自身能力挑选职业，使自身能力素质和职业需求特征相符合的过程。健康的职业选择心理，必须清晰的认识到职业选择与职业期望之间的联系：一是劳动者是职业选择主体，是择业行为能动的主导方面，各种职业则是被选择的客体。二是尽管劳动者是择业主体，但不能随心所欲任意进行选择。一则受到劳动者不能也不可能有从事一切职业的能力与兴趣的限制；二则各项职业由于其各自的劳动对象、劳动手段、劳动条件、作业环境等不同，各种职业必然对劳动者能力有相应的特定要求和制约。三是职业选择是一个过程，一方面是劳动者作为主体自动择业的过程，同时又是职业选择劳动者的过程，它是劳动者与职业岗位互相选择、相互适应的过程。除此之外，还应理清以下几个问题：

（一）正确分析学生的择业心理

1. 影响学生择业心理形成的因素

选择是一个复杂的过程，社会、家庭、自身的条件等诸多因素都影响择业的过程。一般而言，影响择业过程有两类因素：

外部因素：主要包括社会变革、社会评价、家庭影响、群体择业心态等。具体而言：首先，社会变革。从计划经济到市场经济的大跨越中，学生的心态受到极大的冲击，直接影响择业心态。自主择业制度的确立，更对大学生择业心态产生根本性的影响。其次，社会评价。社会的职业评价反映社会一般人对职业价值的看法，并以社会价值期望、社会价值取向的形式影响着人们的择业心态。再次，家庭影响。它既可以通过潜移默化的榜样作用影响孩子的择业心理，父母从事职业的社会声望越高，这种影响就越大，尤其在医学、法律等领域有较大的影响作用。也可以通过从小定向培养来影响。这在技术性强的职业范围，如艺术领域中尤为普遍。父母对子女的职业发展方向以一种早已确定方向的形式强加于他们，有时通过以建议的方式影响。父母以其社会经验、广博的职业知识等为其子女来提供必要的咨询和帮助；有时候也可以通过把关来直接影响孩子的择业心理。最后，群体择业心态。这是一种亚社会环境因素。美国一项调查表明，大约在25岁左右，同龄人对青年择业的影响与其父母、亲人有着几乎等同的作用。同龄人对职业的评价，崇尚新颖、开拓、冒险、进取的择业精神，对社会发展中出现的新职业率先做出的最初积极反应等因素，都时刻影响学生的择业心态。

内部因素：主要涉及学生心理和生理方面的因素，包括兴趣、能力、价值观、气质、性格、兴趣、性别以及身体状况等。个性不同，学生的择业心态就不同。例如，多血质的人倾向于从事多样化工作，可能成为活动家、领导者；黏液质的人倾向于选择有条不紊、勤勤恳恳的职业；胆汁质的人倾向于富有挑战性的工作；抑郁质的人喜欢稳定、变动少的职业。择业从兴趣开始，它会引起自发性的关心，并在接触和探索中享受其中的快乐，且在不知不觉中进行择业的准备。能力影响择业的抱负水平、择业的类型倾向、择业过程本身。价值观的不同造成对各种职业价值的不同认识。

2. 学生择业过程中的心理误区

学生择业过程中常见的心理误区有很多。在择业心理整个过程中，每一个阶段、每一个环节、每一个时期都会陷入误区。以下介绍几种择业时常见的心理误区：

（1）"怀才不遇"心理

要走出这种误区的方法只能是学会正视自己。个体条件切莫与求职目标错位，不要把自身的才能看做是优势，更不能以一些小成就沾沾自喜，而要把注意力集中在劣势上。

（2）"攀高嫉妒"心理

这种心理带有浓厚的主观意念。在明显的功利性动机、求富动机、求名动机驱使下，理想化成分居多。认为是我去择业，而非职业择我，不从实际出发，不量力而行。

（3）"恐惧焦虑"心理

焦虑对各方面的影响都很大，会造成精神上紧张不宁、忧心忡忡、烦躁不安；行为上反应迟钝、手忙脚乱、无所适从。还会引发一些不良的心理反应：怯弱——紧张胆怯、无所适从；消极——随波逐流、逃避现实；孤傲——不屑交往、失落抑郁；急躁；问题行为——打架对抗、行为怪异；生理疾病——神经衰弱；饮食障碍等症状。

（4）"自卑依赖"心理

持自卑依赖心理的人会感到自己软弱无力，无法掌握自己的命运。与此相仿的持依赖心理的人则缺乏独立意识和责任感，没有个人独立的决策能力，也没有进取精神。

（5）"盲目从众"心理

持盲目从众心理的人脱离自己的实际情况，盲目跟随别人，尤其是一些依赖性较强的人，在择业时容易把目光仅仅盯在热门职业上，从而贻误就业时机。

（6）"固执狭隘"心理

导致大学生择业心理冲突的一个重要原因就是缺少变通，有一种狭隘的"专业对口"心理，只看到专业的独特性，无视专业的伸缩性；只看到专业的唯一性，无视专业的适应性。

3. 学生择业过程中的心理误区的纠正

以上几种心理误区都对择业产生了负面效应，因此必须进行心理调适。首先，要有充分的择业心理准备。这是一种发自内心的思考和训练活动。任何竞争成功者，都是有心理准备的竞争者。心理准备有以下几方面：

（1）要有主动参与竞争的心理准备。抛弃陈旧的思维方式和行为模式，抛弃个性中消极的成分。

（2）要有积极择业的心理准备和全面评价自我的心理准备。只有正确的认识自我，才有积极的心态，从而避免由于过高的抱负水平而遭受过大的挫折的消极心理。

其次，克服烦恼。具体方法有：保持自信，不盲目与人竞争，要有选择和侧重，注意发挥个人优势，避免因无谓竞争而过度紧张；找人倾诉，疏泄情绪；掌握控制自己的方法，有"自我转移法""适度宣泄法""静思反省""就业咨询"；克服依赖性；注意理性处理冲突等。

再次，合理定位职业。选择适于自己的职业目标，充分发挥优势，可以减少阻力。

最后，运用良好的应试技巧。

（二）职业选择心理障碍及其消除

1. 择业心理障碍是什么

对择业者而言，不能正确的认清自己，是择业心理障碍的关键。那么影响正确认清自己的主要障碍是什么呢？

首先是"角色障碍"。每个人在职业中扮演一定的角色，相应的也会形成自己的角色意识。它一方面包含着个人对每一个社会角色行为的社会界定和惯例的认同，另一方面又包含着个人在进入角色时的独特感受和个性表现。如果在认识自我时，局限于某一种职业角色意识，太多地考虑这一种社会角色，而不去全面评价自己整个角色系统，就会影响自我认识，这就是角色障碍。

其次是"心理障碍"。这是长期在现实生活中进行消极适应而积淀成的，它是内因和外因共同作用的结果。要消除心理障碍，必须从内因着手，提高自身的心理素质。常见的表现在择业上的心理障碍有以下几种：

自卑心理：由于他人不公正评价的无形压力，自己又缺乏信心，时间长了便产生自卑心理。过低地评价自己的智力、体力、意志力，会使一些本可胜任的职业擦肩而过。虚荣心理：炫耀自以为是的条件，夸大自己的长处，掩盖自己的短处。依赖心理：长期受人支配慢慢形成了习惯于依赖、安于依附的心理状态，造成"假性低能"感，在择业时无从选择。从众心理：盲目随从潮流，不能在同社会和群体的双向反馈中认识自己，强化自己的行为，一味的人云亦云。自傲心理：不能正确认识主观、客观关系，目空一切，以自我为中心。

2. 如何消除择业心理障碍

（1）克服不良的职业行为习惯

习惯性思维是指用惯常方法来观察和处理问题的一种消极思维，它会使人形成一种习惯性的职业行为习惯。这些不良的行为习惯，常常使人对简明的事理失去敏感性和判断力，并桎梏人的创造性思维。改正这些不良职业行为习惯的方法有：严肃认真的工作态度，一丝不苟的工作注意广度，丰富多彩的工作兴趣。

（2）学会克服职业自卑心理

自卑心理会使择业者不敢充分发现和展示自己的择业优势，并可能导致择业失败。克服的办法就是教育择业者塑造自己坚强的性格，培养自信心。一方面正确看待自己的职业，重新评价自己；另一方面立足本职工作，勤学苦练工作基本功，并学会维持心理平衡。

（3）克服"职业不称心现象"

从职业心理学上讲，所谓"不称心"，实际上是一种心理反感作用，既对某一刺激对象感到厌倦、乏味和扫兴。其明显特征是情绪异常、意志衰退。造成这种现象的原因主要在于主观因素。如果产生了这种现象，就应该寻求摆脱的方法，一般认为下列几种方法比较有效：

① 自我安慰法。自我调整心理平衡，不断采用各种方法，来安抚激动、烦躁的情绪。② 心理位置互换法。从非我的角度来思考自己所面对的问题。现代心理学研究表明，许多心理冲突多数是由"崇我意识"引起的。人们习惯个人独

断的封闭思维,而不习惯"将心比心"的开放思维,但是如果采取"心理位置互换"法,就能自觉地站在社会的立场来对待问题。③缩短理想与现实差距。实事求是,从实际出发,确立自己的理想职业目标,使职业目标的自我设计建立在坚实的现实基础上。④幽默调节法。对工作的厌烦很大程度上是由主观因素引起的,而人对事物的评价却因心情而异。所以,运用幽默,可以适当的缓解和释放心理压力。

二、职业适宜心理

职业适宜性是指个体的职业个性品质及其发展水平与(所选择或所从事的)职业活动要求的一致性(相符性)程度。这里所说的"要求"系指人从事某职业活动并取得成就所必备的心理因素,而不是职业活动本身的项目和操作规程。

(一)影响职业适宜性的心理因素

1. 职业概念

职业概念系人们对某一职业或专业的总体认识,它包括:职业活动的内容、性质、环境特点、经济收入、发展前景、所需培训内容与时间等,这些内容在人们的头脑中勾画出某种职业的综合形象,即职业概念。了解和掌握的内容越多,其概念内容越趋丰富;认识得越深刻,其概念越趋于完善、合理。职业指导的任务之一就是使择业者形成正确和完整的职业概念。

2. 职业价值观

人们的职业价值观念反映了他们对职业的追求指向,因此职业的价值取向将影响着人们对职业类型的选择。

3. 职业威望

职业威望系指某职业或专业在人们心目中的地位。就职业的社会分工而言本无高低贵贱之分,但人们对职业类型有自己的评价,评价的依据有主观因素,如职业概念的清晰程度、职业价值观、职业兴趣等;也有客观因素,如职业活动的性质对人们的吸引程度、职业的工作量、职业环境、职业的经济收入、职业发展前途;职业的社会舆论倾向(即受当时社会、政治、经济发展特点的影响而产生的流行的择业观点)等。综合评价的结果,那种占优势的职业或职业群便成为个体所崇尚的职业或专业,在个体的心目中占有了高度的威望。

4. 职业兴趣

职业兴趣系指从事职业活动所需要的兴趣因素结构,它从认知和情绪两方面支持人们从事职业活动或有关活动,并具有一定的倾向性。

5. 职业能力

职业能力是保证职业活动效率的直接因素，是职业适宜性的效率特征。

6. 职业知识、技能和才干

运用职业知识和职业技能创造性地解决职业活动中的实际问题，特别是解决个体所不熟悉或未曾遇到过的问题，将显示出人们的职业活动才干。它保证了人们在职业学习和职业活动中的独立性。

7. 意志品质

职业适宜性的形成也是一个自我锻炼和努力的过程，尤其从职业培训到职业适应，最后成为合格的工作人员这一过程，是人们不断克服来自于外部和自身的困难的过程，它是实现人们职业目标的意志行动的过程。因此，缺乏意志品质的支撑是不可能实现的。何况一些需要付出较大体力和精力，需要长期勤奋工作的职业活动本身就要以坚强的意志做支柱。因此，人的意志品质显然是形成职业适宜性不可缺少的因素。

8. 体质因素

体质的发展水平是人的职业适宜性形成的生理保证。这不仅包括禁忌病症问题，还包括体力发展水平。体力的发展水平是操作技能的生理前提条件，职业活动的质量和效率无不与此有关。体力的疲劳是心理疲劳出现的原因之一。因此一些主要依靠智力活动的工作，也要依靠良好的体质发育为前提条件，保证高级神经中枢系统能长期处于最佳工作状态。由此看来，职业适宜性是对人的身心的全面要求。

（二）提高职业适宜性的策略

职业适宜性是在职业活动实践中验证和发展的。每个人从事职业活动，总是处于一定的物质环境和心理环境之中。个人的职业适宜性就是个人在组织的具体职业活动中，使职业工作性质、类型和工作条件与个人需要和价值目标融合，使自身在职业工作生活中获得最大的满足。职业适宜的结果能保证个人在较长一段时间内从事某种职业活动，而且能保证其在职业活动中有较高的效率。下面介绍几种提高职业适宜性的策略：

1. 目标专一

个人进入职业组织后，面临的是纷繁复杂的职业工作景况，如果没有追求目标，不知道自己要干什么，朝秦暮楚，用心不专，只能无意义的耗费宝贵的时间和精力。正确的做法是应当选定目标，努力去适应。适应是需要时间和经验的，只有专执于某项职业活动，才能渐渐体味其中的甘苦，慢慢总结出游刃于其中的技巧，才能与该职业群体的人相交，彼此相知、融洽相处。

2. 动态中的适应

虽然我们强调了目标专一，但是，又不能期望一劳永逸、稳固不动，应对发展和变化有足够的心理准备，对新兴进步的事物持开放、悦纳和吸收的态度，这就是有所不定。与此同时，适应发展变化的职业工作，还要有知识技能的准备。掌握基础知识、基本技能、普遍规律和一般理论是十分必要的。随着知识内容、知识结构的更新，要不断学习和掌握新知识、新技能，锻炼出一种动态科学的思维方式和判断能力。

3. 能力替代或补偿

职业适宜的关键因素是个人的能力结构。如果个人能力结构与职业要求相符，职业适宜性强；反之，则弱。但是，个人还可以通过能力的补偿效应，来增进职业适宜性。个人具有的能力并非单一，不同能力之间可以相互替代或补偿，从而保持或维持职业活动的正常进行。这种补偿，不仅发生在自身具有的不同能力之间，而且还发生于气质与能力、性格与能力、个性与能力等之间的互补互替。

4. 培养工作兴趣、扩展知识领域

兴趣是个人职业活动的心理动力之一，兴趣是个性倾向性的重要内容。它能培养个人积极进取、主动热情的心境。这种必要的心理动力和情感上的支持，能有效地增强个人的职业适宜性。如果说兴趣是个人心理上、情感上职业工作的动力和支撑力，那么一定的文化知识、职业知识和专业知识，则是其从事职业活动的物质基础条件和必要保证。个人及时熟练地掌握从事某项职业活动所必需的知识，并不断地学习，扩展知识面，就获得了适宜职业变动的条件和能力，就能够做好工作，达到职业目标，获得成就。个人一旦取得工作成就，就会受到激励，不仅享受成功的愉悦，而且更积极参加职业活动，强化职业适宜性。

5. 脚踏实地、安心适应单调乏味的工作

职业目标非朝夕实现，通往职业目标要行走很长的路。不要放弃那些繁琐、乏味的例行事务，要懂得这是通往自己职业目标进程中的铺路石，如果能以良好的、积极的心态，安于承担低等的或枯燥单调的工作，那么，就能够对兴趣浓厚、富于创造和挑战性的工作，迅速达到深度的适应。

三、职业流动心理

（一）职业流动的概念及分类

职业流动是劳动者的职业变动过程，或者说是劳动者对不同劳动角色的放弃与获得的过程。一般认为职业流动可以分为以下五种类型：

第一种是横向流动和纵向流动。横向流动是改行换业；纵向流动是在同一行业不同层次之间的变换。

第二种是个别性流动和结构性流动。前者是自身因素引起的；后者是科学技术的进步、产业结构的调整、部门机构的改革引起的。

第三种是一生中的流动和代际流动。前者指劳动者一生中的行业变化；后者指两代人的职业变换。

第四种是国内的流动和国际的流动。前者在城乡之间、不同地域之间变换职业；后者到国外或者先后到几个国家就业。

第五种是顺向流动和逆向流动。前者又称合理流动，及流动方向符合经济发展和社会进步的需要，如从大中城市流向农村，从沿海城市流向内地或边疆，从经济发达地区流向贫困地区，从人才积压的行业流向人才匮乏的行业，从用非所长的工种流向最能发挥特长的工种，就是顺向流动，或称合理流动。与此相反的及逆向流动，又称不合理流动。

从长远来看，职业流动有利于打破僵化的社会分工给人造成的片面性，培养全面发展的人是共产主义社会职业的显著特征之一，因此，职业流动符合人类社会发展的总趋势。

（二）职业流动的实质是进行职业的再选择

职业流动是社会发展的总趋势，个体的职业选择在所难免。为此，在职业选择时个体既要考虑符合社会的需要，更要符合个体的生理特征和心理特点。

1. 就业初期必要的心理调试

就业初期是职业适应期，"适应"绝不是"迎合适应""消极依从"的同义语。从生物学意义到认识论意义，"适应"是不以主观意志为转移的客观规律。就业初期劳动者为适应职业需要而进行的一系列自我调节活动，都是智力活动的本质表现。这些自我调节活动有很多内容，这里集中研究心理调试问题。心理调试是对自身心理过程和个性特点进行调节，以适应职业需要。心理调试成功，劳动者就由职业适应期进入职业稳定期；心理调试失败，就会因为心理挫折、心理压力、心理疲劳等，出现既不适应职业需要的种种状态，最终导致职业流动现象。

2. 从业过程必要的心理疏导

经过就业初期的心理调试，劳动者适应了职业需要，由适应期进入稳定期，但这种稳定是相对的、早逝的，不久又进入分化期：一部分人在原单位从业，另一部分人变换单位甚至改行换业。在改行换业的人中，不少是职业能手，绝不是与职业不适应，而是马斯洛在《动机与人格》一书中所说的"需要的优势"的更替，"随着较低层次的基本需要的满足，较高层次基本需要的优势则逐渐增强"。优势则需要产生主导性动机，劣势则需要产生辅助性动机。一般来说过多的职业能手流动，对企事业单位是不利的；就流动者个人而言，能够留在原行业，轻车熟路地创业，于公于私，有益无害。这就必须在从业过程中，针对心态变化，进行心理疏导。否则，就可能出现心理障碍，陷入心理误区，甚至走上邪路。从业过程中的心理疏导是群体和个体的共同任务，下面侧重讲五种心理的自我疏导：

（1）补偿心理。由于种种原因，现实的职业与个人的兴趣不太吻合，或者不能充分发挥自己的聪明才智，或者工资收入难以维持日益增加的家庭生活支出，需要通过业余劳动来补偿。如果通过业余劳动满足了新需要，就会心安理得，不想改行换业。这里讲的业余劳动，常见的是兼职和第二职业。

（2）饱和心理。按照某种固定程序，反复进行内容相同、形式相同的工作，久而久之，觉得单调、乏味、无聊、寂寞，好像吃油腻食物一样，有一种饱和感。这种情绪体验积累到一定程度，劳动效率下降，甚至不想干了，心理学家称之为饱和心理。

（3）进取心理。进取心理是一种自我激励、积极向上的心理活动过程，是刺激变量、机体变量、反映变量相互作用的过程。刺激变量是不断变化的自然与社会的环境刺激，机体变量是不断变化的机体自身的需要和动机等，反映变量是不断变化的行为。刺激变量引起机体产生持续不断的兴奋，从而引起积极的行为反应，行为目标达到之后又强化了刺激，如此循环反复，持续不断，螺旋形上升，形成进取心理的全过程。进取心理是人不断进步，不断取得心理的自我疏导，重点在于合理的确定目标的质与量。正确处理国家、集体和个人三者关系的目标与单纯的社会性目标、自私性目标的质的区别。目标的质的变化决定人的心理和行为的质的变化。目标的大小则是量的差异，进取心强的人要防止走入好高骛远、急于求成的误区，以致不能达到大目标而产生挫折感，丧失进取心。

（4）嫉妒心理。这是一种不良的情绪体验，是对别人某方面或许多方面超过自己而产生的怨恨、烦恼、愤怒等消极情绪。由于嫉妒别人的长处，难以直言，遂收集或制造别人的"隐私"或"秘闻"，散布流言蜚语，进行人身攻击。在市场经济条件下，要端正竞争态度，开展公开的平等的合理的竞争，处理好竞争与协作的关系。既要看到自己在某些方面不如人，又要看到自己在某些方面胜过人，这样就能保持心理平衡。平时取人之长，补己之短，在加强交往中加深感情，就能彻底克服嫉妒心理。

（5）逆反心理。这是在特定情境下产生的与认知信息相对立或相矛盾的心理，并与常态相反的一种情绪体验和行为意向，实质上是一种特殊的反对态度。它由认知、情感和意向三种心理因素构成。其中，认知是基础，规定了逆反的对象；情感是催化剂；意向是对逆反对象的反应趋向，是逆反心理的行为表现和最终结果，即抵制和对抗。一般来说，倔强的人容易产生逆反心理，但在特殊情况下，顺从的人也有逆反的时候。但是，经常性的逆反心理会养成一种不良习惯，是自己与领导难以相处，或与同事格格不入。为了避免逆反性格化，要和观点不同的人及时交谈，求同存异，防止认知的差异演变成情绪的对立，导致人际关系的恶化。那样势必产生职业流动心理。

（三）职业流动必要的心理准备

人的行为是行动前心理准备的反应和结果，职业流动这种行为也一样。其心理准备可以分为长时的准备和情境的准备状况。前者是在较长时间内获得活动定势、知识和技能；后者是在前者基础上，以临战姿态，充分发挥自身潜能，创造心理可能条件，实现此时此刻的有效动作。两者是一个整体，有以下四大要素构成：

1. 动机因素

指个体有新需要产生的职业流动的动机，这种新需要包括物质需要和精神需要。职业流动的成败与衡量标准是新需要能否得到满足。一般而言，职业流动成功率的高低与对原职业的满意程度成反比。然而，职业流动既有收益，又有损失，无论出于何种动机，都要进行权衡利弊和核算机会成本。

2. 认知因素

指个体对准备进入的新职业、新单位的了解，对自身素质的评价，对有关政策规定的学习。职业流动的动机不同，对新职业、新单位了解的内容就不同。如果职业流动的动机是增加工资收入，就要了解新职业、新岗位的最高月工资标准，有多少奖金和津贴，有哪些晋级的条件和手续，有哪些关于假期工资和退休待遇的规定。此外，还要学习关于职业流动的政策规定，如果对有关的政策法规一无所知，就可能在职业流动中卡壳，陷入进退两难的尴尬局面。

3. 情绪因素

保持积极的良好的情绪是职业流动取得成功的重要因素，如向原单位领导汇报自己请求流动的理由，就要防止不良情绪引起的私愤、出怨气等现象。假如在原单位造成恶劣影响也可能传到新单位，对以后工作产生负面影响。

4. 意志因素

向原单位领导提出流动要求后，不符合新的政策规定，则要将个人利益服从集体利益和国家利益，自觉控制流动意向。人的意志是自由的，又是不自由的，要按客观规律办事。一般说来，从理论科学向技术科学流动，从技术科学向应用科学流动，从精密科学向非精密科学流动比较顺当。一切职业流动都意味着吃苦、拓荒和更艰辛的耕耘，也许更多的是挫折和失败。每个职业流动者都要预见这点，做好心理准备，用顽强的意志去克服困难，争取成功。

1. （美）Bobert D.Lock：《把握你的职业发展方向》，钟谷兰等译，中国轻工业出版社2006年版，第95~137页。

2. （美）Nadene Peterson 等：《职业咨询心理学》，时勘等译，中国轻工业出版社2008年第2版，第71~154页。

3. 徐大真：《职业心理学》，高等教育出版社2011年版，第195~210页。

4. 教育部高等教育司：《世界主要国家创业教育情况》，高等教育出版社2012年版，第1~273页。

简答题

1. 萨帕如何划分职业发展阶段？
2. 特性—因素理论主要观点有哪些？
3. 职业指导的原则是什么？
4. 什么是创业教育？
5. 实施创业教育的主要途径有哪些？
6. 职业流动有哪些类型？

拓展思考题

1. 你是如何理解职业指导的本质的？
2. 举出一个让你感触最深的成功创业的真实案例。
3. 看看自己是否真正具备创业所需的素质和能力。如果还没有具备，应如何提高？
4. 通过学习本章的内容你对职业心理健康有什么新的认识？对遇到的职业心理问题你又将如何解决？
5. 在班级内通过角色扮演，模拟一次职业指导操作实践。

后 记

本书第一版被评为普通高等教育"十五"国家级规划教材，2005年出版；第二版被评为普通高等教育"十一五"国家级规划教材，2009年出版，同年被评为第七届高等教育天津市级教学成果二等奖；本次为第三版，被评为普通高等教育"十二五"国家级规划教材，同时也是教师教育国家级精品资源共享课立项课程"职业教育学"的配套教材。

近几年，我国职业教育发展进入质量提高阶段，职业教育的理论研究成果非常丰富，本书在第三次修订过程中，我们力争反映这些新的思想、理论和方法，修正前两版的不足，以整体提高教材编写质量。与第二版相比，本次修订力图围绕职业学校教师工作需要，突出重点，精简内容，在基本保留第二版的框架结构基础上略做调整，删除了两章内容，重新编写了专业与课程、教学理论两章，其他各章内容均有增减变化。

天津职业技术师范大学是我国从事高等职业技术师范教育最早的院校之一，一直致力于职业教育师资培养和理论研究，在职业教育学课程教材建设、教法改革和师资队伍建设中取得了一些成绩。早在1984年学校组织并主要参加编写了新中国成立后最早的《职业教育概论》（高奇主编），1991年由张福珍等主编出版了《应用职业技术教育学》，1998年由卢双盈、李向东主编出版了《职业教育学》（2000年获天津市第七届社会科学优秀成果三等奖），2002年周明星主编出版了《职业教育学通论》（2004年获天津市第九届社会科学优秀成果二等奖），形成了较有特色的职业教育理论体系。2005年出版的《职业教育学新编》是该学科第一本国家级规划教材。2007年我们的"职业教育学"课程被评为国家级精品课程。2014年"职业教育学"通过教师教育国家级精品资源共享课终期验收。

本书由李向东和卢双盈主编。编写分工为：绪论（李向东）；第一章（卢双盈、张燕）；第二章（卢双盈、张燕、李向东）；第三章（卢双盈、梁卿）；第四章（李向东、孙翠香）；第五章（李向东、董显辉）、第六、七章（赵文平、李向东）；第八章（李向东）；第九章（邵长兰、杨金梅）；第十章（赵欣）。宋改敏参加了全书修订工作。

本书的编写得到高等教育出版社房世佳编辑的支持和指导。本书是集体劳动的成果，凝聚了许多教师多年的教学经验，借鉴了职教界许多学者的研究成果，也得到学校领导和社会各界的支持帮助，在此我们深表敬意和谢忱。

职业教育学教材建设是一项长期而艰巨的任务,虽然我们努力追求完善,但书中难免还有不足或不妥之处,继续欢迎读者批评指正。

编者

2015年5月

郑重声明

高等教育出版社依法对本书享有专有出版权。任何未经许可的复制、销售行为均违反《中华人民共和国著作权法》，其行为人将承担相应的民事责任和行政责任；构成犯罪的，将被依法追究刑事责任。为了维护市场秩序，保护读者的合法权益，避免读者误用盗版书造成不良后果，我社将配合行政执法部门和司法机关对违法犯罪的单位和个人进行严厉打击。社会各界人士如发现上述侵权行为，希望及时举报，本社将奖励举报有功人员。

反盗版举报电话　（010）58581897　58582371　58581879
反盗版举报传真　（010）82086060
反盗版举报邮箱　dd@hep.com.cn
通信地址　北京市西城区德外大街4号　高等教育出版社法务部
邮政编码　100120